COLLECTION D'ÉTUDES, DE DOCUMENTS ET DE TÉMOIGNAGES
POUR SERVIR A
L'HISTOIRE DE NOTRE TEMPS

ARTHUR H. SMITH D. D.

MŒURS CURIEUSES

DES

CHINOIS

TRADUIT PAR B. MAYRA ET LE L'-C' DE FONLONGUE

Avec 8 illustrations hors texte

PAYOT, PARIS

MŒURS CURIEUSES

DES

CHINOIS

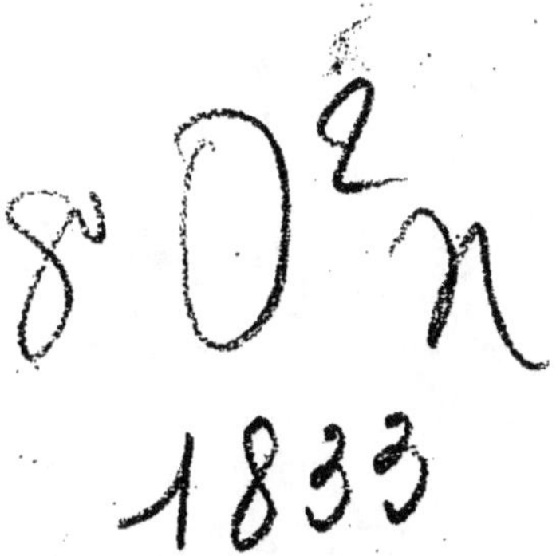

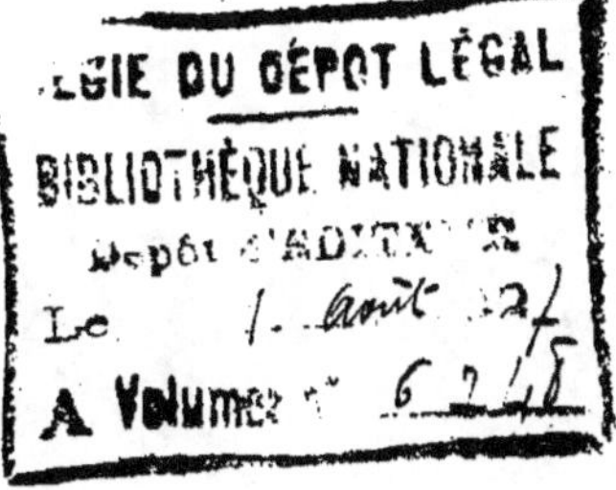

COLLECTION D'ÉTUDES, DE DOCUMENTS ET DE TÉMOIGNAGES
POUR SERVIR A
L'HISTOIRE DE NOTRE TEMPS

ARTHUR H. SMITH D. D.

MŒURS CURIEUSES
DES
CHINOIS

(CHINESE CHARACTERISTICS)

TRADUIT PAR B. MAYRA ET LE L^{t}-C^{l} DE FONLONGUE

Tous les hommes sont frères.
(Entretiens de Confucius, XII, v. 4).

De toutes les sciences l'étude de l'homme est la plus difficile.
(O. W. HOLMES).

PAYOT, PARIS
106, BOULEVARD St-GERMAIN
1927

INTRODUCTION

Lorsqu'un témoin est appelé à témoigner devant la Justice, on attend de lui la Vérité, rien que la Vérité. En ce qui concerne les Chinois, beaucoup de témoins ont dit la Vérité, mais bien peu d'entre eux la Vérité seulement, et aucun n'a dit toute la Vérité. Quelle que soit, du reste, l'étendue de ses connaissances, un seul individu n'arriverait jamais à savoir toute la Vérité au sujet des Chinois : aussi ce volume de notes prête-t-il aux objections, et cela à trois points de vue différents.

Avouons tout d'abord qu'il serait vain de vouloir donner aux étrangers une idée précise des véritables caractéristiques des Chinois. M. George Wingrove Cooke, correspondant en Chine — de 1857 à 1858 — du Times *de Londres, eut maintes fois, comme tout autre fervent de sinologie, d'excellentes occasions d'étudier les Chinois dans les conditions les plus diverses de leur existence ; il y fut aidé par des personnes tout à fait qualifiées pour lui faciliter une exacte compréhension de la mentalité de ce peuple. Pourtant, dans la préface de son livre, M. Cooke s'excuse de ne pouvoir décrire le caractère chinois : « Je ne donne pas ici, dit-il, une étude approfondie du caractère chinois, omission grave, je l'avoue, car on ne saurait trouver de sujet plus tentant ,se prêtant mieux à d'ingénieuses hypothèses, à de savantes généralisations, à un dogmatisme triomphant. Que de critiques me mépriseront pour n'avoir pas su tirer un meilleur parti des occasions qui me furent offertes ! La vérité est que j'ai décrit à plusieurs reprises, et sous de très beaux caractères, la race chinoise, mais, ayant eu le malheur d'avoir sous les yeux, en même temps que mon Essai, mes personnages, ceux-ci disaient ou faisaient toujours quelque chose qui heurtait si brutalement mes hypothèses que, dans l'intérêt de la vérité, je brûlai successivement plusieurs de. ces portraits. J'ajoute qu'après avoir souvent discuté la question avec des sinologues éminents et d'une haute impartialité, je constatai que ces savants partageaient ma manière de voir quant à l'impossibilité d'arriver à une exacte conception du caractère chinois pris dans son ensemble. Toutefois, ces difficultés n'apparaissent qu'à celui qui a déjà longuement pratiqué l'âme chinoise. Un écrivain habile, ignorant tout de la question, pourrait d'un coup de plume, en fournir une analyse brillante, enrichie des anthithèses les plus variées, laquelle ne laisserait rien à désirer, sauf la vérité. Un jour peut-être réussirons-nous à acquérir les connaissances nécessaires et donnerons-nous ainsi son juste poids et sa véritable importance à chacune des contradictions les plus notoires, qui se remarquent dans l'esprit d'un Chinois. A cette heure, et du moins en ce qui me concerne, je me contenterai d'éviter les définitions par trop absolues et j'analyserai simplement les qualités les plus marquantes du caractère chinois. »*

Au cours des trente dernières années, le Chinois est devenu, dans les affaires intérieures de bien des pays, un facteur qui ne saurait être négligé, mais il donne encore et partout l'impression d'un être incompréhensible. La vérité c'est que nulle part en dehors de la Chine, l'on ne saurait bien le comprendre. Nombre de gens s'imaginent encore que le caractère chinois est un conglomérat de contradictions échappant à toute analyse. Or, voici déjà plusieurs siècles que le monde occidental a fait connaissance avec la Chine : pourquoi ne pas essayer de coordonner ce que nous connaissons aujourd'hui de son peuple, tout comme on opère avec d'autres phénomènes complexes ?

Une objection plus grave peut être formulée contre cet ouvrage : l'auteur était-il suffisamment qualifié pour l'écrire ? Le fait d'avoir vécu vingt-deux ans en Chine ne garantit pas plus à un étranger la compétence nécessaire pour disserter savamment sur les mœurs des Chinois, que le malheur d'être enterré pendant 22 ans dans une mine d'argent ne rendrait un mineur apte à composer un traité sur la métallurgie ou sur le bimétallisme. La Chine est un vaste ensemble ; celui qui n'a pas même visité la moitié de ses provinces, ni vécu dans deux d'entr'elles au moins, ne peut prétendre à généraliser ses observations et à les appliquer à la totalité de l'Empire. A l'origine, cet ouvrage fut destiné à paraître par articles dans le North-China Daily News *de Shangaï, il ne visait pas à une publicité plus étendue. Mais certains des sujets traités excitèrent un si vif intérêt en Chine d'abord, puis ensuite dans la Grande-Bretagne, aux Etats-Unis et au Canada que l'auteur, cédant à de pressantes sollicitations, se décida à coordonner son travail et à le présenter sous la forme d'un livre.*

Quelques personnes élèveront sans doute une troisième objection : une partie des vues exposées ici, et particulièrement celles qui ont trait au caractère moral des Chinois, ne sont-elles pas injustes et de nature à induire le public en erreur ? Or, il faudrait se rappeler que des impressions ne sont pas pareilles à des statistiques toujours susceptibles d'être révisées, ne fût-ce même que d'une fraction. Elles ressemblent plutôt à des épreuves négatives prises sur un même objet : il se peut qu'il ne s'en trouve pas deux de semblables alors que chacune d'elles reproduira parfois un détail qui ne se remarquera sur aucune des autres. Les clichés diffèrent, de même que le tour de main de l'artiste appelé à les développer ; enfin, les épreuves obtenues ont chacune leur personnalité.

Beaucoup d'Européens, fixés depuis longtemps en Chine et possédant une connaissance du pays beaucoup plus approfondie que celle de l'auteur de ce livre, se sont déclarés d'accord avec les opinions qu'il émet, tandis que d'autres dont le jugement inspire tout autant de respect, estiment qu'à atténuer certaines couleurs un peu sombres le tableau gagnerait en fidélité et serait moins monochrome. La critique ne manque pas de justesse, et c'est en s'en inspirant que l'auteur a révisé et corrigé son œuvre. Les exigences d'une publication sous forme de livre imposèrent la suppression d'un tiers au moins des caractéristiques chinoises discutées dans les Articles du Daily News *; néanmoins, celles qui demeurent représentent les parties essentielles de l'ensemble et le chapitre « Contentement et bonne humeur » est entièrement nouveau.*

Je ne vois aucune excuse valide à s'abstenir de rendre justice aux nombreuses qualités dont les Chinois font preuve. Mais il y a, d'autre part, quelque danger à céder à des considérations a priori, et à attribuer à ce peuple l'honneur d'une morale pratique plus élevée que celle qu'il peut équitablement revendiquer, faute non moins grave que de lui accorder des louanges sans mesure. Il existe une gravure sur bois représentant un chêne : l'observateur est invité à y découvrir le profil de Napoléon dans l'île de Sainte-Hélène, la tête penchée et les bras croisés. Certaines personnes cherchent en vain, persuadées qu'elles sont victimes d'une mystification, mais lorsqu'on leur a une fois bien montré la silhouette, elles ne peuvent plus regarder l'image sans y apercevoir aussitôt celle de Napoléon. De même, il y a bien des choses à découvrir en Chine qui n'apparaissent pas dès le début, et plusieurs d'entr'elles ne s'oublient jamais lorsqu'on les a vues une première fois.

Il reste entendu que ces articles ne sont pas destinés à être pris pour des généralisations s'appliquant à l'Empire entier, pas plus qu'ils ne visent à résumer analytiquement les résultats des observations et des expériences personnelles de quelques étrangers. Ils prétendent simplement rendre l'impression qu'ont faite sur un observateur quelques-uns des nombreux traits caractéristiques des Chinois, et loin de présenter un portrait du peuple chinois, ce ne sont que de légères esquisses au fusain de quelques traits de ce peuple, tels que les vit ce même observateur. On peut aussi les considérer comme des études d'induction dans lesquelles sont groupées de nombreuses particularités récoltées par l'expérience, non-seulement de l'auteur, mais aussi d'autres personnes et relevées à diverses époques.

M. Meadows qui jouit d'une autorité incontestée parmi les nombreux auteurs ayant écrit sur la Chine, a exprimé l'opinion que le moyen le plus efficace de transmettre à quelqu'un une idée exacte du génie d'un peuple étranger serait de lui faire lire un recueil de notes, relevé scrupuleux d'incidents qui ont attiré votre attention, plus spécialement ceux qui vous ont paru extraordinaires, et d'y ajouter l'explication de ces cas singuliers pour l'étranger, telle que la donnent les autochtones.

D'un nombre suffisant d'incidents de ce genre se déduit un principe général. Toute déduction est exposée au doute et à la *négation, mais des particularités telles que celles que nous venons de citer ne peuvent pas être rejetées : d'après la manière même dont elles furent recueillies, elles sont véridiques et l'on doit en tenir compte dans toute analyse du caractère chinois.*

Les écrivains tentés de comparer les Chinois aux Anglo-Saxons en sentiront bien vite la difficulté. Ils ne tarderont pas à reconnaître que certaines particularités, prises d'abord pour des caractéristiques des Chinois, sont simplement des traits communs à tous les Orientaux. Quant à savoir dans quelle mesure ceci est vrai, il appartiendra à chaque lecteur d'en juger à la lumière de sa propre expérience.

Certaines personnes prétendent qu'au point où en sont actuellement nos rapports avec les Chinois, il existe trois manières à l'aide desquelles nous pouvons arriver à connaître un peu de leur vie sociale : par l'étude de leurs romans, de leurs ballades et de leurs pièces de théâtre. Chacune de ces sources d'information a, sans doute, sa valeur ; il en existe pourtant une quatrième, plus précieuse à elle seule que l'ensemble des trois autres, mais elle n'est pas à la portée de quiconque écrit sur la Chine et sur les Chinois. C'est l'étude de la vie de famille de l'autochtone dans son propre home. La topographie d'un pays se perçoit plus exactement à la campagne qu'à la ville, il en est de même des caractéristiques d'un peuple. Un étranger séjournera dix ans dans une cité chinoise sans acquérir aussi bien la connaissance de la vie intime du peuple qu'il ne le ferait en vivant une seule année dans un village chinois. Après la Famille, le Village doit être considéré comme l'unité de la vie sociale chinoise ; c'est en partant de pareille base que ces articles ont été écrits. L'auteur s'est abstenu d'y laisser percer l'esprit du missionnaire ; il a prétendu faire œuvre d'un observateur dégagé en conscience de tout préjugé et qui raconte simplement ce qu'il voit. Pour ce motif, il ne saurait être question des modifications que le Christianisme pourrait apporter au caractère chinois et l'on ne prétend pas que les Chinois aient le moins du monde besoin du Christianisme ; mais si de graves défauts se font remarquer dans leur caractère, il est juste de se demander comment y remédier ?

La « Question chinoise » est désormais bien plus qu'une ques-

tion nationale : la voilà devenue internationale. Tout porte à croire qu'au cours du XXe siècle, elle se posera bien plus pressante encore qu'en ce moment. Dès lors, quiconque s'intéresse et aspire au bien de l'Humanité ne saurait rester indifférent devant les moyens par lesquels une fraction aussi importante de la race humaine peut être améliorée. Si les conclusions auxquelles nous pouvons être amené sont exactes, elles auront l'appui d'arguments trop négligés jusqu'à ce jour ; si elles sont fausses, elles tomberont d'elles-mêmes en dépit de cet appui.

Bien des années se sont écoulées depuis les paroles prononcées par lord Elgin en réponse à une adresse des négociants de Shanghaï, elles n'ont cependant rien perdu de leur exactitude, ni de leur à-propos : « Lorsque seront tombées les barrières qui s'opposent au libre accès des étrangers à l'intérieur du pays, la civilisation chrétienne du Monde Occidental se trouvera en présence, non d'une barbarie, mais d'une civilisation ancienne, usée, imparfaite en bien des points et qui, pourtant, n'est pas, sous certains rapports, sans mériter notre respect et notre sympathie. Au cours de la rivalité qui ne peut manquer de s'ensuivre entre ces doctrines opposées, la civilisation chrétienne devra gagner sa place parmi un peuple sceptique, à l'esprit ingénieux, et rendre manifeste cette vérité qu'une foi qui aspire au Ciel fournit de meilleures garanties de morale publique et privée qu'une foi qui ne s'élève pas au-dessus de la terre. »

CHAPITRE PREMIER

LA FACE

En Chine le mot « face » ne désigne pas simplement le devant de la tête, il renferme, dans son sens littéral, d'autres significations, et en si grand nombre que nous ne pourrions les décrire ou peut-être même les comprendre.

Pour se faire une idée, encore qu'imparfaite, de tout ce que renferme le mot « face », il faut tenir compte du fait que la race chinoise possède au plus haut degré l'instinct dramatique. En Chine, le théâtre est véritablement le seul amusement national et le peuple professe pour le spectacle une passion pareille à celle des Anglais pour les sports ou des Espagnols pour les courses de taureaux. A la moindre provocation le Chinois se considère comme un acteur jouant un drame. Il adopte aussitôt une attitude théâtrale, fait le salam, tombe à genoux, se prosterne et frappe sa tête contre terre ; et cela dans des circonstances qui, aux yeux d'un Occidental, ne motivent nullement de pareils gestes et les rendent même ridicules. Un Chinois pense dans des termes de théâtre. Lorsqu'il est excité, il interpelle, pour se défendre, deux ou trois personnes et s'exprime comme s'il parlait à une foule. « Je dis cela », s'écrie-t-il, « devant vous, devant vous tous présents ici ! » Si ses ennuis ont pris fin avec honneur, il parle de lui-même comme « étant descendu de l'estrade » ; dans le cas contraire, il ne trouve pas le moyen de « quitter la scène ». Tout cela n'a, du reste, rien à voir avec la réalité : ce n'est jamais une question de faits, mais de forme simplement. S'il a prononcé un beau discours au bon moment et

de la bonne manière, le personnage a rempli les exigences de
la pièce. Gardons-nous de vouloir pénétrer dans les coulisses
du théâtre ; pareille intrusion gâterait tous les drames de la
terre. Bien accomplir des actes de ce genre dans toutes les
incidences complexes de la vie, c'est « avoir de la face ».
Échouer dans ces actes, n'en pas tenir compte, se trouver
contrecarré dans leur exécution, c'est « perdre la face ». Dès
que vous aurez bien saisi ces explications, vous vous apercevrez que la « face » est en elle-même la clef des plus importantes caractéristiques des Chinois.

Il faut ajouter que les principes qui règlent la « face » et
les moyens de l'acquérir dépassent souvent les facultés de
conception de la mentalité occidentale, trop oublieuse de
l'élément théâtral et sensible avant tout à la réalité des
faits. L'homme d'Occident est porté fréquemment à assimiler la « face » du Chinois au tabou des îles de la Mer du Sud :
force d'une puissance incontestable mais capricieuse, et ne
pouvant être ramenée à aucune règle, elle demanderait à
être supprimée et remplacée par le bon sens. A ce point de
vue, Chinois et Occidentaux doivent se résigner à ne pas
s'entendre, car jamais on ne pourra les amener à voir les
mêmes choses sous un même jour. Lorsqu'il s'agit de mettre
fin aux querelles incessantes qui entretiennent la division
dans chaque hameau, « ceux qui prêchent la paix » ont à
tenir soigneusement compte de la balance des « faces », tout
comme les hommes d'État européens en agissaient autrefois
avec la balance des « forces » ! En pareil cas, l'objectif ne réside
pas dans l'exécution d'une justice impartiale laquelle, pour
aussi désirable qu'elle soit en théorie, paraît bien rarement
réalisable à un Occidental, mais dans un arrangement qui
saura distribuer la « face » à tous les intéressés avec de justes
proportions. Le même principe prévaut souvent pour le règlement des procès dont un fort pourcentage se termine par
ce que l'on pourrait appeler « partie nulle ».

Offrir à une personne un beau cadeau, c'est lui donner
de la « face », mais si le don provient d'un individu étranger
à la famille, il ne devrait être accepté qu'en partie, bien
qu'on ne doive jamais, ou du moins très rarement, le refuser.

Quelques exemples de cette soif de « garder la face » illustreront ce que je viens de dire. Etre accusé d'une faute, c'est « perdre la face » ; il faut donc nier le fait, quelle qu'en soit l'évidence, de façon à sauver la « face » ! Une balle de tennis manque, les joueurs font plus que soupçonner un coolie de l'avoir dérobée. Celui-ci nie avec indignation, mais il se rend à l'endroit où la balle a disparu, il la trouve bientôt (après l'avoir laissé retomber de sa manche) et se contente de dire : Voici la balle derdue ! La femme de chambre qui a caché le couteau d'un invité de ses maîtres le découvre soudain sous le tapis de la table et le montre alors avec ostentation. Dans les deux cas, la « face » est sauvée. Le domestique qui, par négligence, a perdu un objet et sait devoir le remplacer à ses frais, déclare avec hauteur en recevant son congé : « L'argent que coûte cette cuiller d'argent, je n'en ai pas besoin ! » Et ainsi sa « face » demeure intacte. Un homme à qui l'on doit de l'argent et qui sait qu'il ne le touchera jamais, ne s'en rend pas moins chez son débiteur ; il y fait un beau tapage et montre, de cette façon, qu'il sait comment l'on doit se comporter. Il ne touche pas d'argent, mais il sauve sa « face » et acquiert en même temps la certitude de ne plus être rançonné à l'avenir. Un domestique néglige ou refuse de faire son service : après s'être assuré que son maître a décidé de le renvoyer, il renouvelle sa première faute puis s'en va de lui-même. Il a sauvé la « face ».

Sauver sa « face » et perdre la vie ne nous semblerait pas, à nous, une perspective bien attrayante ; or, nous avons entendu parler d'un magistrat qui, par faveur spéciale, obtint d'être guillotiné vêtu de sa robe de juge afin de sauver sa « face ».

———————

CHAPITRE II

ESPRIT D'ÉCONOMIE

On entend par « économie » les principes qui doivent présider à la gestion d'une maison, principalement en ce qui concerne la balance entre les dépenses et le revenu. L'économie, telle que nous la comprenons, peut se pratiquer de trois manières : en restreignant ses besoins, en empêchant le gaspillage, enfin en s'efforçant d'arriver à ce qu'un peu représente beaucoup. Dans l'application de chacune de ces méthodes, les Chinois sont passés maîtres.

L'une des premières choses qui frappent le voyageur, c'est l'extrême simplicité de la nourriture du peuple. La majeure partie des gens s'alimente à l'aide d'un petit nombre de denrées : le riz, les fèves préparées de diverses façons, le millet, les légumes du jardin et le poisson. Telles sont les principales denrées utilisées par des millions et des millions d'êtres humains. Les jours de fête, et dans quelques autres occasions spéciales, on y ajoute parfois un morceau de viande.

Maintenant que les pays d'Occident s'attachent tout particulièrement à procurer, aux prix les plus bas, des aliments sains à la population pauvre, il n'est pas sans intérêt de noter qu'en Chine, dans les années normales, l'on peut fournir de bons aliments, en quantité abondante et facilement, au prix de deux « cents » par tête. En temps de famine, des milliers de personnes ont même réussi à subsister pendant des mois avec une allocation journalière de 2 1/2 cents. Un pareil résultat prouve l'habileté supérieure du Chinois à préparer sa nourriture. Quelque misérables et grossiers que soient souvent ces aliments, quelque insipides et répugnants qu'ils paraissent parfois à un étranger, on ne saurait méconnaître que les Chinois sont incomparables dans l'art culinaire. Sous ce rapport, M. Wingrove les range après les Français et au-dessus des Anglais (il aurait pu ajouter des Américains). Sont-ils vraiment inférieurs à quelques peuples occidentaux ? Nous ne sommes pas là-dessus aussi affirmatifs que M. Cooke, mais leur supériorité sur certains d'entre eux est incontestable. Parmi les quelques articles très simples que nous venons de mentionner, il est évident que, même en se plaçant au point de vue de la physiologie scientifique, les Chinois ont su faire un choix judicieux dans leurs principaux produits alimentaires. Quiconque a prêté quelque attention à l'art culinaire des Chinois, reconnaîtra la maîtrise qui préside à la préparation des plats et la grande variété de leur mode de présentation. De plus, dans la mise en œuvre des aliments, il y a très peu de perte, tant est grande l'habileté de chacun à tirer parti de tout. Pour illustrer ce fait d'ordre général, il suffit de constater la misérable condition physique des chiens ou du chat domestique. La vie de ces malheureux animaux, toujours réduits à vivre des restes des êtres humains, se poursuit à un véritable « taux de famine ».

En pays nouveau, les populations sont fatalement dépensières, et très certainement l'on pourrait faire vivre 60 millions d'Asiatiques avec ce que gaspille quotidiennement un pays tel que les États-Unis où la vie est facile. Mais ne demandons pas combien d'êtres humains réussiraient à ne pas mourir de faim s'ils devaient se nourrir de ce qui resterait sur la table d'un nombre égal de Chinois après que ceux-ci se seraient bien repus, eux, leurs domestiques et leurs enfants. Jusqu'au thé négligé au fond des tasses que l'on reverse dans la théière pour y être réchauffé !

Nous ne pouvons manquer de constater que les Chinois, en tant que race, ne sont pas doués de ce goût extrêmement délicat qui semble l'apanage des palais occidentaux. Tout est poisson qui se prend dans leurs filets, et que n'y vient-il pas tôt ou tard, dans ces filets ! En Chine septentrionale, le cheval, la mule, le bœuf et l'âne sont d'emploi universel ; de plus, dans certaines régions, le chameau rend d'énormes services. Sans doute quelques lecteurs trouveront-ils que c'est pousser trop loin l'économie en apprenant qu'il est de pratique générale de manger *tout* de ces animaux dès qu'ils ont cessé de vivre et quelle que soit la cause de leur mort, accident, vieillesse ou maladie. Cela se fait très naturellement, sans prêter à aucune remarque, même lorsque la bête semble avoir succombé à un mal épidémique, tel que la pleuro-pneumonie. Une viande de ce genre n'est évidemment pas considérée comme aussi saine que celle d'un animal enlevé par un accident — l'on s'en aperçoit au prix demandé par le boucher — mais elle ne s'en écoule pas moins jusqu'au dernier morceau. Les gens reconnaissent bien que l'ingestion de chairs avariées peut amener des troubles fâcheux dans l'organisme humain, mais sans doute estiment-ils plus économique de se nourrir à un taux réduit, quitte à courir le risque des conséquences lesquelles, il faut bien le dire, ne se produisent pas toujours. Les Chinois consomment les chiens et les chats aussi bien que les chevaux, les mules et les ânes. Personnellement nous eûmes connaissance de plusieurs cas où des villageois absorbèrent des chiens empoisonnés sciemment avec de la strychnine pour s'en débarrasser. Quelqu'un eut bien la bonne pensée de demander à un médecin étranger à quoi l'on s'exposait ainsi, mais comme l'animal était déjà dans la marmite, les gens ne purent se décider à renoncer au luxe d'un pareil festin, et il ne semble pas qu'il en soit advenu aucun mal.

Un autre exemple de l'esprit d'économie du Chinois, quant à la préparation des aliments, se trouve dans la parfaite adaptation du mobilier culinaire aux exigences du combustible en usage. Celui-ci est rare et cher ; il se compose le plus souvent de feuilles, de menues tiges et de racines cueillies après la moisson, qui brûlent rapidement en donnant une flamme passagère ; aussi les fonds des vases à feu sont-ils extrêmement minces et réclament-ils beaucoup de soins. Les procédés mis en œuvre pour obtenir le combustible indispensable fournissent un exemple frappant de l'économie poussée à ses dernières limites. Tout enfant, trop jeune encore pour entreprendre quelque autre travail, peut du moins ramasser de ce combustible. L'immense armée des gens qui se livrent à cette récolte pendant l'automne et l'hiver se disperse dans le pays entier ; pas une mauvaise herbe n'échappe aux dents avides des râteaux de bambou. Les garçons grimpent aux arbres et, munis de gourdins, ils font tomber toutes les feuilles sèches comme s'ils abattaient des châtaignes ; le moindre brin de paille ne peut s'abandonner à la brise avant qu'une main agile ne l'ait déjà saisi.

Toute ménagère chinoise sait tirer le meilleur parti des plus menues ressources. Sa robe, dont la coupe ignore, tout comme l'étoffe elle-même, les savantes combinaisons du vêtement de ses sœurs d'Occident, est conçue, jusque dans ses moindres détails, pour épargner du temps, du travail et de la matière. Le plus petit lambeau de tissu étranger est toujours bien accueilli par la femme chinoise qui le fera réapparaître sous des formes utiles, sinon belles, formes auxquelles n'aurait jamais songé tout un parlement féminin attelé à la rédaction d'une « Économie domestique ». Ce qui ne peut être utilisé ici conviendra peut-être à côté ; un simple petit biais d'étoffe ne suffit-il pas à border un soulier ? La personne bénévole qui, à Londres ou à New-York, se défait de vêtements dont elle n'a plus besoin, espère qu'en agissant de la sorte elle ne fera pas des mendiants de ceux qui recevront ce don et ne causera pas ainsi plus de mal que de bien ; mais quiconque distribue à un Chinois des objets de ce genre — quoique les étoffes dont ils se servent et la manière de les porter diffèrent totalement des nôtres — ne peut douter que l'utilité de ces objets sera épuisée seulement le jour où il n'en restera plus le moindre brin susceptible d'aider à d'autres combinaisons.

Les Chinois offrent souvent à leurs amis des inscriptions louangeuses, peintes sur un papier légèrement faufilé sur un fond de soie. Ce mode de fixation est préféré au collage afin que celui qui reçoit le cadeau puisse ainsi enlever plus facilement le bout de papier et utiliser la soie à d'autres fins.

Les Chinois poussent constamment l'économie jusqu'à se

priver de la nourriture dont ils auraient réellement besoin. Ils n'y voient rien de déraisonnable, la chose leur semble toute naturelle. Le D^r. B. C. Henry en cite un exemple typique dans son livre, *The Cross and the Dragon*. Après l'avoir transporté à une distance de 23 milles, ses coolies, qui venaient de fournir ainsi cinq heures d'efforts continus, retournèrent immédiatement à Canton où les attendait leur petit déjeuner : 46 milles avec une lourde charge pendant la moitié du chemin, et cela pour épargner 5 « cents » !

Dans une autre circonstance, deux coolies, partis avec une chaise à porteurs jusqu'à 35 milles de leur résidence, revenaient au logis en bateau n'ayant rien mangé depuis 6 heures du matin, plutôt que de payer 3 « cents » pour deux grands bols de riz. Et pourtant ces mêmes coolies, qui étaient restés pendant 27 heures sans nourriture tout en parcourant 35 milles avec une lourde charge, offrirent au Dr. Henry de le transporter 15 milles plus loin, jusqu'à Canton ; et ils l'auraient certainement fait n'eussent été les bagages !

Les fruits de l'économie chinoise ne sont pas toujours du goût des Occidentaux, mais il faut reconnaître qu'ils comportent souvent des avantages appréciables. Dans certaines parties de l'Empire, et plus spécialement dans le Nord, pour aussi extraordinaire que cela paraisse, les enfants des deux sexes errent partout, pendant plusieurs mois de l'année, dans le simple costume de nos premiers parents. On en arrive à considérer cette tenue comme plus commode pour eux, mais le motif véritable est toujours une raison d'économie. Les grincements odieux de la plupart des brouettes chinoises pourraient être atténués par quelques gouttes d'huile. Or, pourquoi cette dépense ? Ce bruit strident n'est-il pas meilleur marché que l'huile pour ceux qui ont la chance de « n'avoir pas de nerfs ! »

Lorsqu'un Japonais émigre en Chine, son contrat spécifie qu'il aura droit quotidiennement à un certain nombre de gallons d'eau chaude dans lesquels il pourra, selon l'usage, se cuire à moitié. Les Chinois possèdent, eux aussi, des établissements de bains, mais la plupart des gens n'en approchent pas, ne les connaissant pas. « Est-ce que vous lavez vos enfants tous les jours ? demandait une étrangère curieuse à une mère chinoise qu'elle avait aperçue lançant des pelletées de poussière par-dessus la tête de sa progéniture, poussière qu'elle enlevait ensuite avec un vieux balai. « Le laver tous les jours, s'écria la femme indignée, mais il n'a jamais été lavé depuis qu'il est au monde ! » Pour la généralité des Chinois, la devise qu'un marchand de savon avait appendue à sa devanture : « Meilleur marché que la saleté » n'entre pas dans leur concept.

Les Chinois considèrent sans doute l'étranger ordinaire comme les Italiens jugent, dit-on, les Anglais qu'ils qualifient de « gaspilleurs de savon ». Il existe certainement en Chine un blanchissage des vêtements exécuté par et pour les Célestes, mais on ne le pratique que sur une très petite échelle ; comparé à ce que nous appelons la simple propreté, on pourrait aussi bien ne pas en parler. Nous ne pouvons nous empêcher de penser que l'économie joue un grand rôle dans ces restrictions, car beaucoup de Chinois apprécient tout autant que nous la propreté et quelques-uns sont même de véritables modèles en fait de soins hygiéniques, bien que placés dans des conditions particulièrement désavantageuses à ce point de vue.

L'impossibilité de se procurer un outil tout fait provient également de cet instinct d'économie. On vous en fournira les différents éléments à l'état brut et il vous faudra les adapter. Il est en effet meilleur marché d'exécuter soi-même ce travail que de le payer à son prochain, et comme tout le monde est de cet avis, les objets confectionnés font totalement défaut.

Nous avons déjà parlé des adaptations économiques du matériel usager. Rappelons à ce propos que dans les maisons ordinaires une faible lumière, qui ne coûte presque rien, diffuse son obscurité dans deux pièces contiguës en étant placée dans un trou du mur qui les sépare. Les meilleurs exemples de pareilles adaptations nous sont fournis par les manufactures chinoises, telles que les tissages et les ateliers de poterie, de métallurgie, de travail de l'ivoire, etc. Les industries de ce genre mettent en relief, à notre avis, bien plus encore que l'ingéniosité du Chinois, son esprit d'économie. L'on peut imaginer des méthodes de travail supérieures, mais aucune ne saurait faire rendre davantage au matériel insignifiant dont se sert l'autochtone. En effet celui-ci, semble réaliser presque tout au moyen de rien ou de presque rien ; et telle est bien l'une des caractéristiques de la production chinoise, simple ou complexe. Cette observation s'applique aussi bien aux fonderies de fer avec leur outillage minuscule, mais complet, installé dans un tout petit atelier, qu'à un fourneau de cuisine au tirage fort et régulier, fabriqué en une heure avec des briques de boue : il est d'une durée indéfinie, d'un rendement parfait et ne coûte rien.

L'on ne pourrait trouver, même en Chine, un exemple meilleur et plus caractéristique de l'économie de matériel, matériel suffisant néanmoins pour accomplir de grosses tâches, qu'en examinant les dispositions, ou plutôt le manque absolu de dispositions prises pour la manutention des énormes quantités de grains envoyés à Pékin comme tribut. Ces denrées remontent le Peï-ho et sont déchargées à T'ung-chou. Combien serait surpris un négociant du « Corn Exchange » en voyant que toute la machinerie nécessaire pour décharger, mesurer et enlever cette montagne de riz et de millet se réduit à une armée de coolies, à un jeu de caisses de forme tronco-nique servant de mesures-boisseaux et à un nombre infini de nattes de bambou. Rien que cela et pas plus. Sur les nattes étendues à terre, le grain est vidé, puis remesuré en le mettant en sacs et finalement enlevé à dos d'homme. Puis, après que le sol a été débarrassé des nattes soigneusement repliées, le « Corn Exchange » Impérial redevient une simple berge boueuse.

Dans une plantation de tabac américaine, la construction de hangars savamment aménagés pour la désiccation des feuilles représentera l'une des plus grosses dépenses. Dans les fermes à tabac chinoises, pareil luxe est inconnu. Les hangars, très rustiques, sont couverts de chaume et lorsqu'ils se détériorent, le vieux matériel sert aussi bien pour le feu que tout autre combustible. Lors de la cueillette du tabac, les grosses tiges sont conservées en place et des cordes tendues entre ces supports naturels ; on y suspend les feuilles et l'on rentre chaque soir ces cordes avec leur charge. Impossible d'imaginer rien de plus simple et de plus commode.

Toute personne résidant en Chine et pourvue de quelque esprit d'observation pourrait ajouter sans peine d'autres exemples à ces illustrations d'un fait social : aucun pourtant ne serait plus caractéristique que ce cas d'une vieille femme que l'on aperçut un jour clopinant avec peine. Interrogée sur le but de son déplacement, elle déclara se rendre chez un parent afin d'y mourir dans un endroit voisin du cimetière familial et éviter ainsi à ses proches la grosse dépense de faire transporter son cercueil à une grande distance !

CHAPITRE III

ESPRIT INDUSTRIEUX

On entend généralement par « industrie » la dextérité, l'habileté à faire quelque chose. Ce mot exprime également l'habitude de se montrer diligent dans n'importe quel emploi et de prêter une attention constante à sa besogne. A l'époque où nous vivons, savoir se montrer industrieux représente l'une des qualités les plus hautement appréciées et c'est l'une de celles qui, invariablement, commandent le respect.

De l'industrie d'un peuple l'on peut dire qu'elle réunit en quelque sorte les trois dimensions, longueur, largeur, épaisseur, ou, pour employer une autre image, qu'elle a deux qualités ou facultés, l'une d'extension, l'autre d'intensité. Par longueur, nous entendons la quantité de temps pendant laquelle s'exerce cette industrie ; par extension, le nombre de personnes auxquelles on peut justement appliquer la qualité d'être industrieux. Par intensité, nous voulons exprimer la quantité d'énergie déployée habituellement dans la « diligence » et dans une « attention constante à la besogne ». L'ensemble des résultats sera le produit de ces trois facteurs. Il arrive souvent que les impressions de l'observateur, qui n'est que de passage, diffèrent sensiblement de celles de l'homme fixé depuis longtemps dans la région mais, en ce cas particulier, les uns et les autres s'accordent unanimement à reconnaître que les Chinois sont diligents. Dès son premier coup d'œil sur ce peuple, le nouvel arrivé reconnaît que, dans les affaires sociales, chacun se conforme ici à la maxime que John Wesley signale comme devant être la règle de toute association religieuse appelée à réussir : « Que tous y travaillent et y travaillent sans cesse. » La paresse n'existe nulle part en Chine ; chacun semble faire quelque chose. On y rencontre, bien entendu, beaucoup de personnes riches mais, en réalité, seule une fraction infinitésimale de la Communauté peut vivre dans l'abondance sans se livrer à aucun travail, et cette fraction est généralement fermée à l'étranger. En Chine, les gens riches ne se retirent pas des affaires ; le plus souvent ils continuent à s'y consacrer avec la même attention que lorsqu'ils étaient pauvres.

Les Chinois se classent en lettrés, agriculteurs, ouvriers et marchands. Jetons un coup d'œil sur chacune de ces subdivisions de la Société et voyons ce que chacune d'elles nous apprendra en ce qui concerne l'industrie du peuple.

Les Occidentaux accepteraient difficilement le plan d'éducation conçu par les Chinois, attendu qu'ils ne pourraient tolérer les gros défauts de ce système, mais de tout temps l'un de ses traits caractéristiques força notre attention : l'on ne décerne aucune récompense, sauf pour la diligence. Il semblerait que les portes secrètes — et elles sont nombreuses — qui s'ouvrent toujours aux gens qui ont de l'argent pour acheter des diplômes, devraient décourager les étudiants peu fortunés ; tel n'est pourtant pas le résultat principal de la vénalité des charges. Dans toutes les provinces l'on se plaint de l'abondance des candidats, beaucoup plus nombreux qu'il n'y a de postes à pourvoir. Toutes les salles d'examen, de l'ordre le plus élevé jusqu'au plus modeste, sont toujours encombrées et les concours rassemblent souvent dans une seule préfecture jusqu'à dix mille candidats. Lorsque nous réfléchissons à la somme de labeur intellectuel qu'implique la simple admission à l'un de ces examens, nous devons reconnaître combien est puissante l'industrie cérébrale des Chinois. La diligence traditionnelle des héros mentionnés dans le Livre des trois caractères, lesquels étudiaient à la lumière d'un ver luisant ou attachaient leurs livres aux cornes du bœuf attelé à leur charrue, est, à l'heure actuelle, imitée à des degrés divers par des milliers de jeunes gens dans toutes les parties de la Chine. Très souvent cette « industrie » s'atténue dès le succès initial du premier diplôme, mais alors les Célestes ne considèrent pas ce nouveau lettré comme un érudit, titre honorifique qu'ils réservent à ceux qui persévèrent dans le sentier étroit et épineux jusqu'à ce que, grâce à leur obstination, ils remportent le succès définitif. Dans quel autre pays que la Chine rencontrerait-on des familles où le grand-père, le fils et le petit-fils concourent ensemble pour le même diplôme ? L'âge et un indomptable acharnement au travail se voient ainsi récompensés, parfois à 80 ans, par l'honneur si longtemps convoité.

Au printemps de 1889, la *Gazette* de Pékin signala la présence, aux concours de province, de candidats très âgés. Un gouverneur général rapporte qu'à Foochow, aux examens d'automne, 9 candidats ayant plus de 80 ans et deux autres 90 ans, s'acquittèrent fort bien de toutes les épreuves ; leurs compositions étaient bonnes et d'une écriture ferme, très lisible. « Lorsque des candidats », ajoute ce fonctionnaire, « ont mis plus de soixante ans pour décrocher leur grade de bachelier et qu'ils échouent ensuite aux trois derniers examens du degré supérieur, ils ont droit à un grade honorifique après leur quatrième échec ». Mais la province d'Anhui détient le record avec 35 candidats de plus de 80 ans et 18 de plus de 90. Quel autre pays pourrait offrir un pareil tableau ?

Si l'existence d'un étudiant réclame une diligence de tous les instants, celle d'un agriculteur n'est pas moins laborieuse. Leur tâche, tout comme celle d'une maîtresse de maison, n'est jamais terminée. A l'exception d'une période relativement courte, en plein hiver, il y a toujours, dans les provinces du Nord, non seulement quelque chose, mais même beaucoup à faire. Sans doute cette observation s'applique-t-elle, plus ou moins, à l'agriculture dans tous les pays, mais le fermier chinois est industrieux, d'une industrie qu'il serait difficile de surpasser.

Ce que nous venons de dire de la classe des cultivateurs est encore plus vrai de celle du simple laboureur, rivé sans répit à sa tâche pour ne pas mourir de faim. De même que l'agriculteur consacre sa pensée et ses soins incessants à chaque trognon de choux, ôtant scrupuleusement le moindre insecte parasite et déjouant ainsi, par une persévérance obstinée, la tenace voracité des nuées destructrices de son bien, de même le laboureur est à l'affût de la moindre besogne, de la tâche la plus insignifiante pour avoir quelque chose à se mettre sous la dent et assurer la subsistance de tous les êtres, grands et petits, qui dépendent de lui. Les voyageurs, appelés à circuler dans des régions où il existe des routes charretières, sont souvent obligés de se lever un peu après minuit pour se mettre aussitôt en route car telle est, leur affirme-t-on, la coutume. Mais quelle que soit l'heure à laquelle ils se trouvent sur la route, ils y rencontreront toujours des petits groupes de paysans qui, la fourche à la main et une hotte sur le dos, poursuivent la cueillette d'un peu d'engrais. A défaut d'un autre travail pressant, cette occupation représente un gagne-pain assuré et qui ne connaît point de morte-saison.

Il n'est pas rare de voir des malheureux, durement talonnés par la nécessité de trouver de quoi vivre, faire marcher de pair deux genres de métiers : ainsi les bateliers de Tien-tsin, entravés périodiquement dans leurs affaires, par la glace sur le fleuve, assurent en hiver les transports par traîneaux ; ils opèrent avec rapidité et à bas prix. De même, dans certains districts, la majeure partie de la population rurale passe tout le temps que lui laissent de disponible les travaux des champs, à confectionner des chapeaux ou à tresser des ganses dont il se fait une exportation importante. Rarement découvre-t-on une femme chinoise sans une semelle de soulier à la main : elle en prolonge l'existence par d'innombrables points tout en potinant à l'entrée de sa ruelle. D'autres ménagères dérouleront des bobines de coton ; mais vous ne les verrez jamais oisives.

L'infatigable activité des basses classes se retrouve à un degré égal chez les marchands et leurs employés. La vie de commis de magasin, même en pays occidental, n'est pas une sinécure quoique, comparée à celle d'un commis chinois, on pourrait presque la qualifier d'existence de paresse, car celui-ci ne connaît vraiment jamais le repos. Les vacances sont rares et la tâche journalière est très dure, sauf parfois en morte-saison.

Les magasins chinois s'ouvrent tôt et se ferment tard. Le système de comptabilité en partie double est si minutieux que les comptables sont souvent retenus jusqu'à une heure avancée pour achever l'enregistrement des ventes du jour et faire la balance des opérations. Lorsque tout semble terminé, le comptable peut encore être appelé à faire le tri de la monnaie reçue dans la journée, afin de mettre de côté les pièces rares susceptibles d'être avantageusement vendues.

L'étranger voit avec étonnement que la classe de gens à laquelle on demande le plus de travail est celle qui attire le plus de candidats, celle à laquelle tout Chinois aspire le plus ardemment, à savoir celle des fonctionnaires. Le nombre et la diversité des transactions dont on charge un fonctionnaire chinois de n'importe quel rang, et du succès desquelles il est directement, et non pas seulement en théorie, responsable, nous surprend également.

Comment nos « Labour Unions », si ardentes à réclamer la journée de huit heures, apprécieraient-elles ce programme de travail tel que l'exposait à un interprète des Légations étrangères un éminent homme d'État chinois ? « Je demandai un jour à un membre du Cabinet chinois qui se plaignait de fatigue et de surmenage, de m'exposer en détail ses occupations quotidiennes. Il me répondit que chaque matin il devait quitter son logis à 2 heures, étant de service au Palais de 3 heures à 6 heures. Puis, en tant que membre du Conseil privé, il était occupé de 6 heures à 9 heures. De 9 heures à 11 heures, il travaillait au Ministère de la Guerre dont il était le directeur. De midi à 2 heures, chaque jour, il devait assister aux séances de la Commission des délits ; enfin, en sa qualité d'ancien ministre des Affaires étrangères, il demeurait au ministère de 2 heures à 6 heures. Tel était l'emploi normal de ses journées, et souvent encore il se voyait appelé dans des Conseils ou des Commissions dont les séances s'intercalaient, comme elles pouvaient, entre les autres. Il rentrait rarement chez lui avant 7 ou 8 heures du soir. » L'on ne sera pas surpris d'apprendre que six mois après cette conversation, le fonctionnaire mourait de surmenage et d'épuisement. Sans doute un pareil état de choses met-il brusquement fin en Chine à beaucoup de carrières dont la prolongation pourrait être précieuse pour les intérêts de l'État.

La qualité d'extension dont nous avons parlé s'applique au nombre important des gens industrieux, mais elle vise aussi la durée de temps que représente cette industrie et celle-là, nous le savons, est très grande. La journée chinoise commence presque avant l'aube et souvent même un peu après minuit. L'Empereur tient ses audiences quotidiennes à une heure où toutes les Cours de l'Europe sont encore plongées dans un profond sommeil. Ceci semble incompréhensible à un Occidental ; pour un Chinois, c'est la chose la plus naturelle du monde. Et la conduite du Fils du Ciel est, à peu de chose près, imitée par ses sujets dans toutes les parties de l'Empire. L'on peut entendre très tard dans la nuit et, le matin à une heure indue, les travailleurs du cuivre de Canton ou ceux de l'étain à Foochow, et les sculpteurs sur bois de Shanghaï occupés à leur besogne, aussi bien que, dans les Provinces du Nord, les prisonniers employés dans les moulins à bluter la farine. Bien avant le jour, le voyageur rencontrera, sans doute, sur sa route, un homme à pied qui se trouve déjà à plusieurs milles de son logis et qui, après avoir choisi un bon emplacement, attend dans l'obscurité la venue du jour pour vendre ses choux ! Au moment où un Occidental achève son premier déjeuner, le marché chinois est presque terminé. Une simple flânerie en été, dès 5 heures du matin, dans les rues de Shanghaï vous mettra en présence de quelques contrastes des plus suggestifs. Le fier Européen qui construisit ces palais en bordure de l'eau et qui brasse là-dedans ses affaires, n'a pas encore paru, mais l'Asiatique est là, tout auprès, depuis longtemps, avec tous ses moyens d'action. Des heures passeront avant que les Occidentaux commencent à bousculer les Célestes sur les trottoirs et à faire leur tournée de travail, tout en prenant luxueusement leurs aises. Quant à l'indigène, il aura déjà achevé la moitié de sa journée de travail.

Sir John Davis, dans ses commentaires sur le *travail joyeux* du Chinois dit avec raison que rien ne démontre mieux à quel point le Gouvernement réussit à rendre ses sujets satisfaits

de leur condition. Cette qualité du travail indigène est l'une
de ses caractéristiques les plus frappantes et, pour la comp-
prendre, il faut beaucoup l'observer et la bien juger.

Il nous reste à dire un mot de la qualité *d'intensité* de l'industrie chinoise. Les Célestes sont des Asiatiques, et ils travaillent comme tels. Vainement essaierait-on d'expliquer
cette race virile en prenant la nôtre pour type. Sans aucun
doute ils nous semblent manquer de l'ardeur que nous prisons
si hautement ! L'Anglo-Saxon n'a pas besoin de tant de maximes calligraphiées et placées en évidence pour comprendre
l'importance de faire de toute sa force ce que ses bras trouvent
à faire ; mais l'on ne saurait modifier le rythme du Chinois,
bien que des siècles d'action combinée des religions et de la
philosophie aient exercé quelque influence sur lui. Il a profité
de l'expérience accumulée pendant des millénaires et, comme
les dieux homériques, il n'est jamais pressé.

L'on ne peut s'empêcher de prévoir une époque à laquelle
les races blanches et jaune auront à s'affronter plus âprement
qu'elles ne l'ont encore fait. Lorsque ce jour inévitable se
lèvera, laquelle des deux races triomphera ?

Si Salomon a émis une sage maxime économique en déclarant que la main diligente amasse la fortune, les Chinois
devraient certainement compter parmi les peuples les plus
prospères de l'univers. Et, sans doute, serait-ce le cas s'il
existait chez eux une balance de vertus au lieu de l'absence
totale de quelques-unes de ces qualités fondamentales qui,
bien que classées comme « vertus constantes », se montrent
ici constantes surtout dans leur carence. Lorsque les qualités
d'honnêteté et de sincérité, quels que soient les moyens mis
en œuvre pour les acquérir, auront repris leur place normale
dans la conscience et la morale des Chinois, alors — et pas
avant — ce peuple recueillera la pleine récompense de son
incomparable « industrie ».

CHAPITRE IV

POLITESSE

Chez les Chinois, et plus généralement chez tous les Orientaux, la politesse doit être envisagée sous deux aspects absolument différents : l'un, d'appréciation et l'autre, de critique. L'Anglo-Saxon — nous aimons à nous le rappeler — possède sans aucun doute de nombreuses vertus parmi lesquelles rentre avec un fort pourcentage le *fortiter in re*, mais à un degré très faible le *suaviter in modo*. Aussi, lorsqu'en arrivant en Orient, nous nous trouvons en présence d'énormes populations répandues sur un territoire immense, et tellement supérieures à nous dans l'art de lubrifier les frottements qui se produisent fatalement dans les relations d'homme à homme, nous ne pouvons nous empêcher de les admirer, conscients de notre incapacité à accomplir une chose que les Jaunes, eux, exécutent avec une si parfaite aisance. La critique la plus acharnée est bien forcée de reconnaître que les Chinois ont porté la pratique de la politesse à un degré de perfection inconnu des Occidentaux et dont ceux-ci se refusent à admettre même la possibilité avant d'en avoir fait personnellement l'expérience.

Les règles du cérémonial, comme nous le rappellent les classiques, sont au nombre de trois cents et les préceptes de conduite s'élèvent à trois mille. Sous un pareil joug ne semble-t-il pas folie d'espérer perpétuer une race d'êtres humains ? Cependant nous découvrons vite que les Chinois ont réussi à faire de leur étiquette, tout comme de leur éducation, une sorte d'instinct plutôt qu'une science qui s'acquiert par l'étude. Le génie de ce peuple a su ramener ce cérémonial pointilleux, abandonné en Europe aux Cours et aux relations diplomatiques, à une sorte de routine issue du contact incessant des gens les uns avec les autres. Nous ne prétendons pas que, dans la vie courante, les Chinois soient astreints à observer une telle masse de règles complexes, mais il leur faut être prêts à en user au besoin, et un instinct très sûr les avertit des circonstances dans lesquelles ils doivent faire montre de leur urbanité. En pareille occurrence, il serait aussi ridicule pour un Chinois de se trouver embarrassé que pour un homme du monde, chez nous, de ne pas savoir dire spontanément combien font 9 fois 9.

Les Occidentaux apprécient mal la politesse chinoise parce qu'ils ont toujours à l'esprit cette définition : « la politesse, c'est de la vraie bonté exprimée avec bonté. » Telle est peut-être l'opinion d'une civilisation qui s'est accoutumée à considérer — en théorie — le bonheur de l'un comme impliquant le bonheur de tous, mais en Chine la politesse ne correspond à rien de pareil. Elle est un rituel très formaliste, très technique et, comme toute autre technicité, elle a de l'importance, non comme indice d'un état d'esprit ou d'un état d'âme, mais en tant qu'élément d'un tout complexe. La théorie et l'usage des termes honorifiques qui affolent les Occidentaux, consistent simplement dans ce fait que de pareilles expressions aident à ne pas perdre de vue les immuables relations de la supériorité hiérarchisée, lesquelles sont considérées comme essentielles à la conservation de la Société. Elles servent aussi de lubrifiant pour adoucir les rapports entre êtres humains. Tout antécédent a son conséquent, et chaque conséquent son antécédent : lorsque l'un et l'autre sont à leur place, tout va bien. Ainsi dans une partie d'échecs, le premier joueur dira : « Je déplace d'une case mon pion insignifiant, le Roi. » A quoi l'adversaire répond : « Je bouge de même mon humble pion, le Roi. » Et l'antagoniste d'annoncer : « J'attaque votre honorable pion, le Roi, avec mon méprisable Cavalier. » Et ainsi de suite tout le long du jeu. L'emploi de ces adjectifs n'affecte en rien la conduite de la partie, mais de même qu'un joueur d'échecs qui ne saurait annoncer son

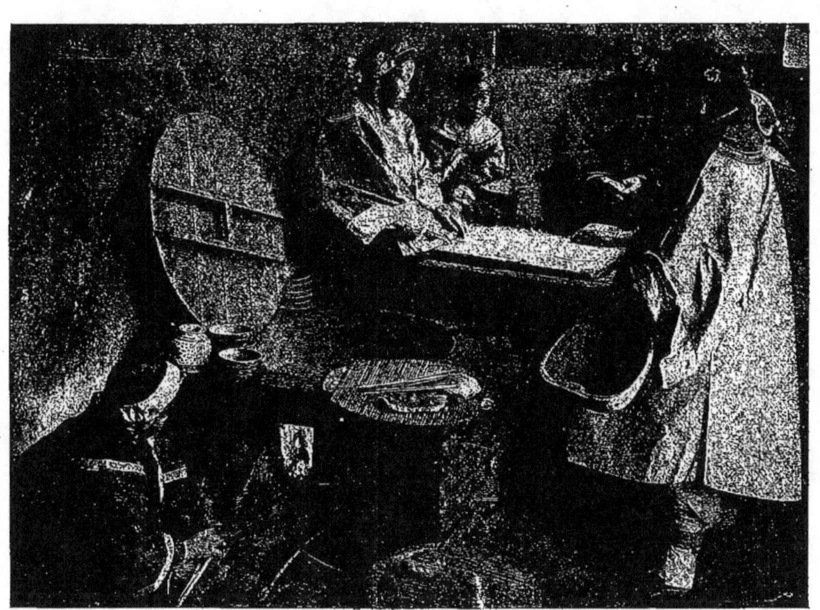

UNE CUISINE CHINOISE.

prochain coup se rendrait ridicule en essayant de faire ce qu'il ne comprend pas, de même le Chinois qui ignorerait la réponse prescrite par le cérémonial en chaque circonstance, deviendrait la risée de tous les assistants parce que, en Chine, les adjectifs sont le jeu lui-même, et ne pas les connaître, c'est ne rien savoir.

La rigueur de l'étiquette chinoise varie et s'atténue dès qu'on s'éloigne des centres où elle est des plus essentielles. Les paysans, par exemple, tout en en appréciant la nécessité, n'en connaissent pas autant les détails qu'une population urbaine.

Mais il faut en même temps reconnaître qu'il y a très peu de Chinois qui ne sachent comment agir à un moment donné, et ils se tirent toujours d'affaire avec infiniment plus d'élégance que ne saurait le faire l'étranger le mieux cultivé, à moins que ce dernier n'ait déjà acquis une longue expérience, expérience qui ne l'empêchera pas, du reste, d'être obsédé par la peur de faire une fausse manœuvre et de trahir ainsi la nature superficielle de son savoir. Cette incapacité évidente, et qu'avouent franchement les Occidentaux, à observer l'a b c même du cérémonial de la politesse chinoise, porte les classes éduquées à regarder avec un mépris non déguisé — et qui n'a rien d'étonnant — les « Barbares » capables de manifester une indifférence si dédaigneuse ainsi qu'une si invincible ignorance, même lorsqu'on les a déjà initiés aux beautés du code mondain de la Chine.

On a souvent comparé la politesse des Jaunes à un coussin à air. Il n'y a rien au dedans, mais ce coussin adoucit merveilleusement les cahots. Ajoutons, pour être juste, que la politesse dont le Chinois use envers l'étranger — de même que celle qu'il déploie à l'égard de ses compatriotes — est plus souvent inspirée par le désir de montrer qu'il sait comment il faut jouer des préceptes de la civilité que par le désir d'être agréable à son hôte. Il offrira avec insistance de vous allumer un feu dont vous n'avez nul besoin et de vous faire infuser une tasse de thé que vous détestez ; en agissant de la sorte votre hôte emplit vos yeux de fumée, impose à votre gorge la sensation d'avoir avalé une décoction de guimauve, mais il a du moins montré qu'il sait comment traiter un invité, et si ce dernier n'est pas content, tant pis pour lui. C'est ainsi qu'à la campagne, le paysan qui va vous loger croit qu'il est de son devoir de balayer et d'orner — si l'on peut dire — l'humble pièce dans laquelle vous allez vous installer, mais il ne procèdera à ce nettoyage qu'au moment même où vous arriverez, et vos instances les plus pressantes ne l'empêcheront pas d'observer ce rite, bien que vous étouffiez dans les poussières séculaires qu'il soulève. Le Livre des Rites enseigne qu'une chambre doit être balayée, et la vôtre le sera, quelles que soient les affres par lesquelles vous aurez à passer pendant l'opération. La même règle vaut encore pour les festins, terreur des non initiés, et plus encore peut-être de ceux qui ne sont que trop initiés, alors que l'hôte avec un zèle inlassable empile dans votre assiette des mets que vous devez aimer, sans se préoccuper, d'autre part, si vous en avez envie et si vous pourrez en avaler le moindre morceau. Tant pis pour vous, semble-t-il dire. Mais il est sûr, lui, d'une chose, il aura correctement rempli le rite. Personne ne pourra l'accuser de ne pas avoir fait le geste prescrit, et au moment qu'il convenait. Si l'étranger ne connaît pas le jeu, c'est son affaire, non celle de son hôte.

Toujours d'après ces principes, une jeune mariée chinoise qui allait rendre visite à une dame étrangère lui tourna délibérément le dos en arrivant devant elle et fit sa révérence du côté opposé, ce qui ne fut pas sans étonner fortement l'hôtesse. Après informations, celle-ci apprit que la mariée s'était inclinée du côté du nord, direction de la demeure de l'Empereur, se souciant très peu que la personne à laquelle elle était venue présenter ses respects se trouvât du côté du sud de la pièce. Si l'étrangère ignorait qu'elle devait se placer du bon côté, la mariée estimait que cela ne la regardait pas et elle tenait à montrer qu'*elle* du moins, savait dans quelle direction frapper, d'après le rite, sa tête sur le sol !

La politesse chinoise se traduit souvent sous forme d'un cadeau et, ainsi qu'on l'a déjà signalé, cela donne de la « face » à celui qui reçoit. Ces sortes d'offrandes revêtent certaines formes stéréotypées. L'une, d'usage courant, consiste dans le dépôt de paquets soigneusement enveloppés de papier rouge et qui contiennent des gâteaux graisseux dont le nombre défie les plus solides appétits, mais celui qui les offre ne les reprendra pas alors même que la personne, comblée à contre-cœur, déclare qu'elle sera obligée de les donner tous à quelque autre Chinois.

La politesse chinoise n'interdit aucunement « d'examiner la dentition du cheval que l'on vous offre ». Souvent on vous demandera combien coûte votre cadeau et, en prenant congé d'un hôte ou d'une hôtesse, les invités usent couramment de cette formule : « Je vous ai causé un bien grand dérangement, je vous ai imposé une grande dépense ».

Un étranger invité à un mariage où il y avait de la pâtisserie en abondance, remarqua qu'une fois le festin très avancé, on apportait sur un plateau deux ou trois gâteaux seulement et qu'on les présentait en annonçant très haut qu'ils étaient tout chauds : cela à l'adresse des gens qui les préféraient ainsi. Ils furent d'abord offerts à l'étranger en sa qualité d'invité d'honneur, lequel les refusa d'un geste aimable de remercîment. Cette attitude parut jeter un voile de tristesse sur la fin du festin ; quant au plateau, il disparut immédiatement sans avoir été présenté à d'autres convives. En voici la raison. Il est d'usage que tout invité à un mariage contribue pour une quote-part déterminée aux frais de la fête ; or, dans la localité en question, la collecte de cette contribution se faisait ordinairement pendant qu'on était à table ; mais comme il n'est pas conforme aux idées chinoises de bienséance de demander une offrande à un invité, on lui en suggéra l'idée en lui présentant des biscuits chauds. Tous les assistants comprirent la fiction, excepté l'étranger mal renseigné et dont l'abstention empêcha les autres invités de se conformer aux usages et de verser leur dû à ce moment-là. Plus tard, dans une circonstance analogue, ce même étranger prit quelque plaisir à entendre le maître de cérémonie, qui se souvenait d'une expérience qui lui avait coûté cher, annoncer aux invités, avec une franchise plus qu'occidentale : « Voici le moment, pour ceux qui ont un compte à régler, de s'exécuter ! »

Après avoir fait la part de tous les détails d'une minutie fastidieuse dont la politesse chinoise doit tenir compte et pour lesquels elle a prescrit des règles, il n'en reste pas moins à reconnaître que nous avons beaucoup à apprendre des Chinois en ce qui touche les rapports sociaux. Rien ne nous empêcherait de conserver notre franc-parler tout en en atténuant la brusquerie, et la forte indépendance de l'Occidental ne pourrait que gagner à s'accompagner d'un peu de la suavité orientale.

Cependant bien des Occidentaux ne se laisseraient jamais amener à considérer la question sous un pareil jour. L'auteur de ce livre connaît quelqu'un qui résida pendant de nombreuses années à Paris et qui en a inconsciemment adopté les manières. Lorsque cet homme retourna enfin à Londres, il avait pris l'habitude d'enlever son chapeau et d'adresser un salut courtois à chaque ami qu'il rencontrait. Un jour l'un d'eux répondit à sa politesse par cette observation dénuée d'aménité : « Écoutez, mon vieux, *ici pas de ces singeries françaises* ! » Heureux l'homme qui sait amalgamer ce qu'il y a de mieux dans l'Est et dans l'Ouest et qui peut cheminer sûrement dans le sentier étroit et épineux du juste milieu.

CHAPITRE V

INDIFFÉRENCE DES CHINOIS POUR LA MARCHE DU TEMPS

La civilisation moderne a posé en maxime que « le temps, c'est de l'argent ». Les complications de la vie sont telles actuellement qu'un homme d'affaires réussit, pendant les quelques heures de son travail quotidien, à traiter un nombre et une variété de questions qui, au siècle dernier, eussent exigé un temps infiniment plus considérable. La vapeur et l'électricité sont les agents essentiels de ces changements, changements auxquels la race saxonne se trouvait préparée de longue date en raison de ses tendances innées, physiques et morales. Quelles qu'aient été les habitudes de nos ancêtres alors qu'ils n'avaient à peu près rien d'autre à faire que de manger, boire ou se battre, il nous est difficile d'imaginer une période pendant laquelle notre race n'était pas caractérisée par une énergie impétueuse, l'énergie qui pousse ceux qui la possèdent à aller toujours de l'avant et à se lancer dans une nouvelle entreprise dès que celle en cours est terminée.

La façon dont s'abordent deux Chinois ou deux Anglo-Saxons présente des différences significatives. « Avez-vous mangé du riz ? » demande le Céleste lorsqu'il rencontre un camarade. « How do you do ? » dira l'Anglo-Saxon. *Faire* est la condition normale de ce dernier comme manger est la condition normale du premier. Les Chinois — et il en est de même de la plupart des Orientaux — se montrent particulièrement rebelles à ce sentiment devenu pour nous une seconde nature que « le temps c'est de l'argent ». La journée chinoise ne compte que douze heures, et la désignation de chacune d'elles n'indique pas seulement l'instant où l'une cède la place à la suivante, mais aussi la période de temps correspondant à un certain douzième de la journée. Ainsi par « midi » on n'entend pas une certaine heure particulière, mais bien la période entière qui s'est écoulée entre 11 heures et midi. « Quelle heure est-il, lorsqu'il est midi de par la lune ? » demandait devant moi un Chinois. Paraphrasée en un langage moins ambigu, la question se traduit de la façon suivante : « Quelle est l'heure de la nuit lorsque la lune passe au méridien ? »

La manière usuelle de s'exprimer des Chinois en ce qui concerne la notion de l'heure donne lieu à des incertitudes analogues, et il ne faut pas s'attendre de leur part à des termes plus exacts que les désignations vagues telles que « Lever du soleil » et « Coucher du soleil » ; encore sont-elles employées avec un parfait dédain de la latitude (et aussi de la longitude) ; mais « minuit », de même que « midi », ne signifie aucun instant particulier, et la division ordinaire de la nuit par la chiffraison des montres est également vague, à l'exception de la dernière heure nocturne que l'on associe souvent à l'apparition du jour. Même dans les villes, les « montres » se règlent d'une manière plus ou moins incertaine.

Le peuple chinois ne connaît rien à ce genre de pendules portatives appelées « montres » et, parmi les Chinois qui en possèdent, vous en verrez fort peu s'en servir pour régler leurs occupations de la journée. Ils songent rarement à les faire nettoyer, oubliant même souvent de les remonter. Le peuple se contente, en général, de l'heure indiquée par la hauteur du soleil ; elle s'exprime par une, deux « hampes de drapeau », — ou davantage. Si le ciel est nuageux, l'on s'en rapportera à la façon dont le chat contractera ou dilatera la pupille de son œil : l'heure ainsi obtenue suffit amplement au train ordinaire de la vie chinoise.

L'emploi que les gens font de leur temps correspond à la façon dont ils en marquent le cours. Ainsi que l'a distingué

Sydney Smith, le monde comprend deux classes d'individus, les antédiluviens et les postdiluviens. Ces derniers ont découvert que le temps évolue avec les millénaires et ils cherchent à adapter leur mode d'existence à l'époque dans laquelle ils vivent. Les antédiluviens, au contraire, se refusent à comprendre que le temps des Mathusalem est passé et ils continuent à agir comme si la vie évoluait encore de la même façon qu'à l'ère des Patriarches.

Les Chinois doivent être rangés dans cette dernière classe. Un bon conteur de légendes, tel qu'on en rencontre dans les maisons de thé, où il a pour mission d'attirer et de retenir les clients, vous fait penser au « Brook » de Tennyson. Les hommes entrent, sortent, mais *lui* continue « toujours et toujours ». Il en est de même des représentations théâtrales qui durent parfois des journées entières. Mais que dirons-nous de celles du Siam où elles se prolongent pendant plus de deux mois, à ce qu'assurent les gens qui ont pu résister jusqu'au bout à de pareils spectacles. Non moins formidables — peut-être pis encore — sont les festins interminables des Chinois, avec le nombre et la variété inouïe des plats, terreur et désespoir de tous les étrangers qui en ont fait la dure expérience, tandis que les Chinois les trouvent trop courts. L'un de leurs dictons les plus mélancoliques assure qu'il n'existe pas au monde de banquet qui ne doive prendre fin. Pourtant le malheureux « Barbare », attiré dans un de ces traquenards en arrive à désespérer de la véracité de ce proverbe devant la longueur exaspérante de la fête.

Dès sa plus tendre enfance, le Chinois est accoutumé à agir en tout d'après le plan antédiluvien. Lorsqu'il va à l'école, il part généralement pour la journée entière et travaille, du lever du soleil à la nuit close, avec une ou deux interruptions pour s'alimenter. Les élèves, de même que le maître, n'ont jamais connu d'autre régime. Les examens pour l'obtention des diplômes se prolongent pendant des jours et des nuits, avec une sévérité qui croît suivant l'importance du concours ; et bien que la plupart des candidats souffrent d'une organisation si déraisonnable, il serait difficile de faire admettre par l'un ou l'autre d'entre eux que le procédé est absurde et inopérant pour juger de la valeur intellectuelle des aspirants aux diplômes.

La qualité des fonctionnaires se ressent naturellement des méthodes d'instruction. Le langage des Chinois est lui-même antédiluvien : pour en posséder tous les éléments, la durée de la vie d'un Mathusalem ne serait pas de trop. L'on peut dire aussi exactement des anciens Chinois que des antiques Romains que s'ils avaient dû apprendre leur propre langue, ils n'auraient jamais rien dit ou écrit qui valût la peine d'être noté ! Les histoires chinoises sont antédiluviennes, non seulement dans leur prétention à remonter à l'origine des temps, mais aussi dans la longueur interminable de l'exposé de chaque période qui ne néglige aucun détail de la vie publique et privée. Seule, une race pour laquelle le temps ne compte pas peut composer et écrire une pareille Encyclopédie ; seule la mémoire chinoise peut l'absorber et la digérer.

L'indifférence des Chinois à l'égard de l'heure se manifeste dans leurs méthodes de travail. Ainsi que nous l'avons déjà signalé, la qualité d'intensité qu'ils apportent à leur tâche diffère essentiellement de celle qui se manifeste dans le travail des Anglo-Saxons.

Combien y en a-t-il parmi les étrangers qui, après avoir fait construire un immeuble en Chine à l'aide d'entrepreneurs et d'ouvriers indigènes, auraient le courage de recommencer ? Les hommes arrivent tard et s'en vont tôt ; ils s'interrompent sans cesse pour boire du thé ; ils font de longs voyages à la carrière lointaine et en rapportent quelques quarts de boue liquide dans un sac de toile alors qu'avec une brouette un seul ouvrier pourrait faire le travail de trois, mais aucun d'eux ne vise à de pareils résultats. S'il pleut, même légèrement, le travail est suspendu. On s'agite beaucoup sans que la besogne avance, si bien qu'il est souvent difficile de préciser l'ouvrage exécuté dans une journée par une équipe. Nous avons connu un étranger qui, mécontent de la lenteur avec laquelle ses couvreurs posaient le lattis de la toiture, se mit lui-même à l'œuvre pendant que le personnel était allé déjeuner et accomplit dans ce laps de temps autant de travail que quatre Chinois dans leur demi-journée.

Le simple entretien de ses outils est, pour l'ouvrier chinois, affaire d'importance, en raison du temps considérable qu'il faut y passer, à moins cependant que ces engins n'appartiennent à l'étranger, auquel cas l'indigène s'en moque. On trouve des outils mis mystérieusement hors de service, et cependant personne ne les a touchés. *Non est inventus*, telle est la maxime que tout le monde s'approprie. Un jour, des perches sont dressées contre un mur et tous les ouvriers se préparent à monter l'échafaudage. Or, pendant tout le cours du travail, chaque jour marque une crise de mauvaise volonté ; l'expérience antérieure ne compte pas. La chaux, le sable, la terre de cet endroit ne conviennent à aucun des usages auxquels il est généralement supposé que ces matériaux s'adaptent, et l'étranger est impuissant à lutter contre un pareil état de choses. Nous ne saurions oublier un certain entrepreneur de Canton dont les promesses, tout comme son argent, s'évanouirent en fumée, car le malheureux était l'esclave et la victime de la pipe d'opium. Finalement le propriétaire, à bout de patience, procéda à un relevé minutieux de tous les ouvrages dont l'exécution se montrait défectueuse. « L'on vous avait donné les dimensions des fenêtres, vous en avez pris trois fois la mesure et aucune d'elles ne s'ajuste. Pas une des portes ne ferme convenablement, aucun assemblage n'est collé. Les lames des parquets n'ont pas les dimensions voulues et sont de coupe tout à fait irrégulière. » Et le relevé des malfaçons se poursuivit ainsi longtemps. Le Cantonnais regardait tristement le propriétaire, et lorsqu'il se décida enfin à parler, il répondit sur un ton de douce remontrance : « Ne dites pas cela ! Ne dites pas cela ! *Un gentleman ne parle pas de la sorte !* »

Pour le Chinois, l'impatience chronique de l'Anglo-Saxon est non seulement inconcevable mais, de plus, déraisonnable. Aussi n'y a-t-il pas de doute qu'il tient ce trait de notre caractère pour aussi répréhensible que nous paraît à nous son manque de sincérité.

En tout cas, il est difficile d'arriver à faire comprendre à un Chinois l'importance de la célérité et de la diligence. Nous avons vu un sac postal rempli du courrier des étrangers, retenu pendant plusieurs jours entre deux villes distantes l'une de l'autre de 12 milles seulement, parce que l'âne du voiturier était malade et avait besoin de repos ! Quant au service télégraphique, il n'est encore qu'une parodie amère de ce qu'il pourrait et devrait être.

Mais jamais l'indifférence chinoise pour le temps qui passe ne devient aussi exaspérante que lorsqu'il s'agit d'une simple visite mondaine. Dans les pays d'Occident, la plus banale civilité indique à chacun que la durée de ce genre de visites ne saurait dépasser certaines limites. En Chine, il n'en est rien. Tant que l'hôte n'aura pas offert à l'arrivant un gîte pour la nuit, celui-ci continuera à discourir, alors même qu'il est épuisé de fatigue.

En rendant visite à des étrangers, les Chinois ne peuvent comprendre qu'ils leur volent, s'ils restent trop longtemps, un temps précieux. Pendant des heures, ils ne bougeront pas de leur place, parlant peu ou pas du tout ; mais ils n'offriront pas de se retirer. L'excellent pasteur qui avait pour devise : « L'homme qui désire me voir est celui que je désire voir » aurait certainement modifié cet adage s'il eût vécu quelque temps en Chine. Après une ou deux expériences de ce genre, il n'eût pas manqué de suivre l'exemple d'un autre ministre qui suspendait très en vue dans son bureau une pancarte portant en belle calligraphie : « Le Seigneur bénisse tes sorties ! »

Le simple énoncé de son affaire semble souvent coûter au Chinois un gros effort intellectuel. Il reste tout d'abord sans rien dire, et il peut demeurer ainsi toute une période de temps qui lasserait la patience de dix Européens. Puis, lorsqu'il se décide enfin à parler, il donne raison à l'adage qui déclare que « s'il est aisé d'aller à la montagne pour combattre les tigres, il est difficile d'ouvrir la bouche et d'en laisser sortir des paroles. » Heureux l'étranger qui saura suivre l'exemple du regretté Dr. Mackensie. Trouvant que ces incessantes et interminables pauses des invités chinois, de ces amis « qui viennent mais jamais ne s'en vont », absorbaient la meilleure partie du temps qu'il devait à son travail d'hôpital, il avait pris l'habitude de leur dire : « Asseyez-vous et faites comme chez vous ! Moi, j'ai des affaires urgentes, vous voudrez bien m'excuser ! » Plus heureux encore serait ce même étranger s'il était capable d'imiter la verve naïve d'un étudiant en langue chinoise qui, après avoir appris quelques phrases, voulut en expérimenter l'effet sur son professeur : « Ouvrez la porte et allez-vous-en ! » dit-il à ce dernier qui demeura bouche bée.

CHAPITRE VI

MÉPRIS DU CHINOIS POUR L'EXACTITUDE

Au premier abord, le Chinois laisse à l'étranger une impression d'uniformité. Les physionomies semblent moulées sur un seul et même type ; les gens paraissent tous vêtus d'un bleu perpétuel, et une natte chinoise ressemble étrangement à une autre natte chinoise, tels deux pois tirés d'une même cosse. Mais un examen plus attentif révèlera au voyageur le moins clairvoyant qu'en dépit de tout ce qui se raconte, l'on ne saurait attribuer aux Chinois une uniformité absolue. Le langage parlé dans deux districts, quelque voisins qu'ils soient, diffère sur bien des points intéressants, il est difficile de se l'expliquer ; les divergences linguistiques s'accumulent au point de constituer un nouveau dialecte, et il ne manque pas de personnes qui vous affirmeront que l'on parle en Chine plusieurs langues différentes, malgré la similitude des caractères de l'écriture. Les coutumes présentent la même variété et, comme disent les Chinois, elles ne sont pas pareilles à dix *li* de distance. L'on en voit à tout moment des exemples singuliers. Une semblable diversité se retrouve dans les étalons de volume sur l'invariabilité absolue desquels repose, en Occident, tout le confort de la vie.

L'existence d'un double étalon, de quelque genre qu'il soit, qui vaut à l'étranger de si gros ennuis, est pour le Chinois une source de joies. Deux sortes de monnaies, deux sortes de poids et deux sortes de mesures semblent ici choses naturelles et normales, non répréhensibles. L'on demandait à un marchand en train de confectionner des poudings à la viande, combien il en vendait par jour. A quoi celui-ci répondit qu'il y employait quotidiennement environ cent livres (chinoises) de farine, laissant finement au demandeur le soin de deviner le rapport inconnu entre la quantité de farine et le nombre de chaussons qui en résultait. De même un fermier qui indiquera pour poids de l'un de ses bœufs un chiffre notoirement trop bas, expliquera qu'il n'a pas compté les os ! Un domestique auquel on demandait quelle taille il avait, donna une mesure ridiculement petite, étant donnée son apparence, et sur l'observation qu'on lui en fit, il répondit n'avoir pas fait entrer en ligne de compte toute la partie au-dessus des épaules ! Cet homme avait été soldat et, dans l'armée, la hauteur de la clavicule est un élément d'information essentiel, parce qu'elle sert à assigner à chacun l'importance de sa charge. Or, puisque le soldat chinois est, pour tous les besoins pratiques, complet sans sa tête, pourquoi compter celle-ci ? Un paysan, lui, avait une manière toute spéciale de mesurer sa route : il déclarait habiter à « 90 li de la ville ». Mais, pressé de questions, il consentit à en rabattre car, dans son évaluation, il comptait l'aller et le retour. Il finit par admettre que la distance entre les deux points n'était que de « 45 li » !

L'exemple le plus frappant de cette variabilité dans les appréciations numériques nous est fourni par la méthode de compter la monnaie de cuivre, laquelle constitue dans l'Empire l'unique monnaie courante. Partout on se sert du système décimal — qui est le plus simple — mais personne n'est jamais sûr, avant de s'être soigneusement renseigné, combien il faut de pièces de cuivre dans un lieu donné pour faire 100. Sans aller bien loin dans les dix-huit Provinces, on s'apercevra que ce nombre varie, avec une confusion et un abus que rien ne saurait justifier, depuis 100 — qui est théoriquement l'unité normale — jusqu'à 83 (comme dans la capitale du Shansi), après avoir passé dans d'autres lieux par 99, 98, 96 ; il descend même à 33 dans la partie orientale de la province de Chihli, peut-être encore plus bas ailleurs. On peut en dire autant, et pis encore, du poids auquel se vend le métal argent. Il n'existe pas deux endroits où l' « once » soit pareille, sauf accidentellement, et chaque lieu possède des « onces » de poids divers. Il en résulte que l'étranger est absolument dérouté ; seul le trafiquant y trouve son compte et les honnêtes gens — qui se rencontrent en grand nombre, même en Chine — se voient exposés à toutes sortes de vexations. Les causes de ce chaos monétaire sautent aux yeux ; pour le moment, nous nous contenterons de constater le fait !

Nos observations s'appliquent à toutes les mesures, quelles qu'elles soient. Le boisseau n'a pas partout la même capacité, et cette variabilité d'un volume nominalement identique partout, favorise, à la taxe des grains, des exactions criantes et qui seraient de nature à provoquer des troubles politiques graves chez un peuple d'esprit moins pacifique que les Chinois. Loin de pouvoir prétendre qu'une « pinte correspond à une livre dans le monde entier », en Chine « une pinte » n'est pas une pinte et « une livre » n'est pas une livre. Non seulement la base théorique de chacun de ces étalons est sujette à variations, mais il est d'usage courant (dans le monopole du sel, par exemple), de prendre pour étalon une unité purement arbitraire — 12 onces parfois — et de déclarer qu'elle représente la livre (catty). L'acheteur paie ainsi une valeur de 16 onces alors qu'il n'en reçoit que 12. Toutefois le procédé se pratiquant ouvertement et tous les trafiquants de la même catégorie agissant de même, on peut admettre qu'il n'y a plus fraude. Si, de temps à autre, les gens rappellent le fait, c'est seulement à titre de souvenir d'une « coutume ancienne » dans le commerce du sel. L'arpentage des terres provoque les mêmes incertitudes. L'acre peut varier du simple au double d'après les districts, et les propriétaires situés sur la limite de deux districts doivent toujours être munis de deux appareils afin d'arpenter suivant chaque genre d'acre.

Il n'est jamais prudent de répéter — ainsi que les étrangers qui voyagent en Chine sont souvent portés à le faire — le prix que l'on vous annonce pour chaque « catty » de grain ou de coton, avant de s'être assuré du « catty » en usage dans le district et dans cet endroit. Cet avis s'applique aussi à la quantité de céréales que donne par « acre » la récolte ; les statistiques semblent souvent établies dans l'ignorance des valeurs diverses de cette unité de mesure. Tous ceux qui voyagent en Chine seront prêts à attester que l'évaluation des distances donne lieu aux mêmes incertitudes. Lorsque l'on se déplace par terre et que les distances sont données en « li », il est bon de s'assurer au préalable si les « li » sont grands ou petits. Nous ne contestons pas qu'il existe un *certain* étalon de longueur, mais ce que nous contestons, c'est que les mesurages ou les évaluations qui en résultent soient jamais corrects. L'expérience nous a appris que lorsque l'on s'écarte des grandes routes impériales, les « li » s'allongent immédiatement. Si 129 « li » représentent une bonne journée de voyage sur la grande route, il faudra autant de temps pour en parcourir 100 sur un chemin secondaire et, en pays de montagne, la journée entière se passera à en franchir 80. De plus les distances sont parfois décomptées, non pas sur leur longueur, mais sur les difficultés que présente le parcours. Ainsi on déclarera qu'il y a 90 « li » pour franchir un col, alors que le chemin parcouru n'est parfois que de 45. Et l'on vous soutiendra l'exactitude de cette évaluation sous le pré- texte que pour circuler sur ces 45 « li » l'on a autant de peine que pour en parcourir 90 sur un chemin uni.

Enfin l'étranger ne devra pas être surpris si la distance de B à A n'est pas la même que de A à B. Vainement voudra- t-on en appeler à Euclide et à ses théorèmes : le Chinois n'admet pas ces subtilités. Nous connaissons sur l'une des routes mandarines les plus importantes une section comptée pour 193 « li » du Nord au Sud et pour 190 en sens inverse [1]. Or, en Chine, il n'est pas vrai qu'un tout est égal à la somme

1. Nous trouvons dans l'ouvrage de M. Baber, *Travels in Western China*, pos- térieur à nos propres observations, la confirmation de ces particularités. « Nous avons entendu dire, non sans avoir quelque peine à y ajouter foi, que la distance entre deux villes dépendait du point de départ, et toutes les personnes questionnées à ce sujet donnaient la même différence d'estimation. C'est ainsi que de A à B on indi- quait 1 « li », alors que de B à A, la distance était tout aussi unanimement déclarée de 3 « li ». Voici l'explication que nous en fournit un autochtone. Les transports sont payés à raison de tant par « li », mais il est évident qu'un coolie devrait être payé plus cher lorsque la route monte. Comme d'autre part il serait trop compli- qué d'établir une échelle de salaires d'après la pente des chemins, il est bien plus simple d'admettre qu'un transport sera compté à plus ou moins de « li », suivant les difficultés du parcours de la route. Tel est l'usage, et le voyageur doit accepter ces distances purement conventionelles. Mais, dis-je en protestant, la pluie doit dès lors majorer aussi le nombre de « li » et la distance sera aussi plus grande la nuit que le jour ! — Parfaitement, mais tout s'arrange avec une petite allocation supplémen-

de ses parties. Le cas se présente surtout dans les voyages par eau. Si l'on vous annonce que la distance est de 40 *li* jusqu'à un certain point et qu'après examen vous constatiez que ce parcours se compose de deux tronçons de 18 « li » chacun, vous aurez, sans doute, raison, mais que répondre lorsqu'on vous déclare que « 4 fois 9 font 40, n'est-ce pas ! » De même 3 fois 18 font 60, et ainsi de suite généralement. Nous avons entendu raconter qu'un certain jour, un courrier impérial n'avait pas parcouru son relais — 60 *li* — dans le temps légal accordé par les règlements. La défense argua que ces 60 *li* étaient très longs, et l'excuse ayant paru valable, le magistrat ordonna de mesurer la distance. Or celle-ci se trouva être en réalité de 83 *li*, évaluation qui fut depuis lors maintenue. Plusieurs villages situés dans les environs d'une ville à des distances variant de 1 à 6 *li*, pourraient, chacun, être appelés « le village des 3 li ». L'on remarquera souvent qu'une distance qui, en réalité, serait de 1 *li*, est comptée pour 5 *li* s'il y a des maisons en bordure de la route ; et tous les habitants du hameau vous affirmeront gravement que telle est bien la longueur de la rue.

Dans ces conditions, l'on ne saurait s'étonner que la définition des étalons soit abandonnée à la fantaisie individuelle. Le fabricant de romaines promène sa marchandise et en fait sur place la graduation — qu'il indique au moyen de petits points appelés étoiles — selon les préférences du client, lequel n'en conserve pas moins deux échelles, l'une pour acheter, l'autre pour vendre. Impossible de se procurer une balance toute faite, à moins de tomber sur un vieil appareil,

taire. Ce système, commode peut-être pour l'indigène, devient pour le voyageur une source incessante de vexations ».

Pratiquement, l'échelle des distances peut se formuler ainsi : En terrain plat, le mille légal équivaut à 2 « li » ; sur un chemin de montagne ordinaire il sera de 5 « li » et en pays particulièrement mouvementé, de 15. Les natifs du Yunnan, excellents montagnards, ont une tendance à sous-estimer les distances en terrain plat, mais la plaine est si rare chez eux que le voyageur appelé à circuler dans cette région n'aura guère besoin de s'embarrasser de pareilles considérations. Il lui suffira d'admettre que, sauf en des passages particulièrement raides, 5 « li » locaux équivalent à 1 mille.

Dans son ouvrage *Through the Yang-tse Gorges*, M. Little signale qu'en aval, un certain relai était de 90 *li* tandis qu'en amont, on le comptait pour 120 *li*. Il évalue le mille légal à 3, 62 *li* ou 250 *li* pour 1° de latitude.

car l'échelle des pesées demeure à l'état fluide et ne prend corps que pour chaque acheteur.

Vous trouverez des exemples de cette vérité d'ordre général dans la manière dont le Chinois déclare son âge. Les particularités qui caractérisent ces renseignements constituent un trait national. Alors qu'il serait facile de vérifier son âge en se reportant au signe qui présidait à l'année de la naissance et sous la dépendance duquel il se trouve, le Chinois se livre, en fait d'exactitude, aux plus folles approximations. Un vieillard a « 70 ou 80 ans » alors que vous savez pertinemment qu'il en a eu 70 l'année précédente. Mais, en Chine, une personne atteint 80 ans dès qu'elle n'en a plus 70 et il faut tenir compte de cette « moyenne générale » si l'on veut arriver à la précision. Même quand il veut être exact, un Chinois se donnera souvent l'âge qu'il n'atteindra qu'après le prochain jour de l'an — l'anniversaire national chez les Célestes. L'habitude de compter par « dizaines » est profondément ancrée et amène du vague dans toutes les évaluations. Des personnes ont « dix ou vingt ans, » d'autres « quelques dizaines » et parfois « un grand nombre de dizaines », de sorte qu'un décompte rigoureusement exact est, en Chine, chose des plus rares. La même imprécision s'étend aux « centaines », « milliers » et « myriades », limite extrême des évaluations chinoises. En tant que précision, ces expressions générales suffisent aux Chinois.

Un Céleste me racontait que deux hommes avaient dépensé 200 cordons de sapèques pour assister à une représentation théâtrale. Puis, se reprenant, il ajouta : « ou plutôt 173, mais n'est-ce pas la même chose que 200 ? »

Au moment où il allait retourner dans sa patrie, un ménage étranger reçut en cadeau de quelques amis chinois deux beaux rouleaux de parchemin destinés non au mari ou à la femme, mais à leurs mères — seuls parents survivants — qui étaient, paraît-il, absolument du même âge. L'une des inscriptions portait : « Bonheur aussi grand que la mer » et « Vieillesse verte comme les pins éternels » et, sur le côté, se trouvait, en caractères plus petits, une allusion au fait que la destinataire avait eu « sept décades de félicité ». Sur l'autre rouleau on pouvait lire des phrases du même genre en langage également fleuri, mais la petite inscription additionnelle félicitait la dame d'avoir joui de « six décades de gloire ». Après avoir admiré ce cadeau comme il convenait, l'une des personnes dont on honorait ainsi la mère se risqua à demander au principal donataire pourquoi, vu la parité d'âge des deux mères, l'on assignait à l'une 70 ans et seulement 60 à l'autre. Voici la réponse très caractéristique qui lui fut faite par le Chinois ainsi interpellé. Celui-ci expliqua que si les rouleaux avaient porté identiquement « sept décades » on aurait pu croire que les auteurs du travail manquaient vraiment d'imagination !

La solidarité sociale des Chinois nuit souvent à ce que nous appelons précision. Un homme qui consultait l'auteur de ce livre à propos d'un procès, raconta qu'en réalité il « vivait » dans un certain village, bien que du récit qu'il venait de faire il ressortît nettement qu'il habitait dans la banlieue d'une ville. Pressé de questions, il finit par reconnaître qu'il ne « vivait » pas *actuellement* dans ce village. Après plus ample informé, il fut reconnu que le déménagement remontait à dix-neuf générations ! « Mais ne vous considérez-vous pas désormais comme habitant la ville ? lui demanda-t-on. — Oui, fit-il simplement, nous y vivons maintenant, mais la vieille souche de la famille est dans ce village. »

Un autre individu appela l'attention de l'auteur sur un ancien temple situé dans son village, et il ajouta fièrement : « C'est moi qui l'ai bâti ! » Or, cet édifice datait de la dynastie des Ming, 300 ans auparavant, alors que « moi » n'existait encore qu'à l'état potentiel.

Il est difficile, en étudiant la langue chinoise, de trouver un terme qui rende de façon satisfaisante le mot « identité » et le distingue de « ressemblance ». Tout le système de penser des Chinois repose sur une série d'hypothèses absolument étrangères à notre mode d'entendement ; ils ne comprennent pas la manie occidentale qui nous porte à vouloir tout vérifier avec une précision extrême. Le Chinois ignore le nombre de familles existant dans son village natal et il n'a pas la moindre envie de le connaître. Ce sera « quelques centaines », plusieurs centaines « ou bien » un petit nombre, mais jamais un nombre défini.

Ce même manque de précision se retrouve dans les œuvres écrites ou imprimées. Tout livre bon marché fourmille d'erreurs. Parfois les caractères employés sont plus complexes que ceux qui auraient dû figurer ; la faute ne saurait donc provenir de l'envie de s'épargner du travail, elle est plutôt imputable à ce fait que, d'ordinaire, la précision est tenue pour peu importante. Une pareille insouciance de la notation exacte se rencontre, plus abondante encore, dans les simples lettres : un caractère y est souvent représenté par un autre de même consonnance et l'erreur provient autant de l'ignorance que du manque de soin.

L'indifférence à l'égard de la précision n'est nulle part aussi flagrante que dans les adresses des correspondances. La suscription d'une lettre chinoise porte généralement en caractères très fermes : « Mon père grand homme », « Mère compatissante du grand homme », etc., mais le plus souvent on ne lit pas la moindre indication du *nom* du « Grand Homme » auquel s'adresse la missive.

Il est certainement singulier qu'un peuple aussi éminemment pratique se montre si peu exact lorsqu'il s'agit de préciser le nom d'un individu. Souvent on l'écrira un jour d'une façon, le lendemain d'une autre, et chacune des deux manières fera aussi bien l'affaire. Il est plus embarrassant encore de voir désigner un même homme sous trois dénominations différentes, son nom de famille, son surnom et enfin le nom sous lequel il se présente aux examens. Aussi n'est-il pas rare que l'étranger prenne un Chinois pour un autre, sinon pour plusieurs autres. Les noms des villages sont également imprécis, l'on se sert simultanément de divers vocables pour les désigner, sans que l'un d'eux soit reconnu plus particulièrement exact. On les emploiera indifféremment, ou bien encore le véritable figurera dans les pièces officielles et l'autre demeurera d'usage courant ; parfois même le nom altéré sera utilisé comme adjectif pour former avec l'appellation originelle un nom composé. Les Chinois souffrent malheureusement d'un manque d'éducation technique : la connaissance des formules de la chimie, par exemple, leur apprendrait l'importance d'une précision minutieuse. Les jeunes Chinois qui débutent aujourd'hui dans cette science apprendront sans doute à leurs dépens combien il peut être meurtrier, même dans un laboratoire, de mélanger « quelques dizaines de grains de quelque chose » avec « plusieurs dizaines de grains de quelque autre chose », et de provoquer ainsi des explosions aussi dangereuses qu'imprévues. Autant, certes, que toute autre nation, les Chinois seraient capables de s'accoutumer à une précision rigoureuse ; je dirai même qu'ils s'y montreraient encore plus aptes, vu qu'ils sont doués d'une patience infinie. Mais il faut bien avouer que tel qu'il est constitué aujourd'hui, ce peuple ne comprend même pas ce que nous entendons par là. En admettant la justesse de ces observations, il semble légitime d'en tirer deux conclusions : 1º il faut tenir grandement compte de cette carence dans l'examen des récits historiques chinois. Nous tomberions dans des erreurs grossières en prenant leurs énoncés de chiffres et de quantités pour ce qu'ils ne furent jamais destinés à être, c'est-à-dire exacts ; 2º il faut laisser une grande marge aux approximations lorsque l'on examine ce qui est revêtu du titre pompeux de « recensement chinois » : un tout n'est pas plus grand que ses parties, nonobstant l'énumération chinoise contraire. Après avoir étudié sous toutes ses faces un « recensement chinois », nous pourrons lui appliquer ce que disait un jour de la Cour suprême des États-Unis un Écossais à l'esprit très fin et qui se rendait bien compte de la « glorieuse incertitude de la loi » : « C'est à elle qu'appartient de deviner le dernier mot de la cause ! »

CHAPITRE VII

TALENT DU CHINOIS A COMPRENDRE DE TRAVERS

Ce don remarquable du peuple chinois se dévoile à l'étranger
dès que le langage chinois lui est devenu assez familier pour
qu'il le parle couramment : il s'aperçoit alors avec chagrin
qu'il n'est pas compris. Aussi retourne-t-il diligemment à ses
études linguistiques et, après plusieurs années d'études assi-
dues, il peut se risquer sans crainte en public ou devant
n'importe quel individu à aborder les sujets les plus divers.
Si son interlocuteur lui est parfaitement inconnu et surtout
si celui-ci n'a jamais eu à faire à un étranger, l'apprenti sinologue éprouvera la même surprise douloureuse qu'à ses premiers essais de conversation dans la langue chinoise. L'auditeur ne comprend évidemment pas. Tout aussi évidemment,
il ne s'attend pas à comprendre. Du reste, il ne prête pas la
moindre attention à ce qu'on lui dit, ne fait pas le moindre
effort pour suivre la conversation : il vous interrompra simplement pour vous dire : « Lorsque vous parlez, nous ne vous
comprenons pas ! » Un sourire de supériorité plisse ses lèvres,
comme quelqu'un qui contemplerait un sourd-muet s'efforçant d'articuler des sons, et comme s'il voulait dire : « Qui
donc suppose que vous puissiez être compris ? C'est peut-être
votre malchance et non votre faute si vous n'êtes pas né
avec une langue chinoise, mais vous devriez vous résigner
à votre infériorité, car lorsque vous parlez, nous ne vous
comprenons pas ! » Il n'est pas toujours facile de conserver
une sérénité olympienne dans une pareille situation et l'on
se retourne volontiers vers son adversaire en lui demandant

une fois de plus avec violence : « Comprenez-vous ce que je vous dis en ce moment ? — Non, répond l'autre, je ne vous comprends pas ! »

De tous les sujets qui en Chine présentent de l'intérêt, celui pour lequel il est le plus nécessaire de prendre ses précautions afin d'éviter tout malentendu se rapporte aux questions d'*argent*. Si l'étranger a à faire un paiement — ce que les Chinois semblent considérer comme son rôle principal — le temps de verbe du futur est véritablement une « nécessité militaire ». « Lorsque vous aurez accompli votre tâche, vous serez payé ». Mais ce temps *futur* n'existe pas dans la langue chinoise, pas plus du reste qu'aucun autre temps du verbe. Le Chinois dit simplement : « Fais travail, reçois argent», ces deux derniers mots étant l'idée principale qui demeure dans son esprit : le « rapport du temps » n'existe pas pour lui ! D'où la conséquence que l'ouvrier appelé à travailler pour un étranger veut toucher d'abord son argent afin de pouvoir « manger ». Reste à présumer que s'il n'avait pas eu l'aubaine de cette commande, jamais plus il n'aurait mangé ! Une inlassable vigilance — nous ne cesserons de le répéter — tel est le prix auquel il faut acheter en Chine l'immunité contre les malentendus d'ordre pécuniaire. Qui doit, qui ne doit pas recevoir de l'argent ? à quel moment, en quelle quantité ? en lingots d'argent ou en monnaie de cuivre ? quelle teneur et quel poids de lingots ? quel nombre de pièces de cuivre comprendra une « ligature » ? Sur ces points et sur bien d'autres du même genre, l'on n'obtiendra jamais des accords trop définis et trop absolus. S'il s'agit d'un contrat par lequel un entrepreneur, un régisseur ou un batelier doivent exécuter certains travaux ou assurer certaines fournitures, les termes de l'accord ne seront jamais trop pesés et trop explicites.

Se laisser aller à sa rancune, dût-on en éprouver soi-même les conséquences fâcheuses, est un procédé si répandu en Chine que personne n'y prête attention. Un batelier ou un voiturier dont un étranger loue les services pour qu'il vous conduise partout où vous lui direz d'aller, refusera parfois obstinément de remplir son contrat. L'inflexible entêtement d'un voiturier ne le cède en rien à celui de ses mules qui, arrivant à un endroit de la route particulièrement poussiéreux, se couchent délibérément sur la chaussée pour s'y vautrer. Le conducteur aura beau faire pleuvoir les coups de fouet, les bêtes demeureront aussi indifférentes que si une mouche les chatouillait. Des incidents de ce genre nous rappellent souvent les commentaires caustiques de de Quincey, lorsque généralisant un peu trop, il affirme que « la race chinoise est aussi entêtée que ses mules ». Le cas n'est pas le même, car la mule ne change pas d'humeur, tandis que le voiturier indiscipliné, qui défie son employeur au milieu du voyage, alors même qu'il a été expressément prévenu qu'on lui retiendrait son pourboire s'il persistait dans son entêtement, n'hésitera pas, le voyage terminé, à passer une demi-journée à plaider son innocence et à se prosterner pour obtenir la faveur qu'il traitait avec tant de mépris sur la route. Il est de prudence élémentaire d'avoir un engagement écrit avec ses voituriers, bateliers, etc., et de ne pas laisser place à la moindre échappatoire pouvant donner lieu à de fausses interprétations.

Net et clair, pour commencer ; après cela, pas de dispute : tel est le prudent aphorisme des Chinois. Cependant il est fort probable qu'en dépit de toutes les précautions prises au début, quelque prétexte à malentendus surgira. Et, malgré les plus minutieuses précautions à ce sujet, les questions d'argent, plus que d'autres, causeront des ennuis à l'étranger, qu'on ait à faire à des gens cultivés ou à d'ignares coolies, peu importe. Tous les Chinois sont doués du même instinct lorsqu'il s'agit de profiter d'un malentendu. Ils le découvrent, tout comme le vent du Nord profite en janvier de la moindre fissure d'une porte pour se glisser à l'intérieur. La race anglo-saxonne est particulièrement apte à servir les Chinois sous ce rapport. De même que l'on enseignait jadis aux Persans, avant toute chose, l'art de tirer à l'arc et celui de dire la vérité, de même les Chinois ont vite découvert que l'Anglo-Saxon possède un talent spécial pour dire la vérité et pour se montrer juste envers ses ennemis autant qu'envers ses amis. Ces qualités semblent aussi bizarres aux Chinois que la coutume juive de suspendre tous les sept jours une opération militaire, quelque serrés de près que se trouvassent les guerriers d'Israël, dut le paraître aux soldats de Titus, et cette excentricité est aussi utile aux Chinois que l'autre le fut aux Romains.

Les relations extérieures de la Chine au cours des cent années antérieures à 1860 illustrent bien le talent des Chinois à mal comprendre ; et ils surent également en faire la preuve, dans les années suivantes. L'histoire de la diplomatie mondiale avec la Chine est en grande partie l'histoire de tentatives d'explications sur des questions mal comprises, de propos délibéré, par les Célestes. Mais, dans ces cas comme dans tous les autres, la conviction que l'étranger fera ce qu'il a promis demeure *a priori* profondément ancrée dans le cerveau chinois, et elle y persiste, en dépit des quelques exceptions à cette règle générale qu'il a pu observer. Il croit tout aussi fermement qu'un étranger agira avec justice (également malgré quelques exceptions privées et de nombreux exemples nationaux qui prouvent le contraire). Ces deux points bien établis, les Chinois sont armés pour la lutte et ils espèrent toujours arriver à émouvoir l'étranger le plus entêté. « Vous venez de parler ainsi et ainsi. — Non, je n'ai pas dit cela ! — Mais j'ai compris que vous disiez ceci. Tous, nous vous avons compris de la sorte. Veuillez excuser notre stupidité et versez-nous, s'il vous plaît, la somme convenue. » Tels sont, en substance, des milliers d'arguments que s'opposent Chinois et étrangers, et 97 fois sur 100, l'étranger finit par payer — le Chinois n'en a pas douté un seul instant — afin de paraître aussi strictement juste que véridique. Dans les trois cas restants, il faudra imaginer d'autres moyens pour arriver au même résultat et deux sur trois réussiront certainement. Les malentendus surgissent à tout instant et à propos de n'importe quoi. Qui n'en a pas fait ici l'expérience ! L'on dit à un coolie d'arracher les mauvaises herbes de la cour en respectant soigneusement les pousses de gazon qui donnent déjà l'agréable vision d'une belle pelouse. Le Céleste, armé d'une binette, supprime tout ce qu'il rencontre et votre cour n'est bientôt plus qu'un désert : il ne vous a pas « compris » ! Vous envoyez votre chef à un marché lointain d'où il doit rapporter une carpe et un poulet : il revient sans poisson, mais avec trois vieilles oies coriaces. Tels étaient vos ordres, affirme-t-il : il ne vous a pas « compris » ! Le messager que vous envoyez porter votre courrier au Consulat de France juste avant sa fermeture, rentre avec toute votre correspondance. On a refusé de l'accepter : or, il s'était présenté au Consulat belge : il ne vous a pas « compris » !

On ne saurait imaginer combien il est facile au pauvre étranger de comprendre mal et d'être mal compris. Un de nos amis visitait une banque chinoise dont le directeur lui faisait lui-même les honneurs. L'immeuble voisin venait d'être tout récemment détruit par un incendie ; le visiteur crut devoir féliciter le banquier d'avoir, pour sa part, échappé au désastre. A ces mots, celui-ci parut d'abord embarrassé puis, ne pouvant plus se contenir, il s'écria : « Que me dites-vous là ? L'on ne doit pas parler ainsi ! » Quelque temps après seulement, notre ami découvrit qu'en s'exprimant de cette façon, il avait offensé les bonnes manières chinoises. En effet, ses paroles impliquaient que l'incendie eût pu être plus proche, et, dans ce cas, brûler le bâtiment de la caisse ; et l'on ne pouvait se permettre d'envisager une pareille catastrophe, même en félicitant l'intéressé d'y avoir échappé ! Un étranger, qui faisait un court séjour dans la capitale, rencontre dans la rue un troupeau de chameaux parmi lesquels il remarque une bête toute jeune. Se tournant vers son voiturier, lequel était depuis longtemps au service des étrangers, il lui dit : « En rentrant à la maison, veuillez dire à mon garçon de venir voir cette petite bête ; il n'en a jamais vu et cela l'intéressera beaucoup. » Après un long moment de silence pendant lequel la pensée du voiturier subissait, comme tout à l'heure celle du banquier, une lente incubation, l'automédon répondit d'un air pensif : « Si vous *achetiez* ce chameau, vous ne pourriez pas l'*elever* ; il mourrait sûrement. »

L'auteur assistait un jour à un service religieux célébré en langue chinoise. Le prédicant avait pris pour sujet de son allocution la guérison de Nahaman. Il montrait le général syrien arrivant à la porte de la maison d'Élisée et dépeignait ses serviteurs qui s'efforçaient d'obtenir pour leur maître l'entrée du logis. Pour rendre ce tableau aussi pittoresque que possible, l'orateur prenant la parole pour ces serviteurs, s'écria d'un ton théâtral : « Portier, ouvrez la porte, le général syrien est arrivé ! » A ces mots le prédicateur aperçut avec stupéfaction un homme assis dans les derniers rangs de l'assistance se lever comme mû par un ressort et disparaître subitement de la salle. On apprit ensuite qu'il avait été victime d'un malentendu. Portier lui-même des locaux où se tenait le prêche, oubliant les paroles qui avaient précédé l'ordre clamé par l'orateur, il s'était précipité à l'entrée de l'immeuble pour ouvrir la porte à Nahaman !

Non moins erronées furent les impressions d'un auditeur dans une province du Centre. Le missionnaire voulant frapper vivement son auditoire montrait, à l'aide d'un stéréoscope, l'image très grossie d'un parasite particulièrement répandu. Au moment où le corps gigantesque de ce pédiculidé apparaissait sur l'écran avec toutes les apparences d'un crocodile d'Égypte, l'on entendit l'un des spectateurs murmurer d'un ton angoissé : « Voyez, c'est le grand Pou étranger ! »

CHAPITRE VIII

TALENT DU CHINOIS
A S'EXPRIMER PAR DÉTOURS

Nous, Anglo-Saxons, nous nous montrons très fiers de notre éducation intellectuelle qui nous permet d'aller droit jusqu'à la moelle d'un sujet et, lorsque nous y sommes parvenus, de dire exactement ce que nous voulons dire. Sans doute faut-il rabattre beaucoup de cette prétention quand nous avons à tenir compte des exigences sociales ou des nécessités diplomatiques. Il n'en reste pas moins que nous sommes toujours guidés par le sentiment de la ligne droite, bien que, parfois, sensiblement modifiée dans certaines circonstances. Mais point n'est besoin de connaître depuis longtemps la race asiatique pour nous rendre compte combien ses instincts et les nôtres diffèrent ; ils sont, en somme, aussi opposés que les deux pôles de la terre. Nous n'insisterons pas sur l'emphase qui règle les expressions honorifiques dans toutes les langues orientales et qui dépasse même parfois les redondances des expressions chinoises. Inutile également de rappeler l'emploi des circonlocutions, des périphrases, de l'abus des termes synonymiques pour exprimer des idées parfaitement simples, mais que personne ne veut exprimer avec simplicité. C'est ainsi que le Chinois peut annoncer de mille façons différentes la mort d'une personne, et toutes voilent élégamment la brutalité de l'événement. L'emploi de la périphrase ne dépend pas du rang social de la personne en jeu — empereur ou coolie — bien que les termes usités ne soient pas dans les deux cas les mêmes. Nous négligerons aussi en ce moment, sauf au point de vue général, la question de véracité du langage. Lorsque tout le monde s'accorde pour se servir des mots « dans un sens constructif », et que chacun comprend que le voisin fait de même, seule la méthode d'emploi intervient, il n'est plus question de véracité.

Point n'est besoin de connaître à fond les Chinois pour arriver à la conclusion qu'il est impossible, en écoutant simplement parler un Céleste, de comprendre ce qu'il veut dire. Et, quelque expert que soit devenu un étranger dans le chinois parlé, jusqu'à comprendre chaque phrase et pouvoir, au besoin, la fixer en caractères chinois, il sera peut-être toujours incapable de préciser avec exactitude la pensée de celui qui parle. La raison en est, bien entendu, que ce dernier n'aura pas dit ce qu'il pensait véritablement et se sera contenté d'exprimer quelque chose de plus ou moins analogue, afin que l'on en déduise sa pensée ou une partie de sa pensée.

Pour réussir dans ses rapports avec les Chinois, l'étranger doit posséder, en plus d'une connaissance approfondie de la langue, une grande puissance de déduction, et pour aussi aiguisée que soit cette faculté, elle se montrera parfois impuissante à réaliser ce qu'on attend d'elle. Nous allons le démontrer par un exemple pris dans la classe des gens qui sont pour nous les premiers représentants, et souvent les plus importants, de la nation chinoise, c'est-à-dire nos serviteurs. Un matin, le « boy » apparaît avec un visage dénué, comme d'habitude, de toute expression, simplement pour annoncer que l'une de ses « tantes » est souffrante et qu'il devra renoncer, pendant quelques jours, au privilège de nous servir afin d'aller s'enquérir de la santé de sa parente. Rien ne prouve évidemment que le boy n'a pas de tante, que celle-ci n'est pas malade et que lui-même n'a pas l'idée plus ou moins vague d'aller s'informer de cette santé, mais il est beaucoup plus probable que le boy et le chef cuisinier ont eu quelque discussion et que ce dernier, jouissant dans la maison de plus de prestige que le boy, celui-ci prend ce détour pour reconnaître implicitement les faits et se retirer en laissant la place à un autre.

L'individu qui vous a rendu un petit service refuse poliment, mais avec fermeté, la gratification que vous avez cru devoir lui envoyer en témoignage de votre reconnaissance. Il s'en excuse, prétextant qu'à l'accepter il violerait les « Cinq Vertus Constantes » ; l'affaire était du reste de si peu d'importance que votre offre l'offense et que vous le déshonoreriez en insistant. Que veut-il dire par là ? Tout simplement que ses espérances sont réduites à néant par la médiocrité de votre don et que, tel Olivier Twist, il « veut davantage. » Et encore cette interprétation n'est peut-être pas la bonne : il se peut aussi qu'il conserve l'espoir que vous pourrez lui donner demain ou plus tard quelque chose dont la possession lui sera plus agréable et que votre débours actuel vous empêcherait de lui offrir ; de sorte qu'il préfère laisser tout en suspens jusqu'au jour où, d'après lui, le moment propice d'agir auprès de vous est venu.

Si les Chinois se tiennent sur leurs gardes lorsque leurs intérêts sont en jeu, il faut bien dire aussi que la crainte perpétuelle dans laquelle ils vivent de commettre quelque offense les rend souvent circonspects en parlant d'autrui. Tout amateurs qu'ils soient des potins et des banalités, ils distinguent avec une très fine intuition les cas où il vaut mieux ne pas se montrer trop communicatif et, en pareille occurrence, surtout à l'égard des étrangers, ils deviennent muets comme carpe sur ce que le hasard leur permet d'apprendre. Dans une foule de circonstances les gens, en apparence stupides dont nous sommes entourés, pourraient nous rendre des points et nous amener ainsi à modifier considérablement notre conduite à l'égard du prochain.

Mais à moins qu'ils ne voient un avantage à agir autrement, et cela sans courir aucun risque, l'instinct de réticence prévaudra et nos amis garderont un silence tout imprégné d'agnosticisme.

Rien de plus amusant que d'observer la contenance d'un Chinois qui, après réflexion, juge qu'il est plus avantageux pour lui d'insinuer quelque médisance à l'égard d'un autre individu. Les choses ont dû vraiment aller très loin pour que, dans ces conditions, cette confidence se fasse sans ambages et dans des termes auxquels nul ne peut se tromper. Plus probablement, on suggèrera indirectement, par des chemins obliques et détournés, un quelque chose qu'on ne peut, qu'on ne *doit* pas dire. Celui qui vous renseigne ainsi jette un regard inquiet tout autour de lui comme s'il redoutait le voisinage de quelque espion en embuscade. Il baisse la voix et chuchote d'un ton mystérieux. De trois doigts levés négligemment, il indique que la personne au sujet de laquelle il ne parle pas, mais gesticule seulement, est la troisième de la famille. Il débute par de vagues remarques, puis passe à des révélations d'une apparente importance et, au moment où il arrive au nœud de l'affaire, il s'arrête court, brusquement, supprimant la conclusion qui expliquerait tout ; il hoche la tête d'un air significatif comme pour dire : « *Maintenant*, vous voyez n'est-ce pas ? » Et pendant tout ce temps, le malheureux étranger qui ne sait rien de la question, n'a rien vu sinon qu'il n'y a absolument rien à voir. Ne vous étonnez pas si, après avoir poussé les choses jusqu'à ce point, celui qui vous renseigne — ou plutôt ne vous renseigne pas — vous laisse aussi ignorant qu'au début de l'entretien, tout en vous faisant entendre que dans quelque temps vous vous apercevrez qu'il a raison !

Suivant un trait commun à toutes les races asiatiques, les Chinois désirent taire aussi longtemps que possible les mauvaises nouvelles et ne les communiquer finalement que sous une forme déguisée. Mais le « savoir-vivre » exige qu'ils laissent les gens dans l'ignorance jusqu'à un point qui nous paraît certainement aussi extravagant que futile. Nous avons connu une grand'mère, très attachée à ses petits-enfants, qui surprit la conversation de deux de ses amies venues la voir pour lui annoncer la triste nouvelle du décès d'un petit-fils, lequel était mort loin de chez elle. Celles-ci l'abordèrent en lui assurant qu'elles discutaient seulement un potin, puis, bien entendu, au bout d'une demi-heure, la vérité perça. Nous pouvons citer également un fils retournant au foyer familial après une absence de plusieurs mois. Arrivé au dernier village avant son home, un ami lui conseilla de ne pas rester pour assister à la représentation théâtrale, aussi celui-ci en conclut-il, et avec raison, que sa mère était morte. Un jour l'on nous confia une lettre chinoise avec prière de la faire parvenir à une personne qui se trouvait alors très loin de son domicile. La missive expliquait que, pendant l'absence du mari, sa femme était morte subitement, que les voisins s'apercevant que personne n'était là pour protéger le logis, s'étaient adjugé tout le mobilier et qu'il ne trouverait littéralement plus rien. Et cependant, la lettre portait sur l'enveloppe, tracés en caractères énormes, ces mots bien peu exacts : « Une lettre paisible de famille. »

Le talent des Chinois à user des voies détournées se fait souvent remarquer dans l'abstention de l'emploi des adjectifs numéraux, alors que l'usage des chiffres est tout indiqué. C'est ainsi que 5 volumes d'un ouvrage seront étiquetés : Bonté, Justice, Bienséance, Sagesse, Confiance, parce que tel est l'ordre invariable dans lequel on classe les Cinq Vertus Constantes !

Un autre exemple à l'appui de ce qui précède, ce sont les termes détournés par lesquels soit des membres de la famille, soit des étrangers font allusion aux femmes mariées. Une telle n'a littéralement pas de nom, elle ne possède que deux surnoms, celui de son mari et celui de la famille de sa mère. On parle d'elle comme la « mère d'un tel. » C'est ainsi qu'un Chinois de notre connaissance parlera de la « petite noire sa mère. » Peut-être avez-vous toujours ignoré qu'il y avait dans sa maison « une petite noire », mais il tient pour certain que vous devez le savoir. Si cependant il n'y a pas d'enfants, le cas devient embarrassant et la femme sera parfois appelée la « tante » d'une « petite noire », à moins que l'on n'emploie quelque autre périphrase. Des femmes mariées, déjà d'un certain âge, n'hésitent pas à parler de leur « extérieur » voulant ainsi désigner l'homme qui a la charge des choses en dehors de la maison. Quant à une femme récemment mariée et qui n'a pas encore le bonheur d'avoir des enfants, elle se trouvera parfois fort gênée pour parler de son mari sans laisser comprendre ce qu'ils sont l'un pour l'autre. Elle l'appellera souvent son « éducateur » et nous avons entendu dire qu'un jour, en désespoir de cause, elle baptisa son mari du nom de son affaire industrielle : « l'huilerie dit ceci ou cela ! »

Un célèbre général chinois, partant en guerre, s'inclina certain jour très bas devant des grenouilles aperçues dans un marais qu'il avait à traverser : il voulait faire ainsi comprendre à ses hommes la valeur de ces modestes batraciens. Les Occidentaux estimeront sans doute que ce général exigeait de ses soldats des facultés déductives quelque peu étendues, pas plus cependant que celles que devra posséder l'étranger décidé à vivre en Chine. Vers l'époque du jour de l'An chinois, alors qu'arrive le moment annuel de régler ses dettes, un Céleste que connaissait l'auteur se livra devant lui à une mimique qui semblait empreinte d'une signification profonde. Du doigt il désignait le Ciel, la Terre, puis la personne à laquelle il s'adressait et finalement il se désigna lui-même ; tout cela sans prononcer un seul mot. Tout le monde, semble-t-il, aurait dû lire clairement le symbolisme de ces gestes ; nous devons pourtant avouer à notre honte que nous n'arrivâmes pas à en découvrir le sens tout entier. Quant à l'acteur de cette pantomime, il pensait montrer nettement ainsi que s'il désirait emprunter quelque argent, il voulait aussi traiter l'opération en secret afin que le « Ciel », la « Terre », « Vous et « Moi » fussent seuls à le savoir. « Manger (gloutonnement), boire (du vin), s'adonner à la luxure et au jeu » expriment les vices les plus répandus en Chine ; on y ajoute maintenant « fumer l'opium ». Il arrive parfois que, dans une réunion, quelqu'un lève les doigts d'une main et dise : « Il les a tous absorbés », voulant indiquer par là que la personne à laquelle il est fait allusion possède tous ces vices. Les Chinois jouent habilement de leur code de cérémonies si complexe pour manquer de respect à autrui, et cela par des procédés que nous jugeons absurdement détournés. Ainsi la façon de plier une lettre peut impliquer un affront prémédité. Omettre de tracer l'un des caractères au-dessus de l'alignement des autres est parfois une avanie plus marquée que ne le serait en anglais l'omission d'une majuscule à un nom propre. Dans les rapports sociaux, le Chinois vous fera une impolitesse sans que l'on puisse relever dans ses paroles un seul mot malsonnant. Par exemple, il ne s'avancera pas à la rencontre d'un invité jusqu'au point voulu par le protocole,

CHARPENTIERS CHINOIS SCIANT DU BOIS DE CONSTRUCTION.

ou bien il négligera de le reconduire aussi loin que l'exigerait son rang. L'omission d'un seul de nombreux gestes très simples peut exprimer une insulte à peine déguisée. Tout Chinois s'en apercevra instantanément, alors que le pauvre étranger, trop souvent victime de pareils actes, ne saura peut-être jamais qu'il n'a pas été traité avec toute la considération qui lui était due. Les Chinois s'injurient lorsqu'ils sont en colère, mais ceux qui possèdent des talents littéraires à hauteur de cette tâche prennent plaisir à glisser des significations offensantes dans les plus délicates insinuations, au moyen d'allusions dont la véritable signification peut, à ce moment, échapper au destinataire, car elles demandent à être digérées comme une pilule amère enrobée de sucre. C'est ainsi que la locution « tunghsi » — littéralement : Est-Ouest — signifie « une chose », et appeler quelqu'un « une chose » est injurieux. Mais l'on peut tourner la difficulté et exprimer la même idée en disant qu'il n'est pas « Nord-Sud », ce qui implique qu'il est « Est-Ouest », c'est-à-dire « une chose. »

Tout le monde demeure surpris devant l'étonnante fertilité d'invention que possèdent les cerveaux chinois, même les plus illettrés, lorsqu'il s'agit de trouver, à l'instant même, des excuses plausibles à un fait quelconque, excuses totalement factices du reste. Seul un étranger peut les prendre au sérieux ou, tout au moins, y voir autre chose qu'une de ces inventions propres à garder « sa face ». Le critique le plus avisé devra procéder avec une habileté rare pour arriver à suivre, parfois dans l'air, parfois dans l'eau, parfois dans la boue, la pensée de gens chez lesquels c'est devenu une habitude de dire aussi peu que possible la vérité. Même acculé, le Chinois le plus ignorant possède un système de défense sûr, infaillible, qui ne lui fait jamais défaut : il allègue son ignorance, certain de se tirer ainsi d'affaire. « Il ne savait pas », « il n'avait pas compris », deux propositions jumelles qui, pareilles à la charité, recouvrent une foule de péchés.

La *Gazette* de Pékin nous fournit tous les jours de parfaites illustrations de ce thème. L'art de mal décrire, de dénaturer les faits en les présentant autrement qu'ils ne sont, n'est nulle part poussé aussi loin ; et nulle part aussi l'on ne peut dire avec plus de vérité, même en Chine, que « les choses ne sont pas telles qu'elles semblent » que lorsqu'elles apparaissent derrière cette merveilleuse lentille officielle : celle-ci, bien qu'un peu opaque, jette plus de lumière sur la véritable nature du Gouvernement chinois que toutes les autres sources réunies. S'il est généralement vrai qu'un Chinois semble enclin à donner en toute chose une raison autre que la véritable, et que rien ne réclame plus de flair que de deviner ce qu'il veut dire par ce qu'il dit, l'on ne peut en trouver de meilleur exemple que dans la vie officielle chinoise où le formalisme, l'artifice sont poussés à leurs plus extrêmes limites. Lorsqu'une colonne entière du plus important journal de la Chine est consacrée à l'énumération des divers maux dont souffre quelque vieux mandarin qui soupire après le jour où il pourra se retirer du service de Sa Majesté, que veut-on dire par là ? Lorsque le Gouvernement ne relève pas ce fonctionnaire de sa charge et qu'on l'invite à retourner immédiatement à son poste, qu'est-ce que cela signifie ? Quand un haut fonctionnaire, pris en flagrant délit, est — par Mémoire imprimé — déclaré innocent, mais coupable de quelque autre faute plus légère encourant moins de blâme, cela signifie-t-il que l'auteur du Mémoire n'a pas été suffisamment suborné ou bien que le fonctionnaire en question est véritablement coupable ? Qui pourrait le dire ?

A notre avis, celui qui lit attentivement un numéro de la *Gazette* de Pékin et qui, en parcourant ses colonnes, réussit à en extraire une notion relativement correcte de ce qu'il y a entre les lignes, en sait plus sur la Chine qu'il n'en apprendra par la lecture de tous les ouvrages écrits sur cet Empire. Mais n'y a-t-il pas lieu de craindre que lorsqu'un barbare du dehors aura atteint un pareil degré de compréhension en ce qui concerne la subtilité chinoise, nous ne saurons pas plus ce qu'*il* veut dire par ce qu'*il* dit que s'il était vraiment un Chinois ?

CHAPITRE IX

FLEXIBLE INFLEXIBILITÉ DU CHINOIS

C'est par les domestiques que nous prenons tout d'abord connaissance des Chinois. A leur insu, et non pas toujours à notre satisfaction, ils sont nos premiers éducateurs en ce qui concerne le caractère chinois, et il nous est souvent difficile d'oublier les leçons apprises ainsi. Mais à mesure que notre expérience s'accroît, nous découvrons que les conclusions auxquelles nous avait conduit le contact journalier d'un cercle très restreint de domestiques, se confirment de façon éclatante dès que nous pénétrons mieux l'âme chinoise car, dans un certain sens, chaque Chinois est un épitomé de la race entière. Quelques mots suffiront pour rendre intelligible la caractéristique chinoise que nous allons examiner et que le titre quelque peu paradoxal de ce chapitre n'évoque pas d'une façon satisfaisante, tout en se rapprochant le plus possible de la vérité.

De tous les domestiques employés dans la maison d'un étranger, il n'en est pas qui tienne aussi rigoureusement dans sa main la paix du logis que le cuisinier. Or son aspect ne personnifie-t-il pas la déférence même au moment où sa nouvelle maîtresse lui fixe les directives de sa tâche et insiste tout spécialement sur certaines méthodes de travail qu'il devra employer et sur celles auxquelles il devra renoncer ? Il acquiesce avec une cordialité des plus engageantes, pour ne pas dire davantage, à toutes les règles de la maison qui lui sont édictées. Par exemple, on le prévient que son prédé-cesseur avait la mauvaise habitude de mettre le pain au four avant que la pâte ne fût suffisamment levée, et comme ce maître-queux refusait de donner satisfaction sur ce détail d'une importance capitale pour toute maîtresse de maison, on a dû le congédier. A cela le nouvel arrivant répond avec désinvolture que, quels que soient ses autres défauts, l'entêtement n'est certainement pas son fait. Il est aussi prévenu que l'accès de la cuisine est expressément interdit aux vagabonds et aux chiens ; on ne doit pas non plus y fumer. Et l'autre de répliquer qu'il déteste les chiens, qu'il ne sait pas fumer et, qu'étranger à la région, il n'y a que peu d'amis dont aucun n'est un vagabond. Après ces divers préliminaires, le cuisinier entre en service ; l'on ne tarde pas à découvrir que sur l'article du pain, son obstination ne le cède en rien à celle de son prédécesseur ; dans la cuisine, c'est un va-et-vient incessant d'individus dont quelques-uns amènent des chiens, et enfin la pièce est imprégnée d'une forte odeur de vieux tabac. Le cuisinier reconnaît gentiment que le pain n'est pas tout à fait aussi bon qu'il pourrait être, mais que l'on ne saurait imputer ce défaut à un pétrissage imparfait, et il insiste sur ce point. Les étrangers aperçus dans la cuisine étaient des « frères de cour » du coolie, aucun d'eux n'a de chien. Du reste, tous ces gens sont partis et ne reviendront pas ; mais le lendemain on les revoit déjà. Dans le personnel de la cuisine il n'y a pas de fumeur ; l'odeur de tabac dont se plaignent les maîtres a dû pénétrer par-dessus le mur de la maison voisine où tous les domestiques sont d'affreux fumeurs. Le cuisinier ne demande qu'à être raisonnable, mais puisqu'il ne voit rien à changer, que pourrait-il changer ? Le même état de choses se retrouve s'il s'agit du coolie qui a charge de couper l'herbe avec une faucille de fabrication étrangère et d'un tranchant parfait. Il reçoit l'outil avec un sourire d'approbation, mais dès le milieu de la journée, on l'aperçoit muni d'une moissonneuse chinoise, morceau de vieux fer de 4 pouces de longueur environ, emmanché sur une courte poignée. « Ce vieil outil vaut mieux ! » semble-t-il dire.

L'on fournit au blanchisseur une machine à laver d'importation étrangère qui économise du temps, du savon, de la peine, et par-dessus tout épargne les objets à laver. On lui confie en plus une tordeuse brevetée qui ne demande pas de force et n'abîme pas les tissus. Machine à laver et tordeuse tombent bien vite « en désuétude », le blanchisseur continue comme par le passé à frotter et à tordre le linge, à y faire des trous et à le rendre en lambeaux. Ce n'est qu'en exerçant une vigilance incessante qu'on arrive à protéger des innovations de ce genre.

Prescrivez à un jardinier de réparer un vieux mur avec des briques placées dans un tas voisin : il préférera se servir de branches d'arbres qu'il encastre profondément dans le haut du mur et, à toute demande d'explications, il répondra en vantant la supériorité de sa méthode. Le convoyeur chargé de transporter un courrier important jusqu'à un point situé à plusieurs jours de marche, reçoit le paquet dans la soirée afin qu'il puisse partir dès l'aube le lendemain matin. L'après-midi suivant, on l'aperçoit dans une allée voisine : forcé de s'expliquer, il avoue avoir retardé son départ d'une journée pour laver ses chaussettes ! Cuisiniers, coolies, jardiniers, voituriers, tous se méfient de *nos* conseils et placent une confiance aveugle dans leur propre jugement.

Ces mêmes phénomènes se constatent partout où il existe un dispensaire et un hôpital tenus par des étrangers. Après avoir été examiné avec soin et avoir reçu son ordonnance, le malade emporte ses médicaments avec une instruction précise sur la façon de les prendre, sur le nombre et la quantité des doses par vingt-quatre heures. Il revient même une ou deux fois pour s'assurer qu'il n'oublie aucun détail ; cependant, rentré chez lui, il avale d'un trait la potion de deux jours parce que l'excellence du remède *doit* être en raison directe de l'importance de la dose absorbée. Les recommandations les plus pressantes et les plus emphatiques n'empêcheront pas un blessé de changer de place un pansement, attendu qu'il n'a pas envie de devenir une *tortue* et de voir une carapace dure pousser sur sa peau. »

Nous n'avons cité jusqu'ici comme exemples d'inflexibilité que ceux dans lesquels les étrangers se trouvent en cause ; ils attirent plus directement notre attention et ont pour nous un intérêt plus pratique. Mais plus nous étudierons les rapports des Chinois entre eux — et c'est là que leurs véritables dispositions sont à même de se manifester — plus nous nous apercevrons que l'état de choses indiqué par le dicton chinois si expressif : « en apparence toujours prêt, en réalité n'en faire qu'à sa tête » n'a rien d'exceptionnel !

Les domestiques chinois se montrent souples et serviables envers leurs maîtres indigènes comme ils le sont à l'égard des étrangers, mais ils ne songent nullement à se conformer aux instructions reçues et, très probablement, les maîtres ne supposent pas un seul instant que leurs ordres seront exécutés à la lettre. Un étranger, chef d'établissement ou d'entreprise, exige que ses employés se conforment rigoureusement à ses ordres et, parce que ceux-ci n'en font rien, il vit dans un état chronique d'hostilité avec une partie de son personnel. Un des amis de l'auteur de ce livre avait à son service un indigène appartenant à la classe nombreuse de domestiques qui savent allier une fidélité extrême à un extrême entêtement, au point de devenir pour les maîtres une nécessité absolue en même temps qu'un véritable fléau. Il a très heureusement condensé dans la phrase suivante le dilemne devant lequel se trouvent souvent les maîtres de pareils serviteurs : Vais-je tuer mon domestique ou augmenter ses gages ! Quant au patron chinois, il n'ignore pas que ses ordres ne seront pas absolument suivis en certains points, mais il sait faire la part du feu et se résigner à l'inévitable, pareil en cela à quelqu'un qui formerait une réserve pour parer aux mauvais payeurs.

Bien qu'à des degrés variés, pareil mépris pour les ordres du chef semble exister à tous les rangs de la hiérarchie des fonctionnaires chinois, et cela jusqu'au sommet de l'échelle. Diverses causes provoquent cet état de choses : indolence personnelle, désir d'obliger des amis et, par dessus tout, influence de l'argent. Le magistrat d'un district où l'eau était saumâtre ordonna à son domestique d'aller en chercher avec un tonneau d'arrosage dans une rivière à plusieurs milles de sa résidence. Le serviteur n'en fit rien, mais il se rendit dans un village voisin où il savait trouver de la bonne eau et fournit ainsi abondamment à son maître un liquide agréable, tout en s'épargnant les deux tiers du chemin. Si le magistrat avait eu la certitude qu'on lui désobéissait, il est à présumer qu'il n'aurait soufflé mot tant que l'eau aurait été bonne. En Chine, le chat qui attrape le rat est le bon chat : rien ne réussit comme le succès. La peur d'offenser et l'instinct, inné chez le Chinois, d'éviter toute agitation insolite, assurera toujours le secret des désobéissances, même si 500 personnes en ont connaissance. Rien de plus caractéristique que le fait suivant. Un Chinois, ayant reçu l'ordre de vider l'eau d'une citerne dans un récipient où elle pût être conservée pour des usages courants, ne trouva rien de mieux que de la déverser dans un puits ! Ainsi se conformait-il à la lettre à l'ordre reçu, tout en agissant à sa tête, et avec la négation la plus absolue de tout résultat pratique.

Il est facile de voir comment une pareille politique évasive provoque des collusions avec les ordres de la justice. Le magistrat condamne un criminel à porter pendant soixante jours un lourd carcan de bois, sauf la nuit, moment où on doit le lui enlever. Au moyen d'une somme d'argent judicieusement distribuée « partout où cela peut faire du bien », le prisonnier est coiffé de la cangue aux seuls instants où le magistrat pénètre dans le yamen et où il en sort. Pendant le reste du temps, l'individu se trouve libéré de son pénible fardeau. Le juge ne soupçonne-t-il pas que sa sentence sera rendue nulle par l'appât de l'argent ? Ira-t-il se glisser à l'intérieur par quelque porte secrète pour prendre sur le fait celui qui désobéit à ses ordres ? Aucunement. Le magistrat est lui-même un Chinois ; il savait, en rendant la sentence, que celle-ci ne serait pas exécutée, aussi en a-t-il fixé la durée au double de ce qu'elle eût été dans le cas contraire.

Voici un échantillon des complications auxquelles se heurtent sans cesse les étrangers dans leurs rapports officiels avec n'importe quel Département. L'employé supérieur prescrit à son inférieur de veiller à l'exécution d'une certaine mesure. Le subalterne rend compte que la chose est faite. Or, rien n'a été fait et, dans beaucoup de cas, c'est la fin de l'affaire ; mais si certaines influences continuent d'exercer une pression et que les ordres soient urgents, l'agent inférieur insiste auprès de ses subordonnés et fait peser le blâme sur eux jusqu'à ce que la pression se relâche, et alors tout rentre dans la routine. Cela s'appelle une « réforme » ; souvent on la pratique sur une grande échelle, telle l'interdiction spasmodique de l'opium ou de la culture du pavot. Tout le monde en connaît les résultats.

Certaines personnes accusent les Chinois d'être le plus obstiné des peuples : à ceux-là l'adjectif « flexible » que nous avons employé pour caractériser « l'inflexibilité » chinoise apparaîtra singulièrement peu approprié. Néanmoins, et nous le répétons parce que telle est notre conviction, les Célestes sont loin de représenter le plus obstiné des peuples et, dans le fait, ils sont moins entêtés que les Anglo-Saxons. Nous les qualifions de flexibles parce que, à l'entêtement de la mule, ils joignent la capacité de se plier, aptitude qui fait assez généralement défaut aux Anglo-Saxons.

Rien n'illustre mieux la « flexibilité » du Chinois que son adresse à recevoir *aimablement* une réprimande. Chez les Anglo-Saxons, cet art est perdu, ou plutôt il n'a jamais existé. Au contraire, le Chinois écoute sans impatience, avec attention et même bonhomie l'exposé de toutes les fautes qu'il a commises, il acquiesce avec désinvolture et ajoute : « Je suis en faute ! Je suis en faute ! » Peut-être même vous remerciera-t-il d'avoir été si bon envers son indigne personne et vous promettra-t-il de se corriger sur-le-champ, absolument et pour toujours, des particularités répréhensibles que vous venez de lui signaler. Or, ces belles promesses sont « des fleurs dans un miroir et la lune qui miroite dans l'eau » ; mais, en dépit de leur vanité, il est impossible de ne pas se sentir attendri et tel est, ne l'oubliez pas, le but poursuivi.

On ne saurait trouver de comparaison plus exacte que celle qui met en parallèle un Chinois et un bambou. Cet arbre gracieux, utile de mille façons, est souple en même temps que creux. Lorsque souffle le vent d'Est, il se ploie vers le couchant ; par vent d'Ouest il s'infléchit à l'Est, et lorsqu'aucune brise ne lui vient, il ne se ploie pas du tout. La plante d'où sort le bambou est une herbe ; il est aisé de faire des nœuds dans les herbes, mais difficile d'agir de même avec le fût de la plante. Rien dans la nature d'aussi flexible qu'un cheveu : il supporte, à l'étirage, un fort allongement et revient à sa longueur initiale dès que cesse l'effort de traction ; il se plie dans n'importe quel sens sous l'action de son propre poids. Or, sur bien des têtes, le tissu chevelu pousse parfois en touffes à la surface du crâne ; ces sortes d'épis se montrent en général rebelles à tout changement de direction et, comme on ne peut arriver à les dompter, le reste de la chevelure doit être accommodé en harmonie avec ces touffes. Prenons comme tête notre planète et pour cheveux les diverses nations qui l'occupent : la race chinoise est un vénérable épi susceptible d'être peigné, coupé, rasé même, mais qui, certainement, repoussera tout comme auparavant, et il est peu probable qu'on en change jamais la direction générale.

CHAPITRE X

APATHIE INTELLECTUELLE

En disant qu'un état d'esprit un peu confus est un des
traits caractéristiques des Chinois, nous ne prétendons pas
affirmer que pareille disposition intellectuelle soit une particularité des Chinois, ni qu'ils en soient tous affectés. Pris
dans leur ensemble, les Chinois paraissent tout à fait capables,
au point de vue intellectuel, de soutenir la comparaison avec
n'importe quelle autre race de l'humanité ; leurs facultés
sont très vivaces et ne manifestent aucune tendance à s'affai-
blir. De même, il ne faut pas oublier qu'en Chine l'éducation
est restreinte à peu de chose et que pour ceux qui ne sont
instruits qu'imparfaitement ou qui ne le sont pas du tout,
la structure de la langue chinoise favorise cette sorte d'apathie, de trouble intellectuels dont nous venons de parler.

Les substantifs chinois, ainsi que bien des gens sont maintenant à même de le constater, paraissent impossibles à dé-
cliner : ils ne connaissent ni le genre, ni le cas de nos gram-
maires. Les adjectifs n'ont pas de degrés de comparaison ;
les verbes ne s'embarrassent ni du mode, ni du temps, pas
plus que du nombre ou de la personne. Ces trois éléments de
la langue ne se distinguent pas entre eux et, dans cette
langue essentiellement monosyllabique, chaque monosyllabe
peut changer de valeur grammaticale en changeant de position dans la phrase et devenir tour à tour substantif, adjectif
ou verbe. Nous ne prétendons pas pourtant que cette langue
soit impuissante à exprimer toute pensée humaine ou à rendre
clairement les concepts les plus subtils de l'esprit — bien

que ce soit souvent le cas, nous semble-t-il — nous voulons simplement dire que, telle qu'elle est construite, elle provoque facilement une sorte d'apathie intellectuelle tout comme les chaleurs torrides vous invitent doucement à la sieste de l'après-midi.

Rien n'est plus fréquent au cours d'une conversation avec un Chinois illettré que de se demander de quoi il parle : ses remarques semblent consister exclusivement en attributs lesquels s'entremêlent dans un fouillis inextricable. Tel le cercueil de Mahomet, on les dirait suspendues en l'air et ne se rattachant à rien. Pour celui qui parle, l'omission d'un nominatif est sans importance ; *il* sait de quoi il parle et il ne lui viendra jamais à l'esprit que l'auditeur ne puisse, par simple intuition, suppléer toujours à ce détail grammatical si important pour nous. Il est à remarquer combien une longue pratique a rendu les Chinois experts dans l'art de deviner : ils comprennent ce que les mots n'expriment pas, et cela très simplement, en fournissant eux-mêmes les sujets ou les attributs négligés par l'interlocuteur. Parfois le mot essentiel d'une phrase est supprimé, le fil du discours est rompu. Trop souvent, rien dans la forme des phrases, dans la manière de s'exprimer, dans les intonations ne vous avertit que le sujet a changé, et cependant vous découvrez soudain que votre interlocuteur ne parle plus de lui-même comme il le faisait il n'y a qu'un instant, mais bien de son grand-père qui vivait à l'époque de Tao Kuang. Comment en est-il arrivé là et comment est-il remonté si loin en arrière ? Mystère insondable, mais qui se réalise tous les jours devant nous. Pour un Chinois, le saut brusque, invisible, sans préparation, d'un sujet, d'un personnage, d'un siècle à un autre, n'est pas plus surprenant que l'adresse avec laquelle un homme considère un insecte posé sur la vitre tout en observant du même œil un troupeau de vaches pâturant sur une colline lointaine et situé sur la même ligne de vision.

Le fait que les verbes chinois n'ont pas de temps et que rien ne marque les transitions de temps et de lieu n'est pas pour éclaircir nos perceptions au milieu de la confusion inhérente au langage des Célestes. Dans de telles conditions, le

malheureux étranger désireux d'avoir tout au moins l'air
de suivre l'enchaînement d'une pensée qui se dérobe à chaque
instant, doit poursuivre une série d'investigations en procédant
par questions et réponses, tel le chasseur marquant son
chemin à coups de hache à travers la forêt vierge. De quelle
personne venez-vous de parler ? Ce point acquis, on demandera : Où cela se passait-il ? A quelle époque ? Que fit donc
cet homme ? A chacune de ces questions votre ami chinois
vous regarde d'un air effaré et semble se demander si vos
cinq sens ne vous ont pas abandonné. Mais, à l'aide d'une
pareille enquête, poursuivie avec méthode, vous trouverez
le fil d'Ariane qui vous guidera dans cet inextricable laby-
rinthe.

Pour le Chinois illettré, une idée, quelle qu'elle soit, est
une surprise et le plus souvent elle le prend au dépourvu.
Il ne comprend pas, parce qu'il ne s'attend pas à comprendre,
et il lui faut un temps appréciable pour rassembler les forces
intellectuelles qu'il peut posséder et les faire travailler. Son
cerveau est assez comparable à un vieux canon lisse rongé
par la rouille et monté sur un affût décrépit : il faudra beaucoup de temps et de peine pour l'emmener en position et
une fois pointé, il manquera certainement le but. C'est ainsi
que si l'on pose à quelqu'un cette simple question : « Quel
âge avez-vous ? », l'interpellé regardera d'un air distrait
celui qui le questionne, puis lui demandera : « Moi ? — Oui,
vous ! » Devant cette insistance il répondra après avoir ras-
semblé toutes ses énergies mentales pour soutenir le choc :
« Quel âge ? — Oui, quel âge ? » Une fois de plus il fait
appel à ses facultés et demande à son tour : « Quel âge j'ai ?
— Oui, quel âge avez-vous ? — 58 ans », déclare-t-il enfin
avec une assurance qui montre que son cerveau est enfin
sorti de sa torpeur ; quant à la précision du renseignement,
elle vaut celle du vieux canon !

L'habitude chinoise de donner pour raison d'un fait, le
fait lui-même, vient à l'appui de ce que nous venons de dire.
« Pourquoi ne mettez-vous pas de sel dans votre pain ? »
demandez-vous à un cuisinier indigène. « Nous ne mettons
pas de sel dans notre pain ! répond celui-ci pour toute expli-

cation. » « Comment se fait-il qu'avec tant de glace, et de si belle qualité, vous ne faites pas de provisions de glace en hiver ? » « Nous ne faisons pas dans notre ville de provisions de glace en hiver ! » Si le poète qui a dit : « Heureux qui peut pénétrer les raisons des choses » avait vécu en Chine, sans doute aurait-il modifié son aphorisme et déclaré : « Malheureux est l'homme qui essaye de découvrir les raisons des choses. »

Une autre manifestation de la torpeur intellectuelle des Chinois, c'est leur incapacité à poursuivre une idée et à la transmettre à quelqu'un sous sa forme originelle. Dire à A quelque chose qu'il devra répéter à B, de façon à ce que C puisse agir en conséquence est, en Chine, une entreprise des plus illusoires. Ou bien la transmission ne sera jamais faite parce que les personnes mises en cause n'en ont pas compris l'importance, ou bien le message arrivera à C sous une forme inintelligible, souvent même totalement différente du texte original. Les grandes intelligences chinoises elles-mêmes éprouvent de la difficulté à embrasser et à rendre une idée sans addition, ni diminution, tout comme l'eau claire réfracte l'image d'une tige droite en la faisant paraître cassée.

A chaque instant l'étranger se trouvera en face de particularités qui illustrent ces observations. « Pourquoi a-t-il agi ainsi ? » demandez-vous en apprenant quelque méfait absolument déraisonnable. « Oui », vous répondra-t-on ; pas plus. La langue chinoise emploie constamment un certain adjectif numéral qui ajoute encore au vague des réponses. Employé sous la forme interrogative, il signifie : « Combien » et sous la forme affirmative : « Plusieurs. » Il se retrouve invariablement dans chacune des répliques d'un dialogue tel que celui-ci : « Depuis combien de jours êtes-vous ici ? — Oui, je suis ici depuis plusieurs jours. » De tous les mots ambigus de la langue chinoise, le plus ambigu est certainement le pronom personnel ou impersonnel *t'a* qui s'emploie indistinctement pour « il », « elle », « cela ». Parfois la personne qui parle désigne celle dont il est question en agitant vaguement son pouce dans la direction de la maison de cette dernière, ou bien vers l'endroit où l'on en a entendu parler la dernière fois. Mais, plus fréquemment, la syllabe *t'a* est tenue pour pleinement suffisante comme pronom relatif, démonstratif et adjectif qualificatif. Dans ces conditions, le langage courant d'un Chinois rappelle assez bien la déposition, devant un tribunal anglais, de ce témoin qui décrivait une rixe dans les termes suivants : « Il avait une canne... il avait une canne... et il le frappa... et il le frappa... et s'il l'avait frappé aussi violemment qu'il l'avait frappé, il l'aurait tué et non lui, lui... »

« Pourquoi n'êtes-vous pas venu quand on vous appelait ? » vous risquerez-vous peut-être à demander à un domestique négligent. — « Pour aucune raison ! » répond celui-ci sur un ton qui semble empreint de franchise.

Un pareil état de confusion mentale conduit à des actes divers, souvent embarrassants, toujours très irritants pour une intelligence occidentale bien ordonnée. Le cuisinier a l'habitude — routine invétérée — d'employer, quand il prépare un repas, jusqu'à la dernière parcelle de ses provisions, de sorte qu'au repas suivant il lui manque invariablement quelque condiment. Interrogé, il répondra ingénument qu'*il n'y en avait plus !* « Alors, pourquoi n'en avez-vous pas demandé à temps ? — Je n'en ai pas demandé davantage. » Et il trouve son explication suffisante ! L'homme auquel vous venez de payer son compte après avoir pris la peine d'ouvrir votre coffre-fort et de faire le change avec le plus grand soin, s'asseoit et se met à discourir pendant une demi-journée sur les sujets les plus divers, puis il vous dit soudain avec nonchalance : « J'ai encore un autre compte à vous faire régler. — Mais pourquoi ne me l'avez-vous pas présenté lorsque mon coffre était ouvert ? — Oh, je croyais que ces deux comptes n'avaient rien de commun l'un avec l'autre ! » De même, dans un dispensaire, le malade qui a usé et abusé des instants précieux du docteur se retire dans la salle d'attente et, dès que la porte se rouvre, il s'avance pour entrer de nouveau. On lui explique que sa consultation est terminée, or il répond avec une admirable simplicité : « Mais j'ai encore un autre mal dont je n'ai pas parlé ! »

Les Chinois remettent volontiers à plus tard le traitement

d'une maladie, soit parce que le malade est occupé, soit parce que les remèdes coûteraient quelque argent. Pareille façon d'agir nous paraît une véritable folie ; elle est ici d'usage courant. Un malade préfère souvent subir des crises graves de fièvre intermittente plutôt que de payer une somme infime pour acheter une potion de quinine, alors qu'il est pourtant convaincu de son efficacité. Nous avons vu maintes fois des cas sérieux ainsi entretenus jusqu'à devenir mortels, simplement pour épargner du temps, alors qu'on eût pu les guérir gratuitement.

Un homme habitant à un demi-mille environ d'un hôpital étranger contracta une ophtalmie pendant qu'il se trouvait loin de son domicile. Il souffrait cruellement ; ce ne fut pourtant que deux semaines après son retour chez lui qu'il se décida à se faire soigner, espérant chaque jour que son mal allait disparaître. Bien au contraire, à tant tarder, il perdit un œil, un ulcère s'étant formé à la cornée.

Un autre que l'on soignait tous les jours pour un ulcère au cou déclara, le *dix-huitième jour* seulement, qu'il souffrait de sa jambe au point de ne pouvoir dormir. A l'examen on découvrit un autre ulcère, de la dimension et de la profondeur d'une tasse à thé ! Il avait eu l'intention de ne parler de sa jambe que lorsque le cou serait guéri.

Bien des phénomènes de la vie chinoise vous rappellent une remarque faite par Charles Reade dans un de ses romans : « Les hommes ne manquent pas d'intelligence, mais par un travers de l'esprit « les idées s'embrouillent dans leurs cerveaux. »

L'éducation chinoise ne prépare pas les gens qui pourraient en bénéficier à se former des vues d'ensemble nettes et pratiques sur un sujet quelconque. Dans les pays occidentaux, les gens du peuple disent parfois, à propos de certains prédicateurs, que si leur texte avait la petite vérole, leur sermon ne l'attraperait pas. Ce même phénomène se retrouve chez les Chinois sous des formes particulièrement flagrantes. Les chiens indigènes ne poursuivent pas volontiers un loup et lorsque, par extraordinaire, le cas se présente, il est assez probable que les deux bêtes prendront leur course dans des directions opposées, tout au moins à angle droit. Cette chasse sur pistes divergentes rappelle assez bien la poursuite du Chinois après le sujet de conversation qu'il discute et qui se dérobe toujours. Souvent il le flaire et, de temps à autre, semble sur le point de le saisir, mais finalement il renonce à courir après : il est très las sans avoir pu l'approcher pendant tout le cours de la conversation.

La Chine est le pays des contrastes violents. Des gens très riches à côté de très pauvres, des gens très instruits à côté d'autres d'une ignorance crasse ; quant à ceux qui sont à la fois pauvres et ignorants, ils se comptent par millions, mais leur horizon est tellement restreint que, forcément, ils ne sauraient échapper à cet état de trouble intellectuel. Leur existence rappelle la grenouille perdue au fond d'un puits, à laquelle le ciel même n'apparaît que comme un lambeau de ténèbres. Nombreuses sont les personnes qui ne sont jamais allées même à 10 milles de leur home : elles ne conçoivent la vie que suivant les conditions d'existence qui les entourent. Chez beaucoup d'entr'elles, cette curiosité instinctive, commune à toutes les races, semble atrophiée. Bien des Chinois apprenant qu'un étranger est venu s'installer à un mille de chez eux, ne songeront jamais à s'enquérir d'où il vient, qui il est, pourquoi il est venu. Ils savent comment lutter pour la vie, et ils ne savent rien d'autre ! Ils ignorent s'ils ont vraiment trois âmes ainsi qu'on le suppose couramment, ou bien une seule ou même aucune, et tant que la question n'a aucun rapport avec le prix du grain, ils n'y attachent pas la moindre importance. Les Chinois croient à une vie future dans laquelle les méchants seront transformés en chiens, mais ils croient aussi à l'anéantissement pur et simple par lequel le corps devient pourriture et l'âme — s'il y en a une — s'évanouit dans l'air. Le Chinois, pris dans sa généralité, est la résultante des forces qui produisent ce que l'on nomme en Occident un « homme pratique » dont l'existence doit satisfaire à une double fonction : l'estomac et le sac d'argent. Pareil individu correspond au véritable positiviste, car on ne peut lui faire comprendre rien d'autre que ce qu'il voit et entend, privé qu'il est de toute faculté de concevoir autre chose. La vie n'est pour lui qu'une série de faits, pour la plupart désagréables et, en ce qui concerne l'au delà, il est à la fois athée, polythéiste et agnosticiste. Se prosterner de temps à autre devant il ne sait pas quoi, peut-être encore faire une offrande de nourriture à il ne sait pas qui, suffit à satisfaire son instinct de dépendance, mais que cet instinct trouve à s'exprimer même ainsi dépendra beaucoup de la façon d'agir des gens qui l'entourent. Chez le Chinois, seul l'élément physique de la vie de l'homme a été entretenu à l'entière exclusion de l'élément psychique et spirituel. La seule méthode susceptible de sauver de leur torpeur de pareils êtres, c'est la transfusion d'une vie nouvelle qui leur révèlera la vérité sublime énoncée par l'ancien Patriarche : « Il y a « dans l'homme un esprit, car c'est seulement ainsi que « le souffle du Tout-Puissant lui donne la compréhension ».

CHAPITRE XI

LES CHINOIS N'ONT PAS DE NERFS

Les différentes significations que l'on prête aujourd'hui au mot « nerveux » correspondent à un aspect très significatif de la civilisation moderne. A l'origine on entendait par cette expression : « posséder du nerf, être fort, vigoureux » ; d'où la signification courante de nos jours : « Avoir les nerfs faibles ou malades, être sujet à une agitation excessive, avoir les nerfs très excitables, débilité. »

La phraséologie variée et complexe par laquelle s'expriment les phases des maladies nerveuses nous est devenue désormais aussi familière que notre langage ordinaire. Très certainement la civilisation, dans les formes qu'elle revêt actuellement, contribue à l'excitation nerveuse et ce genre de maladie est devenu beaucoup plus fréquent qu'il ne l'était autrefois.

Ce que nous avons à dire ne s'applique pas aux gens particulièrement sujets aux maladies nerveuses, mais à la grosse masse des Occidentaux qui, tout en ne se trouvant pas dans les conditions spécifiques d'une mauvaise santé, sont néanmoins forcés de se rappeler à tout instant que le système nerveux est un élément marquant de leur organisme. En un mot, nous voulons parler des gens « nerveux » et nous englobons dans ce terme *tous* nos lecteurs. A la race anglo-saxonne du moins, il semble naturel que des gens vivant dans le siècle de la vapeur et de l'électricité se trouvent nécessairement, quant à leurs nerfs, dans un état physique différent de celui des individus qui vivaient à une époque de lenteur, au temps des bateaux à voile et des malles-poste. Notre siècle est le siècle de l'activité, de la précipitation. A peine a-t-on des loisirs pour manger et les nerfs subissent une perpétuelle tension : on en connaît suffisamment les résultats.

De nos jours, les hommes d'affaires ont toujours l'air inquiet, impatient (du moins dans les pays occidentaux), comme s'ils attendaient à tout moment un télégramme — et c'est souvent le cas — dont le contenu pourrait ruiner leur situation. Nous trahissons inconsciemment cet état d'esprit dans une foule de nos actes. Incapables de demeurer tranquillement sur un siège, il nous faut aller et venir. Notre main se crispe sur le crayon qu'elle tient dans ses doigts pendant que nous parlons comme si, à cet instant même, nous devions rédiger quelque chose avant qu'il ne soit définitivement trop tard. Nous nous frottons les mains comme si nous nous préparions à une tâche sérieuse réclamant toute notre énergie. Nous avons le sentiment qu'il y a quelque chose que nous devrions faire au moment même et que nous nous y mettrons après avoir expédié six autres affaires plus importantes encore et plus pressées. D'où, comme conséquence, un surmenage de nos nerfs qui se manifeste non seulement dans des affections telles que la crampe du violoniste, du télégraphiste, de l'écrivain, mais aussi dans une tension générale du système nerveux. Nous ne dormons pas comme autrefois ; moins d'heures de sommeil et sommeil agité ; un rien nous réveille : le gazouillement d'un oiseau, un rayon de soleil filtrant dans l'obscurité de la chambre, un volet secoué par la brise, le son d'une voix, et le sommeil ainsi interrompu ne se retrouve plus de la nuit. Nous traînons dans nos heures de repos tous les soucis de notre vie quotidienne ; le véritable repos n'existe plus pour nous. A une époque où c'est devenu un aphorisme de dire qu'une banque ne saurait réussir tant que son président ne l'emmène pas dormir chez lui, il est facile de comprendre que si les actionnaires en retirent d'appréciables avantages, la santé du président, elle, n'y gagne pas.

Nous nous sommes étendus sur ces faits familiers de l'existence moderne en Occident afin de mieux faire ressortir le grand contraste qu'ils présentent avec le train ordinaire de la vie chinoise. Il n'est pas dans les usages de disséquer les cadavres chinois, mais sans doute, l'anatomie du système nerveux de la race aux cheveux noirs ne diffère-t-elle guère de celle de l'homme du Caucase. Or, bien que les nerfs d'un Chinois comparés à ceux d'un Occidental puissent être « similaires et similairement situés », comme on dit en géométrie, il est bien certain que ce sont des nerfs d'un genre très différent de ceux qui nous sont familiers.

Le Chinois demeurera indéfiniment dans la même position sans que cette immobilité paraisse le gêner. Pareil à un automate, il écrira pendant la journée entière ! Artisan, il restera en place depuis l'aube jusqu'à la nuit et travaillera avec une asssiduité qui ne se dément jamais, qu'il soit tisserand, batteur d'or ou tout autre ouvrier. Tous les jours, il fera le même ouvrage, inconscient de la monotonie de son labeur, et n'éprouvera aucun désir d'y apporter une diversion. De même les écoliers sont soumis à une dose excessive de travail sans que des récréations ou un changement de besogne viennent alléger leur journée : à pareil régime nos enfants deviendraient fous. Les bébés qu'on porte encore sur les bras ne gigotent pas, ne se tortillent pas ; nouveau-nés, ils demeurent aussi impassibles que des dieux d'argile. Et à un âge plus avancé, alors que les enfants d'Occident gambadent et cabriolent comme des singes, les petits Chinois se tiendront debout, s'assiéront ou s'accroupiront dans la même posture pendant de longues heures.

Cette immuabilité est, chez les Chinois, un véritable phénomène physiologique : l'exercice leur semble du superflu ! Le Céleste ne peut comprendre ce désir, commun aux étrangers de n'importe quelle classe sociale, de marcher simplement pour marcher, alors qu'on n'a pas à se rendre dans un lieu déterminé ; bien moins encore conçoit-il ces impulsions qui nous poussent à courir le pays au risque de notre vie, ou encore à nous livrer à un aussi singulier exercice que celui qui se nomme un « rally-paper ». Pourquoi donc des hommes de bonne situation sociale s'exposent-ils au soleil pendant des après-midi entiers afin de jouer au « base-ball ? » Un instituteur de Canton interrogeait un domestique sur une dame étrangère qu'il avait aperçue jouant au tennis. « Combien la *paie-t-on* quand elle court ainsi de tous côtés ? » Impossible de lui faire comprendre qu'elle ne touchait aucun émolument. Qu'un mortel se commette à des actes pareils alors que l'on peut louer des coolies pour les faire à votre place, c'est, nous le répétons, chose incompréhensible pour le Chinois, en dépit de toutes les explications qu'on pourra lui fournir.

Sur le chapitre du sommeil, le Céleste diffère aussi essentiellement de l'Occidental que sur les points déjà mentionnés. En général, il est capable de dormir partout. Chacune des mille menues contrariétés qui font notre désespoir ne lui causent pas le moindre ennui. Avec une brique pour oreiller, il couche sur un lit de branchages, de briques de boue ou de rotin ; et il y dormira du sommeil du juste sans se préoccuper du reste de la création. Point n'est besoin que l'obscurité règne dans sa chambre, peu importe que l'on fasse du bruit autour de lui. L'enfant qui pleure la nuit peut continuer à crier, cela ne le dérange en rien. Dans certaines régions, la population semble se livrer au sommeil comme poussée par un commun instinct — tel l'ours qui hiverne — pendant les deux premières heures des après-midi d'été et, dans quelque endroit qu'elle se trouve, elle obéira à ce rite. A 2 heures de l'après-midi, l'univers chinois est, aux époques de chaleur, aussi calme qu'à 2 heures du matin. Pour la plupart des ouvriers, et même pour la généralité des Célestes, il n'existe pas de position particulièrement favorable au sommeil, le choix d'un bon emplacement n'a aucune importance. En Chine, on lèverait sans peine une armée d'un million d'hommes, que dis-je, de dix millions d'hommes, rien qu'en limitant le choix aux gens qui peuvent s'endormir étendus au travers de trois brouettes, la tête en bas comme les araignées, la bouche grande ouverte avec une mouche installée à l'intérieur !

De plus, nous avons à tenir compte du fait qu'en Chine la respiration semble être pour l'homme une fonction physique facultative. Une ventilation véritablement digne de ce nom n'existe dans aucun local, sauf lorsque le typhon enlève le toit d'une maison, ou bien encore lorsque, en temps de famine, le propriétaire se voit obligé de démolir son immeuble pour faire argent de la charpente. Nous entendons souvent parler du trop plein de la population chinoise, mais l'encombrement est la condition normale de ce peuple ! Il n'en paraît nullement incommodé, ou du moins si peu, qu'il n'y a pas lieu d'en parler.

Afin de comprende à quel point les Chinois sont affranchis de la tyrannie des nerfs, il suffit d'observer leur merveilleuse endurance pour toute souffrance physique. Ceux qui, en Chine, ont fréquenté les hôpitaux et assisté à des opérations ont pu constater le courage avec lequel les malades supportent sans broncher une dose de douleur qui ferait reculer d'épouvante les plus braves d'entre nous ! Sans insister davantage sur ce sujet, nous appellerons simplement l'attention du lecteur sur une réflexion notée par George Eliot dans sa correspondance :

« L'appel le plus haut, l'élection la plus haute, écrit-elle sous le coup de l'irritation que lui causaient certaines formules théologiques, c'est de se passer d'opium et de supporter la douleur les yeux ouverts et avec endurance ».

Si la remarque est exacte, la plupart des Chinois se sont certainement assuré en ce monde leur salut éternel et leur élection céleste. Mrs. Browning estime que « d'être observé sans sympathie est une torture ». Les personnes à l'organisme sensible, telles que la distinguée poétesse, et une multitude d'autres de sa race, partageront assurément cette manière de penser. Un Occidental n'aime pas à être observé, surtout lorsqu'il se livre à un travail délicat ou difficile. Le Chinois, au contraire, exécute peut-être le mieux son ouvrage quand il se sent observé attentivement. Tous nous nous lassons vite de nous sentir sous les yeux curieux des Chinois lesquels entourent l'étranger dès que celui-ci se risque dans des quartiers peu fréquentés par les Occidentaux. Mais nous allons « devenir fous », nous arrive-t-il de dire, si nous ne pouvons disperser ces gens auxquels cependant l'on ne peut rien reprocher sauf de nous observer sans nous témoigner la moindre sympathie. Mais le Chinois ne saurait comprendre ce sentiment instinctif chez l'homme d'Occident. Il importe peu à l'autochtone que des gens le regardent, fussent-ils même nombreux, et il est plutôt porté à soupçonner les personnes qui s'irritent si fort d'une simple inspection.

Ce n'est pas seulement quand il dort que l'Occidental réclame de la tranquillité ; il a plus que jamais besoin de calme lorsqu'il est malade. Alors même que d'habitude il n'a cure de ce détail, il désire se trouver à l'abri des bruits désagréables s'il lui échoit d'être indisposé. Amis, gardes-malades, médecins, tous font de leur mieux pour lui assurer ce calme indispensable à sa guérison, et s'il n'y a plus d'espoir de le sauver, tout le monde conspire pour lui garantir la paix dans la mesure permise par les circonstances. Rien n'offre un contraste aussi saisisssant que nos habitudes avec celles des Chinois, lorsqu'il s'agit de soigner un malade. Dès que le bruit se répand qu'un tel est souffrant, tout le monde accourt chez lui ; cet incessant va-et-vient est en raison directe de la gravité du mal. Impossible d'obtenir un peu de tranquillité et, chose étrange à dire, personne ne semble en désirer. Le remue-ménage qui accompagne les allées et venues de tant de gens que l'on doit entretenir, les lamentations de ceux qui redoutent la fin prochaine, et plus encore, le pandémonium provoqué par les prêtres, les prêtresses, etc., occupés à chasser les esprits malins constituent un entourage tel qu'un homme de chez nous préfèrerait certainement une mort immédiate. Tout Occidental comprendra cette réplique d'une dame française qui se fit excuser de ne pouvoir recevoir une visite parce qu'elle était « occupée à mourir ». En Chine, personne ne songerait jamais à une excuse pareille ; le cas se présenterait-il que nul dans l'entourage ne l'accepterait.

Il nous reste à parler des soucis et de l'anxiété auxquels l'Humanité entière se trouve soumise dans ce monde tourmenté. Non seulement les Chinois n'y échappent pas, mais ces maux divers les atteignent encore plus vivement. Les conditions de leur vie sociale sont telles que dans n'importe quelle région la plupart des habitants se trouvent toujours sous la menace d'une ruine prochaine. Une légère diminution des pluies, et c'est la famine pour des centaines de milliers de malheureux. Si, au contraire, l'eau tombe en trop grande abondance, c'est la dévastation des campagnes par les inondations auxquelles on ne connaît pas de remède. Aucun Chinois n'est à l'abri des embarras d'un procès, et alors même que l'inculpé est parfaitement innocent, la ruine le menace.

Pour nous, rien de plus affreux que l'attente d'une calamité à laquelle nous savons ne pouvoir nous soustraire et qui peut avoir les pires conséquences. Les Chinois affrontent ces risques — peut-être parce qu'ils leur semblent inévitables — avec une endurance clairvoyante qui est bien l'un des phénomènes les plus remarquables de cette race. Ceux qui ont assisté au spectacle de millions de personnes succombant, en temps de disette, à la famine avec le plus beau stoïcisme, me comprendront sans peine. Il faut avoir vu ces tragiques moments pour en saisir toute la grandeur. A un Occidental pareille attitude est aussi incompréhensible qu'il est difficile à un Chinois de s'assimiler les idées de liberté personnelle et sociale dont l'Anglo-Saxon à hérité de ses ancêtres et qu'il ne cesse de développer. Quel que soit l'aspect sous lequel nous les envisagions, les Chinois sont et doivent demeurer pour nous plus ou moins une énigme, et nous ne pouvons espérer les comprendre qu'en nous mettant bien dans la tête que, par rapport à l'homme d'Occident, ils « manquent totalement de nerfs ». De quel poids pèsera cette donnée capitale dans le choc futur de cette race avec la nôtre — choc dont la violence ne fera que s'accentuer à mesure que passeront les années — nous ne nous risquerons pas à le conjecturer. Nous sommes généralement assez portés à croire que la survivance appartiendra à ceux qui seront le mieux équipés. Lequel est le plus sûrement adapté pour survivre aux luttes du XXe siècle, l'Européen « nerveux » ou le Jaune flegmatique, dur à la fatigue ?

CHAPITRE XII

XÉNOPHOBIE

Le voyageur européen qui visite Canton pour la première fois se fait difficilement à l'idée que ce grand marché chinois a régulièrement entretenu des relations commerciales avec l'Europe pendant plus de trois siècles et demi. En général, nous n'avons pas lieu d'être fiers de la façon dont les nations occidentales se sont conduites avec les Jaunes pendant la plus grande partie de cette période. L'attitude normale des Chinois envers les autres peuples qui, pour une raison quelconque, se décident à venir en Chine, rappelle assez exactement celle des Grecs à l'égard de toute nation non grecque : ils la considéraient et la traitaient comme des « Barbares ». Ce n'est qu'en 1860 que les Chinois, par une clause spéciale du Traité qui leur fut imposé, durent renoncer au caractère de leur écriture signifiant « Barbare », car dans leurs documents officiels il était synonyme d' « étranger ».

Lorsque l'on prétend juger l'attitude des Chinois envers les nations étrangères d'Occident, l'on ne doit pas perdre de vue que pendant des millénaires ce peuple vécut en contact immédiat avec les races d'une infériorité notoire qui l'entouraient. Son évidente supériorité lui valut quelque orgueil et il se sentit ainsi flatté d'une façon d'autant plus dangereuse que les raisons en étaient plus plausibles : nul orgueil n'est plus prenant. Bientôt les Chinois s'aperçurent que les étrangers au contact desquels ils vivaient pouvaient être alternativement cajolés et intimidés jusqu'à ce qu'ils les amenassent à leurs vues, ce qui les persuada d'autant plus de leur inégalable supériorité ; et ils réglèrent en conséquence leur conduite envers eux : la prise de Pékin les obligea à changer d'attitude. Bien qu'une seule génération ait passé depuis cette époque, de nombreux changements sont survenus en Chine et l'on pourrait supposer que, désormais, la civilisation étrangère et les étrangers seront enfin appréciés par les Chinois à leur véritable valeur. Pourtant, il n'est pas besoin d'une connaissance très étendue ou très approfondie du peuple Jaune pour montrer à un observateur impartial que la mentalité chinoise, dans son attitude normale, officielle ou autre, envers les étrangers n'est, aujourd'hui encore, portée à aucun respect. Si les Chinois ne ressentent pas précisément pour nous du dédain, ils éprouvent certainement à notre endroit, et souvent ils le manifestent inconsciemment, un certain sentiment de condescendance. Nous allons étudier ce phénomène.

La première particularité qui frappe le Céleste, c'est notre manière de nous habiller ; or personne ne peut prétendre qu'à ce point de vue nous ayons quelque droit de nous enorgueillir. Il est vrai que tous les costumes orientaux, sans exception, nous paraissent incommodes et restrictifs de toute liberté de geste, mais cela provient simplement de ce que nos exigences, en ce qui concerne l'activité des mouvements, diffèrent totalement des besoins des Orientaux. Lorsque nous étudions leurs costumes nous ne pouvons nous empêcher de reconnaître combien ils sont étroitement adaptés aux exigences de la vie orientale. Par contre, les Orientaux, et surtout les Chinois, ne trouvent rien à admirer dans nos costumes, ils sont plutôt portés à les critiquer, pour ne pas dire les ridiculiser. Le vêtement oriental doit être ample et pouvoir se draper de façon à dissimuler les contours du corps. Un Chinois n'oserait se montrer en public vêtu d'un veston ; au contraire, quantité d'étrangers circulent dans leurs établissements ou dans leurs bureaux, habillés avec ce que l'on appelle si justement des « jaquettes de singe ». Le paletot sac, la redingote à double rang de boutons (dont presque aucun ne s'utilise) et surtout le hideux avorton appelé « habit » restent incompréhensibles pour un Chinois, surtout parce que quelques-uns de ces vêtements affectent de découvrir la poitrine, la partie du corps la plus fragile, du fait de l'inconcevable coupe de gilets taillés de façon à montrer une partie de la chemise. Tout étranger porte sur son habit deux boutons solidement cousus, ils sont aussi inutiles que peu décoratifs.

Si l'habillement masculin paraît à la moyenne des Chinois déraisonnable et laid, que pensent-ils donc du costume des femmes ? Il viole toutes leurs idées de convenances, pour ne pas dire de décence, et cela de bien des manières. Envisagé en connexion avec la liberté d'allures qui règle les rapports des sexes dans la civilisation occidentale, l'on ne saurait s'étonner que les Chinois, s'en tenant simplement à leur étalon traditionnel des convenances, nous jugent mal et se trompent grossièrement dans l'interprétation de ce qu'ils voient.

L'ignorance des étrangers quant à la langue chinoise est l'une des raisons pour lesquelles les autochtones ressentent vis-à-vis de nous un profond sentiment de supériorité. Peu importe qu'un étranger soit en état de converser dans tous les idiomes de l'Europe moderne ; s'il ne comprend pas ce que lui dit le dernier des coolies, celui-ci le méprisera en conséquence. Il est vrai qu'en agissant ainsi le coolie ne fera qu'illustrer encore plus sa propre ignorance, mais son sentiment de supériorité n'en existe pas moins en dépit de l'insuffisance de ses bases. Que l'étranger s'efforce d'apprendre la langue chinoise, il sera quand même en butte au dédain de sa propre domesticité dont il entendra des apartés tels que : « Oh, il ne *comprend* pas ! » alors que le seul obstacle à ses progrès vient de la manière confuse dont le Chinois s'exprime lui-même. Mais jamais celui-ci ne reconnaîtrait ce fait, et alors même qu'il daignerait l'avouer, son sentiment de supériorité ne s'en trouverait pas diminué. Il semble donc, à en juger d'après une expérience presque universelle, qu'en Chine les indigènes ne font pas grand cas des connaissances linguistiques que possède un étranger, tandis que celui-ci est vite discrédité pour ce qu'il ne sait pas !

Une autre cause du sentiment qu'ont les Chinois de leur

supériorité tient à l'ignorance dans laquelle nous sommes de leurs coutumes. Il leur paraît incroyable que l'on puisse ignorer ce qu'eux-mêmes ont toujours su.

Le fait que souvent un étranger ne s'aperçoit pas qu'indirectement le Céleste vient de lui infliger une humiliation pousse celui-ci à considérer sa victime inconsciente avec un mépris conscient. Une indifférence dédaigneuse de notre part quant à ce que les indigènes peuvent penser de nous constitue une punition suffisante et parfaitement appropriée.

Beaucoup de Chinois, sans le vouloir, prennent lorsqu'ils se trouvent en face d'un étranger, un air d'intérêt, un air à la fois amusé et dépréciateur — tel celui avec lequel Mr. Littimer considérait David Copperfield, — comme s'ils se disaient à eux-mêmes : « Si jeune, Monsieur, si jeune ! » Cette remarque ne s'applique pas également à toutes les périodes du temps que l'on a passé en Chine et pendant lesquelles on a fait toutes sortes d'expériences, car celles-ci s'accumulent plus ou moins rapidement pour les observateurs perspicaces, comme le sont en Chine le plus souvent les étrangers. Toutefois, quel que soit votre degré d'expérience, vous ignorez nécessairement une foule de détails des questions sociales pour la simple raison qu'on n'en a jamais entendu parler, et que pour toute acquisition, il faut toujours un commencement.

Notre incapacité à faire ce qu'un Chinois ordinaire accomplit avec la plus grande facilité amène celui-ci à nous considérer de haut en bas. Nous ne pouvons manger ce qu'il mange, nous ne saurions supporter le soleil, ni dormir dans le tumulte d'une foule ou sans aération. Nous ne pouvons conduire à la godille l'un de ses bateaux, ni ne pouvons par notre manière de crier : « Yi ! Yi ! » à ses attelages de mules faire comprendre à celles-ci ce que nous exigeons d'elles. Chacun de nous se souvient qu'au cours de la campagne de 1860, le corps d'artillerie de l'armée britannique ne put entrer en action près de Hohsi-wu par suite de la désertion des convoyeurs chinois : il ne se trouva pas un seul Britannique capable de décider les mules indigènes à avancer d'un pas.

Notre inhabileté à nous conformer aux idées des Chinois et à leurs idéals, dans les cérémonies, de même que lorsqu'il s'agit de questions encore plus importantes à nos yeux, provoque chez les autochtones un mépris à peine déguisé pour ces races étrangères qui, dans leur opinion, non-seulement se refusent à comprendre, mais auxquelles on n'arrive pas à faire comprendre « les convenances ». Ce n'est pas qu'un étranger ne sache saluer ; seulement il éprouve généralement de la difficulté à faire un salut chinois à la manière chinoise, et la difficulté est aussi bien morale que physique. L'étranger n'a que du mépris pour le code du cérémonial, aux détails souvent frivoles, lui semble-t-il, et il n'a pas la patience, même s'il en a l'aptitude, de passer vingt minutes à faire assaut de politesse avec un Chinois, alors que l'un et l'autre savent parfaitement de quelle façon se terminera le tournoi. L'étranger n'a pas la moindre envie de perdre une ou deux journées à parler de riens. Pour lui, le temps c'est de l'argent, et telle n'est pas — loin de là — la manière de penser de son interlocuteur car, en Chine, tout le monde a du temps en abondance et très peu de gens ont de l'argent. Le Chinois en est encore à ignorer que lorsqu'il tue le temps, il serait bon de s'assurer, tout d'abord, que ce temps est à lui et non à quelqu'un d'autre !

Avec cette prédisposition à se dispenser, autant que possible, de tout cérémonial superflu parce qu'il a ces usages en horreur et que le temps qu'il devra leur consacrer pourrait être plus agréablement employé de mille autres façons, l'homme d'Occident fait, même à ses propres yeux, piètre figure à côté d'un Chinois cérémonieux. Comparez la robe, le maintien, les façons d'un fonctionnaire chinois, ses longs vêtements flottants, ses mouvements gracieux, avec les salutations maladroites de l'étranger qui vient lui rendre visite. Ce n'est pas trop de toute sa politesse innée pour que le Céleste ne rie pas à gorge déployée devant un pareil contraste. Et rien ne provoque autant le dédain du Chinois pour l'étranger que l'évidente indifférence de ce dernier à l'égard de cet étalage pompeux si cher à l'Oriental. Que durent penser dans leur for intérieur tous ces Chinois auxquels on avait raconté qu'ils allaient voir le « grand Empereur américain » et qui se trouvèrent en face du général Grant en costume de simple citoyen, le cigare aux lèvres, s'avançant à pied dans la rue ? Imaginez un consul étranger — il jouit des mêmes préséances qu'un Taotai (officier de 3e rang), intendant d'une circonscription — se rendant dans une capitale de province pour entretenir le gouverneur d'un conflit survenu entre leurs nationaux respectifs. Des milliers de personnes sont rassemblées sur les murs de la ville pour voir défiler le cortège du magnat étranger : or, l'on découvre que tout se réduit à deux voitures et à des chevaux de selle escortés par un Chinois, l'interprète du consul, et deux autres indigènes, le courrier et le cuisinier ! Est-il surprenant que les Orientaux, devant un pareil spectacle, contemplent notre fonctionnaire avec une curiosité qui tourne bientôt à de l'indifférence pour se traduire finalement par du mépris ?

Les points particuliers sur lesquels nous nous reconnaissons à juste titre une incontestable supériorité ne font pas à un Chinois l'impression à laquelle nous devrions nous attendre et que nous pourrions souhaiter. Ils admettent notre supériorité dans tout ce qui est inventions mécaniques, mais ils considèrent la plupart d'entr'elles du même œil que nous regardons les tours d'un prestidigitateur : c'est curieux, inexplicable et inutile. Les résultats que nous en obtenons leur semblent provenir d'un pouvoir surnaturel et on se rappellera que Confucius s'est refusé à parler de magie. Quant à la profonde indifférence des Chinois pour les prodiges de la vapeur et de l'électricité dans leurs applications à l'industrie, nombreux sont les entrepreneurs évincés qui ont pu s'en rendre compte. A peu d'exceptions près, les Chinois ne veulent pas, sauf en cas d'absolue nécessité, faire appel aux modèles étrangers, quels qu'ils soient. Ils ne se soucient aucunement des mesures sanitaires, de la ventilation des locaux, de la physiologie. Ils voudraient bien — quelques-uns seulement — profiter des résultats des progrès de l'Occident, mais sans se voir astreints à nos méthodes et, plutôt que de s'y soumettre, ils renoncent volontiers à leurs avantages. Tout ce qui peut tendre de façon plus ou moins directe à faire de la Chine une « puissance formidable », ils veulent l'avoir, le reste doit attendre. S'il n'y avait pas un *Esprit du siècle* supérieur à n'importe quel Chinois, d'autres progrès encore pourraient attendre longtemps.

Quelques hommes d'Etat et des savants chinois, comprenant apparemment l'infériorité de la Chine, prétendent que les nations occidentales ont mis simplement à profit les données accumulées par certains de leurs ancêtres qui cultivèrent à un degré éminent les sciences naturelles et les mathématiques, mais dont les descendants modernes ont malheureusement laissé les hommes d'Occident s'emparer des secrets de la nature.

Les Chinois ne paraissent pas très impressionnés par l'incontestable habileté technique des ouvriers étrangers. Les Saxons admirent l'homme qui « peut » et, ainsi que Carlyle aimait à le répéter, ils en font un roi et lui en accordent le titre. Notre savoir-faire semble amusant aux Chinois, peut-être même étonnant ; ils ne l'oublieront pas et sauront, au besoin, y faire appel, mais loin de considérer l'étranger comme un modèle à imiter, c'est une idée qui n'entre même pas dans un cerveau chinois. Pour les Célestes, le savant idéal, c'est encore le fossille littéraire qui a tout appris sans rien oublier et a réussi aux examens, celui auquel il est difficile de ne pas mourir de faim et qui, portant des ongles démesurément longs, ne sait rien faire — sauf enseigner à l'école — qui puisse maintenir en étroite union son âme et son corps, car « l'Homme Supérieur n'est pas un Ustensile. »

Prises dans leur ensemble, les nations occidentales ne font pas à des Chinois instruits l'impression d'avoir sur leur patrie cette supériorité que nous nous reconnaissons à bon droit. Le sentiment qu'ils éprouvent de leur propre supériorité se trouve admirablement illustré par la réponse de S. E. Kuo, autrefois ministre en Grande-Bretagne, à quelqu'un qui lui disait que, dans l'opinion du Dr Legge, la condition morale de l'Angleterre était plus élevée que celle de la Chine. Après avoir un instant réfléchi, S. E. répliqua, très ému : « Je suis fort étonné ! » On ne saurait risquer à la légère de pareils parallèles d'après des jugements superficiels, encore moins en se plaçant au point de vue diplomatique. Ces comparaisons impliquent une connaissance approfondie de la vie inté-

rieure des deux nations et une habileté toute particulière
à juger de l'intervention d'une infinité de causes dans la multiplication de leurs effets. Nous n'avons nullement l'intention
d'entreprendre ici pareille tâche. L'on sait désormais de façon
certaine que le monde des lettrés représente en Chine le
principal adversaire de l'étranger, lequel peut bien disposer
de mystérieuses et puissantes machines, mais n'en est pas
moins incapable d'apprécier la grandeur morale de la Chine.
Le lettré chinois typique, avec sa tête dans la dynastie des
Sung et ses pieds dans le présent, incarne bien ce sentiment
de mépris doublé de jalousie, et c'est à de pareils hommes
que l'on doit la rédaction et la diffusion de la littérature
xénophobe dont la Chine fut inondée toutes ces dernières
années.

Il fut un temps où l'Occident s'imagina pouvoir prendre
la Chine d'assaut, grâce à ses multiples inventions mécaniques
et autres. L'Angleterre expédia des couteaux, des fourchettes, des bas, des pianos, escomptant déjà la prochaine
« européanisation » de l'Empire du Milieu. Mais s'il y eut
jamais époque où l'on pouvait espérer un pareil succès,
l'heure en est passée depuis longtemps ; à dire vrai, elle n'a
jamais existé. La Chine n'est pas un pays et les Chinois ne
sont pas un peuple à se laisser enlever d'assaut, quels que
soient les moyens mis en œuvre. La seule manière d'assurer
aux Occidentaux, et de façon permanente, le respect de la
race chinoise, c'est de présenter aux Jaunes des leçons de
choses convaincantes, en leur montrant que la civilisation
chrétienne, en bloc ou en détail, arrive à des résultats que ne
saurait obtenir la religion indigène. Si l'on ne peut les en
convaincre, les Chinois continueront, et non sans raison, à
manifester dans tous leurs rapports avec les Occidentaux
une condescendance mélangée de mépris.

CHAPITRE XIII

MANQUE D'ESPRIT PUBLIC

Le Livre des Odes, l'un des plus anciens Classiques de la Chine, contient la prière suivante mise par l'auteur dans la bouche de paysans : « Que la pluie tombe tout d'abord sur nos champs publics, puis qu'elle arrose nos champs particuliers. » Quelle que soit la part de vérité dans la tradition qui attribue à la dynastie des « Chou » et à celles qui la précédèrent une ère excessivement heureuse, il n'en reste pas moins que de nos jours le cultivateur, — et même le Chinois en général —, ne prie guère pour que la pluie féconde d'abord le domaine public. Le gouvernement chinois — il se plaît à le rappeler — est, par sa nature même, patriarcal, aussi exige-t-il de ses sujets une obéissance filiale. Le nègre d'une plantation ayant entendu le dicton : « Chacun pour soi et Dieu pour tous », n'en respectait certes pas la pensée en l'accommodant de la façon suivante : « Chacun pour soi *et Dieu pour moi-même !* » Cette nouvelle version exprime bien les sentiments que professe la moyenne des Chinois à l'égard des pouvoirs constitués : « Moi, pour ma part, je suis obligé de veiller sur mes intérêts » semble-t-il dire ; et si vraiment il accorde la moindre pensée au Gouvernement, il ajoutera : « Le Gouvernement est assez âgé et assez fort pour veiller sur lui-même sans mon aide ! » De son côté le Gouvernement, tout patriarcal qu'il soit, est bien plus occupé à prendre soin du Patriarche qu'à s'intéresser à la famille du Patriarche. De façon générale, celui-ci n'accordera à ses enfants que les soins auxquels le forcera la crainte, que s'il ne fait rien d'abord, il aura dans l'avenir d'autant plus de besogne. Tout Chinois se rend parfaitement compte que le Gouvernement n'a d'autre souci que la rentrée des impôts, lorsqu'il essaie d'alléger les désastres subis par le peuple au moment des fréquentes crues des rivières dont rien ne peut arrêter les débordements. Les mesures de défense que prennent les victimes de pareils fléaux sont dictées par des intérêts purement personnels, car ces paysans échappent ainsi aux innombrables exactions qui accompagnent l'intervention gouvernementale et ils sont certains que le travail a été exécuté.

Le mauvais état des routes illustre d'éclatante façon la négligence du Gouvernement dans ces questions d'utilité publique, ainsi que le manque d'esprit public chez le peuple. L'on rencontre dans les diverses parties de l'Empire de nombreux vestiges de routes montrant qu'il existait autrefois un véritable réseau routier, aux chaussées pavées et bordées d'arbres, reliant entr'elles et avec la Capitale les principales villes de la Chine. Ces témoins d'une antique voirie se retrouvent non-seulement aux environs de Pékin, mais encore dans des régions éloignées, telles que le Hunan et le Setchouen. Un pareil réseau dut coûter fort cher à établir et son entretien eût été relativement facile, mais personne n'y a songé, si bien que la plupart de ces routes sont devenues à peine praticables et que finalement l'on s'est vu forcé de les abandonner. Cette détérioration des grandes lignes de trafic paraît remonter à la longue période de troubles qui s'écoula dans les dernières années de la dynastie des Ming et les premières de la dynastie mandchoue, mais, tout en faisant la part des convulsions politiques, les 250 années écoulées depuis lors auraient dû suffire pour remettre en état les grandes artères routières de l'Empire. On ne l'a même pas tenté et nous ne connaissons que trop bien les résultats de cette incurie plusieurs fois centenaire.

L'attitude du Gouvernement s'accorde, du reste, admirablement avec celle des gens, lesquels ne se reconnaissent aucune responsabilité quant à la gestion du domaine public, tant que chacun d'eux n'est pas lui-même la victime de cette négligence. En fait, la conception qu'une route ou quelque autre chose appartient au « public » est foncièrement étrangère à la mentalité chinoise. « Les montagnes et les fleuves » — autrement dit l'Empire — sont supposés constituer une propriété impériale, en tant que simple fief et, à ce titre, le Souverain en jouira et le conservera aussi longtemps que cela lui sera possible. Les routes font également partie de ce domaine : si elles demandent des réparations, à l'empereur de les faire ! Mais la majeure partie du réseau n'appartient pas à l'empereur d'une autre façon que n'appartiennent les fermes aux paysans, attendu que les routes ne sont qu'une étroite bande des terres voisines réservée à l'usage de ceux qui désirent s'en servir, non avec le consentement du propriétaire du terrain — pareille autorisation ne fut jamais exigée — mais par simple nécessité. La route entière appartient à quelque ferme voisine et paie des impôts comme toute autre terre, bien que le propriétaire ne retire pas plus d'avantages en l'utilisant que n'importe quel autre individu. Dans ces conditions, il est de l'intérêt du propriétaire de restreindre de plus en plus la superficie routière ; il y réussit par un vaste système de fossés et de talus qui réduisent la route à une bande de terrain indispensable pour assurer quelques moyens de communication. Si les grosses pluies d'automne entraînent sur ce chemin les terres de la ferme voisine, le paysan s'empresse de les rapporter dans ses champs : cette opération combinée avec l'action du vent et de la pluie transforme parfois la route en un simple canal. Le Chinois n'a pas la moindre idée de ce que nous entendons par « droit de passage ».

Les voyageurs naviguant sur le Peï-ho ont parfois remarqué entre Tien-tsin et Pékin des petits drapeaux plantés dans le fleuve : on leur a dit que ces balises indiquaient les points d'immersion des torpilles et que les bateaux n'avaient qu'à passer au large !

L'homme qui désire charger ou décharger une charrette s'installe sur la route même pour exécuter son travail et tout autre véhicule doit attendre la fin de l'opération pour pouvoir passer. Si l'arbre abattu par un fermier tombe au travers de la route, celle-ci sera obstruée jusqu'à l'enlèvement ou au débitage du tronc.

Ce sans-gêne rural n'est pas pire que les empiètements des citadins dans les rues des villes. Les larges voies de Pékin sont bordées d'étalages et de baraques qui n'ont aucun droit à une pareille occupation et, si l'Empereur vient à passer, l'on doit faire vivement place nette. Mais dès la disparition du cortège impérial, tout rentre dans le désordre accoutumé. Dans la plupart des villes chinoises, le passage étroit qui sert de rue se trouve enserré par toutes les formes d'obstruction des petites industries. Le boucher, le barbier, le cuisinier péripatétique avec son restaurant ambulant, le menuisier, le tonnelier, quantité d'autres artisans se plantent sur les côtés de ce véritable défilé le long duquel palpite toute la vie d'une grande ville ; ils n'agiraient pas autrement s'ils voulaient étrangler complètement l'artère. Les femmes elles-mêmes arrivent à leur tour avec des couvre-pieds qu'elles étalent sur la chaussée, l'exiguité des cours ne permettant pas de les étendre chez elles. Combien sont rares les métiers qui n'adoptent pas la rue pour atelier !

Les passants ne constituent pas le seul obstacle au trafic charretier : le menuisier laisse une pile de grosses bûches empiéter sur la voie publique, le teinturier étend ses draps à travers la rue, le marchand de farines fait de même avec ses chapelets de vermicelle, car l'espace libre devant tout magasin appartient, non pas à un « public » imaginaire, mais bien au commerçant. Que cette prétendue propriété d'avenues destinées à la circulation impose quelques devoirs d'entretien, quelques réparations à celui qui s'en adjuge la jouissance n'est pas une idée que la mentalité chinoise, dans l'état actuel de son développement, puisse concevoir. Aucun individu, même s'il se sentait disposé à réparer une route, — et du reste le cas ne se présentera jamais — ne trouverait ni le temps, ni les matériaux nécessaires pour ce travail ; il ne sera d'autre part jamais question d'une entente à cet effet entre plusieurs intéressés, car chacun des participants aurait toujours la crainte d'en faire plus que les autres et de retirer de l'ouvrage moins de profit personnel. Les magistrats pourraient assurément imposer à tous les villages situés sur une grande route l'obligation de l'entretenir en bon état de viabilité en toute saison, mais il est douteux que pareille idée soit jamais venue à l'esprit d'un fonctionnaire chinois.

Non seulement les Célestes ne prennent aucun intérêt à ce qui appartient au « public », mais toute propriété de ce genre, à moins qu'elle ne soit protégée ou particulièrement utile, est marquée pour le vol. Les pavés sont emportés pour des usages personnels, les revêtements en brique des murs d'enceinte disparaissent peu à peu. Dans l'un des ports, la clôture maçonnée d'un cimetière étranger fut enlevée dès que l'on s'aperçut qu'il n'y avait pas de gardien spécialement attaché à cet enclos. Il y a peu d'années, des vols nombreux étaient commis à Pékin dans l'enceinte même du palais impérial ; la découverte de ces méfaits provoqua un grand émoi : on avait arraché les revêtements en cuivre de quelques monuments de la ville interdite. Personne, dans les dix-huit Provinces, n'est trompé et dupé autant que l'Empereur : tout le monde vous le dira.

L'âme chinoise est-elle capable de s'ouvrir à un sentiment de patriotisme ? A cette question fréquemment soulevée, il est difficile de répondre en quelques mots. Nul doute qu'il existe un fort sentiment national, surtout parmi les classes intellectuelles, et c'est à ce sentiment qu'il faut, en grande partie, faire remonter l'hostilité témoignée par la Chine aux étrangers et à leurs inventions. Depuis quelques années, la province de Hunan est inondée d'une littérature xénophobe, remplie de calomnies méchantes et destinée à provoquer des émeutes pour chasser du Céleste Empire le diable étranger. Au point de vue chinois, la pensée qui inspire ces publications est aussi louable que le serait, à nos yeux, la résistance aux anarchistes. Ces accusations sont, en partie, basées sur des malentendus et, en partie, provoquées par cette haine de race à laquelle n'échappent pas les nations occidentales elles-mêmes. Beaucoup de Chinois considèrent certainement ces attaques comme un devoir patriotique. Mais on ne peut en conclure qu'il existe un nombre considérable de Chinois désireux de servir leur pays parce que c'est leur patrie, et en dehors de toute perspective d'émoluments. Quiconque connaît un peu la Chine ne saurait accepter pareille affirmation : les preuves fournies à cet appui sont encore insuffisantes. Il est bien évident qu'un Chinois peut être patriote tout en ne s'intéressant que médiocrement au sort d'une dynastie tartare ou autre, mais on a les meilleures raisons de croire que, quelle que fût la dynastie régnante, le sentiment de la masse de la nation ne différerait guère de celui qui existe actuellement et qui est caractérisé par une profonde indifférence. Dans une phrase des « Analectes » Confucius définit d'une façon très heureuse cette manière d'envisager les affaires publiques : « Le Maître dit : Celui qui n'occupe pas un emploi public n'a rien à voir aux plans destinés à régler le fonctionnement de ce service. » A notre avis, ces paroles significatives sont en partie le résultat, ou plus exactement la cause, de la répugnance innée des Chinois à s'intéresser à des affaires de l'exécution desquelles ils ne sont aucunement responsables. Le P. Huc donne un exemple typique de cet état d'esprit. « En 1851, nous nous trouvions en voyage sur la route de Pékin ; c'était à l'époque de la mort de l'empereur Tao Kuang. Un jour, en prenant le thé dans une auberge avec quelques notables indigènes, nous voulûmes soulever une discussion politique en parlant de la mort récente du souverain, événement important qui, bien entendu, devait intéresser tout le monde. Nous exprimâmes notre inquiétude au sujet de la succession au trône dont on n'avait pas encore proclamé l'héritier. Qui sait, dit l'un de nous, lequel des trois fils de l'Empereur défunt aura été choisi ? Si c'est l'aîné, poursuivra-t-il le même système de gouvernement ? Si l'on désigne le plus jeune, ce prince n'étant encore qu'un enfant, sur lequel des deux partis opposés, en lutte à la Cour, va-t-il s'appuyer ? Bref, nous nous livrâmes à toute une série de suggestions pour éveiller l'intérêt de ces braves citoyens et les faire parler, mais ils nous écoutaient à peine. Plusieurs fois nous revînmes à la charge afin d'obtenir de nos interlocuteurs une opinion quelconque sur des questions qui nous paraissaient de la plus haute importance, mais à toutes nos insistances, ils répondaient en secouant simplement la tête, tandis qu'ils lançaient des bouffées de tabac et absorbaient de grosses gorgées de thé. Pareille apathie commençait à nous porter fortement sur les nerfs, lorsque l'un de ces dignes Célestes, se levant de sa chaise, vint auprès de moi, posa d'un geste paternel ses deux mains sur mes épaules, et me dit avec un sourire finement ironique : « Écoutez-moi, ami. Pourquoi vous troubler l'âme et vous fatiguer l'esprit par toutes ces vaines conjectures ? Les mandarins doivent s'occuper des affaires de l'Etat : ils sont payés à cet effet. Eh bien ! laissez-les donc gagner leur argent et ne nous tourmentons pas de ce qui ne nous regarde nullement. Nous serions vraiment trop bêtes de vouloir nous mêler des affaires politiques, puisque nous ne recevons pas d'émoluments. » « Rien n'est plus conforme à la raison, » conclut en chœur le reste de l'assistance. Et là-dessus, ils nous firent signe que notre thé refroidissait et que nos pipes étaient éteintes. »

Lorsque l'on se rappelle que pendant la marche sur Pékin en 1860, l'armée britannique s'approvisionnait de mules chez les Chinois de la province de Chantung, que Tien-tsin et Tung-chow capitulèrent pour leur propre compte en acceptant de fournir aux Britanniques et aux Français tout ce qui leur serait nécessaire, sous la seule condition d'assurer eux-mêmes la tranquillité dans ces deux villes, que les corvées indispensables aux Alliés furent assurées par des indigènes recrutés à Hong-Kong et que ces mêmes coolies, après être tombés dans les mains de l'armée chinoise, furent renvoyés, la natte coupée, dans les lignes anglaises, il n'est pas difficile de s'apercevoir que le patriotisme et l'esprit public — en admettant que ces sentiments existent chez les Chinois — n'ont pas la signification que leur prêtent les Anglo-Saxons !

Lorsqu'il devient nécessaire — et le cas est assez fréquent — que le peuple se soulève pour résister à l'oppression et aux exactions de ses gouvernants, il faut naturellement trouver quelques hommes capables de diriger le mouvement. Si de pareils chefs savent mener l'opération, il arrive un moment où le Gouvernement doit se résigner à de véritables concessions. Mais quels que soient les avantages obtenus par la masse du « peuple stupide », les meneurs n'en sont pas moins des hommes invariablement condamnés et, tôt ou tard, leurs têtes tomberont pour donner satisfaction à la justice. Etre prêt non-seulement à risquer, mais à perdre presque sûrement la vie pour une telle cause, demeure le plus bel exemple d'esprit public.

A certaines époques critiques de l'histoire de la Chine, surtout au moment probable d'un changement de dynastie, des hommes convaincus, résolus, se sont souvent lancés dans la mêlée avec un dévouement chevaleresque à la cause qu'ils avaient épousée. De pareils citoyens n'incarnent pas seulement le vrai patriotisme, ils prouvent par leur conduite et de façon irréfutable, que les Chinois peuvent être poussés aux actes les plus héroïques par des chefs animés de l'esprit public.

CHAPITRE XIV

CONSERVATISME

Plus que de tout autre peuple, l'on peut dire des Chinois que leur âge d'or est dans le passé. Les Sages de l'Antiquité eux-mêmes parlaient avec la plus grande déférence d' « Anciens plus anciens ». Confucius déclarait ne pas être un initiateur, mais avoir simplement transmis de vieilles doctrines. Sa mission, disait-il, consistait à rassembler ce que l'on sut jadis, mais qui, pendant longtemps, fut négligé et mal compris. Une fidélité laborieuse à accomplir cette tâche et la haute intelligence avec laquelle il la conduisit lui valurent une extraordinaire emprise sur le peuple jaune. C'est par ce commerce intellectuel avec le passé autant que par la qualité de ses enseignements que se trouve établi le droit de Confucius à se placer au premier rang parmi les saintes figures de l'Humanité. Sa morale pose en principe qu'un bon chef fera un bon peuple. « Le prince est le plat et le peuple, l'eau : si le plat est rond, l'eau s'étend en cercle ; s'il est carré, elle s'étale en carré. » Pareille théorie induit à admettre que toutes les vertus florissaient à l'époque où existaient des chefs modèles. Le plus ignare des coolies vous rappellera à l'occasion qu'au temps de « Yao et Shun » point n'était nécessaire de fermer sa porte pendant la nuit, car il n'y avait pas de voleurs ; si un objet quelconque venait à se perdre sur la route, le premier passant devait le ramasser, puis un autre, survenant, en assurait la garde, et cela jusqu'à ce qu'arrivât à son tour le propriétaire qui, de la sorte, retrouvait toujours son bien intact. On a coutume de dire que le présent est inférieur au passé, quant à la bonté et à l'esprit de justice des hommes et que, par contre, le passé ne peut rivaliser avec le présent en ce qui concerne les crimes contre la conscience.

Cette tendance à déprécier les temps actuels n'est pas spéciale à la Chine et aux Chinois, elle existe à un degré égal dans le monde entier ; pourtant, dans l'Empire du Milieu, le peuple en paraît encore plus convaincu que partout ailleurs. Tout ce que les temps anciens ont eu de mieux est supposé avoir survécu dans les *livres* dont hérita l'époque actuelle et c'est pourquoi cette littérature est l'objet d'une vénération qui va jusqu'à l'idolâtrie. Les vues orthodoxes des Chinois sur leurs Classiques ressemblent singulièrement à celles que la Chrétienté professe à l'égard des Ecritures hébraïques. Ces écrits sont supposés renfermer tout ce que produisit de plus élevé et de meilleur la sagesse du passé ainsi que tout ce qui s'adapte également au temps présent et à celui d'autrefois. Un véritable disciple de Confucius ne croit pas davantage à la nécessité de compléter les Classiques chinois qu'un bon chrétien n'admet l'utilité d'ajouter à la Bible ; une pareille suggestion serait écartée *a priori*. Les chrétiens, de même que les adeptes de Confucius, s'accordent à estimer que lorsqu'une chose est aussi bonne qu'elle peut être, il est inutile d'essayer de l'améliorer.

De même que beaucoup de bons chrétiens s'obstinent à torturer les « textes de la Bible » pour en tirer des interprétations qui ne vinrent certes jamais à la pensée des écrivains sacrés, de même les disciples de Confucius sont capables de trouver, à l'occasion, dans les « Vieux Maîtres, » non seulement des textes justifiant les procédés modernes de gouvernement, mais fournissant aussi les origines des mathématiques anciennes et de la science moderne.

La littérature antique a formé la nation chinoise et mis en même temps sur pied un système de gouvernement qui, à défaut d'autres qualités, a du moins le mérite de la persistance. Puisque la conservation de soi-même est la première loi des nations aussi bien que des individus, l'on ne saurait être surpris qu'une forme de gouvernement qui, pendant plusieurs millénaires, se montra étroitement adaptée à ses fins, en soit arrivée à être considérée avec un respect égal à celui que l'on témoigne aux Classiques. Quelle curieuse découverte si quelque docte lettré en histoire de la Chine réussissait à vérifier et à expliquer les procédés par lesquels le gouvernement chinois est arrivé à être ce qu'il est ! Si jamais ses méthodes étaient mises en évidence, nous croyons que l'on verrait alors pourquoi les révolutions auxquelles tous les autres peuples ont été sujets furent si rares en Chine. On raconte l'aventure d'un homme qui se plut à construire un mur en pierre de six pieds de large avec quatre seulement de hauteur. Comme on lui demandait les raisons de cette anomalie, il répondit qu'il agissait de la sorte afin que le mur fût encore plus haut qu'auparavant s'il venait à être renversé ! Le Gouvernement chinois n'est certes pas à l'abri d'être mis à bas, mais, semblable à un cube, en cas de chute il tombe simplement sur une autre face et, en apparence, comme en substance, il reste pareil à ce qu'il a toujours été. Des expériences répétées ont appris aux Chinois que ce résultat est aussi certain que le saut du chat qui retombe toujours sur ses pattes, et cette conviction s'accompagne d'une foi implicite dans la sagesse divine de ceux qui établirent avec tant de discernement et d'habileté la machine gouvernementale. Suggérer des améliorations serait hérésie pure. Ainsi la supériorité incontestée des Anciens repose sur une base solide : l'infériorité reconnue de ceux qui leur succèdent.

Etant données ces considérations, l'on peut en déduire la cause rationnelle de ce qui, chez les Chinois, ne semble à première vue qu'un attachement aveugle et obstiné aux mœurs du passé. Pour les Célestes, de même que pour les anciens Romains, les règles de la vie et de la morale sont des conceptions interchangeables, car elles procèdent toutes de la même source et restent dans leur essence identiques. Une atteinte aux coutumes ancestrales des Chinois est une intrusion dans un domaine sacré. Peu importe que celles-ci soient comprises dans leurs rapports définitifs ou que même on ne les comprenne pas du tout : elles sont âprement défendues par un instinct analogue à celui qui pousse l'ourse à protéger ses oursons. Et cet instinct n'est pas spécialement chinois, il appartient à la nature humaine. N'a-t-on pas justement observé que des millions d'hommes sont prêts à mourir pour une foi qu'ils ne comprennent pas et pour des principes sur lesquels ils ne règlent pas leur vie ?

La manière dont se sont implantées les coutumes chinoises, de même que la langue, ne nous est pas inconnue. Les coutumes, tout comme le langage, résistent au changement dès qu'elles sont entrées dans les mœurs. Mais les conditions dans lesquelles coutumes et langue se cristallisèrent et prirent forme varient à l'infini avec les régions de l'Empire. D'où cette variété dans les usages qui nous laisse si perplexes et qu'indique le dicton courant d'après lequel les coutumes diffèrent tous les 10 milles. De là proviennent également ces dialectes locaux si embarrassants pour l'étranger. Dès que la coutume ou le dialecte est bien établi, l'un et l'autre ressemblent au plâtre qui vient de faire prise : on pourra le briser, on ne saurait en changer l'essence. Telle est du moins la théorie, mais comme toute autre théorie, il faut la rendre suffisamment élastique afin qu'elle s'adapte aux faits : par ceux-ci, nous savons qu'aucune coutume n'est assurée de la pérennité et que, dans certaines conditions, toutes sont susceptibles de changement.

L'on ne saurait plus clairement illustrer cet axiome qu'en prenant comme exemple une expérience tentée par le gouvernement actuel. Un édit impérial vient d'imposer aux Chinois une nouvelle coupe de cheveux. Il n'eût pas été surprenant qu'un grand nombre d'entr'eux résistassent, même jusqu'à la mort, à une marque de sujétion aussi flagrante. Mais les Mandchous montrèrent la finesse de leur sens politique en adhérant spontanément à l'ordre donné et cet acquiescement unanime devint une déclaration et une preuve de loyalisme. Nous en avons sous les yeux le résultat. Le peuple chinois est plus fier maintenant de ses nattes que de toute autre caractéristique de sa tenue, et son hostilité, sa rancune contre l'édit des Mandchous ne survivent que dans le turban des habitants des provinces de Canton et de Fukien, coiffure adoptée jadis pour cacher la honte nationale.

La religion bouddhique ne réussit à s'introduire qu'après

une lutte des plus vives, mais dès qu'elle eut pris solidement racine, elle parut aussi naturelle que le Taoïsme et non moins difficile à supplanter.

Etant donnée la genèse des mœurs chinoises, il est facile de conclure qu'à la base se trouve la conviction que tout ce qui existe est bien. Dès lors un usage depuis longtemps établi devient une tyrannie. Parmi les innombrables Chinois qui se conforment à la coutume, pas un seul ne se préoccupe de l'origine et de la raison de ses actes. Son affaire est de se conformer aux habitudes, et il s'y conforme. Le degré de croyance religieuse diffère beaucoup, sans aucun doute, d'une partie à l'autre de l'empire, mais il est certain que tous les rites des « trois religions » sont accomplis par des millions de personnes aussi dénuées de tout ce que l'on devrait appeler foi qu'elles le sont de toute connaissance des hiéroglyphes pharaoniques. A n'importe quelle question posée au sujet d'un acte de routine religieuse, on reçoit le plus souvent deux réponses. La première, que tout ce qui concerne la communication des fidèles avec les Dieux fut transmis par les Anciens et doit, dès lors, reposer sur une base inébranlable ; la seconde, que « tout le monde fait ainsi et que par conséquent chacun *doit* rigoureusement se conformer à l'usage général ».

Il est d'usage en Mongolie, pour quiconque en possède les moyens, de priser et d'offrir du tabac à ses amis. Chacun possède sa petite tabatière qu'il exhibe à toute occasion. Si la personne munie du contenant se trouve par hasard dépourvue du contenu, elle fera tout de même circuler sa boîte à la ronde et chaque invité puisera une pincée — imaginaire — de la fine poudre. Il ne serait pas de bon goût de re-remarquer qu'elle est vide, et en se conformant malgré tout aux usages, la « face » de l'hôte est sauvée et le rite se déroule suivant des précédents dès longtemps consacrés. Dans bien des particularités de plus grande importance, il n'en est pas autrement avec les Chinois. La vie peut, depuis longtemps, avoir disparu, mais le banc de corail est toujours en place et il faut demeurer dans la bonne route si on veut éviter le naufrage.

La volonté bien arrêtée d'accomplir certains actes d'une

certaine manière et non d'une autre n'est pas spéciale à la
Chine. Aux Indes, les coolies avaient l'habitude de porter
leur charge sur la tête et ils évacuaient de même les déblais
dans les travaux des voies ferrées. Lorsque les entrepreneurs
imposèrent l'emploi de la brouette, les indigènes posèrent
simplement celle-ci sur le sommet de leur crâne. La même
méthode de portage est en usage au Brésil où un étranger,
en remettant un jour à un domestique une lettre qu'il devait
porter à la poste, fut très surpris de voir celui-ci la poser sur
sa tête et l'y caler avec une pierre. L'exacte similarité des
déductions mentales révèle une similarité de cause et,
dans les affaires chinoises, la cause est très puissante ; elle
conduit aux nombreux cas d'imitation qui nous sont devenus
si familiers. Tel le cuisinier qui casse un œuf pour faire un
pudding et le jette aussitôt parce que la première fois qu'on
lui montra la façon de s'y prendre, il se trouva que le premier
œuf était mauvais. Tel encore le tailleur qui met une pièce
à un vêtement neuf parce que le vieux qu'on lui remit comme
modèle en portait une. Lorsque l'on raconte des traits de ce
genre, bien des personnes les croient exagérées, ils sont pourtant conformes à la vérité.

Quiconque est au courant des habitudes chinoises pourra
fournir des exemples de la servitude des autochtones envers
les coutumes consacrées, servitude qui nous semble inconcevable tant que nous n'avons pas compris le postulat qui mo-
tive l'acte. Dans un pays situé par 25° de latitude, mais où
l'on enlève en hiver les fourrures et où le chapeau de paille
est d'un usage général conformément à un règlement impérial
appliqué dans tout l'Empire, il serait étonnant que la coutume ne fût pas en quelque sorte divinisée. Dans certains
coins du pays où le maigre feu sous le lit-poële représente
le seul chauffage au moyen duquel on peut combattre la
rigueur de l'hiver, les voyageurs qui viennent de subir une
saute de froid sur les routes ont souvent à constater qu'aucun
argument ne persuadera l'hôtelier d'allumer le *k'hang* lorsque
la saison du chauffage n'est pas encore arrivée !

La répugnance qu'ont les artisans à adopter de nouvelles
méthodes est suffisamment connue de tout le monde mais,

même parmi ces gens conservateurs, il y en a peu qui puissent
être plus conservateurs que le chef d'une certaine équipe
d'ouvriers employée à la cuisson des briques, et dont le four,
ainsi que tout le matériel d'exploitation, étaient la propriété
d'étrangers, et non celle du personnel indigène qui l'utilisait.
Comme l'occasion se présentait d'employer une sorte de briques carrées, plus grandes que celles d'un usage courant
dans la région, l'étranger propriétaire du four ordonna la
confection de briques du type qu'il désirait. Il suffisait pour
cela de faire un cadre rectangulaire aux dimensions voulues
qui servirait de moule. Lorsque l'on eut besoin de ces briques,
elles n'étaient pas prêtes. Le contremaître qui avait reçu
les ordres d'exécution fut requis d'expliquer sa négligence
et, pour toute justification, il déclara qu'il ne voulait pas
se faire le complice d'une pareille innovation. « *Sous la calotte
des cieux*, ajouta-t-il, *il n'existe pas de moule à briques pareil
à celui-là* ! »

Il est peu probable que quelqu'un destiné à habiter la
Chine et qui porte tant soit peu d'intérêt au bien futur de
ce grand Empire puisse perdre de vue un seul moment l'influence qu'exerce l'esprit de conservatisme sur les relations
des étrangers avec les Chinois.

L'attitude de cette nation envers les pays de l'Ouest est
une attitude de retardement. D'un côté, il n'existe qu'un
très faible désir de connaître ce qui est nouveau et, d'autre
part, personne ne veut renoncer à ce qui est ancien. De
même que nous apercevons parfois de vieilles huttes de boue
qui, depuis longtemps, auraient dû retourner à la terre d'où
sortirent ses matériaux, étayées par d'informes contreforts
également en pisé qui ne font que retarder la chute inévitable
de la masure, de même nous contemplons de vieilles coutumes,
de vieilles superstitions et de vieilles croyances aujourd'hui
désuètes dont on prolonge obstinément l'existence et qui
remplissent toujours les mêmes offices qu'auparavant. « Si
ce qui est vieux ne disparaît pas, ce qui est nouveau n'arrive
pas », nous répète-t-on partout, non sans quelque vérité.
On peut lutter longtemps encore contre les changements,
et peut-être soudain se produiront-ils.

Lorsqu'un réseau télégraphique fut proposé pour la première fois à la Chine, le gouverneur général d'une province côtière déclara à l'Empereur que le peuple se montrait hostile à cette innovation et qu'il s'opposerait à la pose des fils. Mais quand survinrent des menaces de guerre avec la France, le point de vue chinois changea du tout au tout et les autorités provinciales s'empressèrent d'établir des postes télégraphiques dont elles assurèrent jalousement la garde.

L'époque n'est pas encore très lointaine où bien des personnes estimaient que la superstition du *fêng-shui* serait toujours un obstacle à l'introduction des chemins de fer en Chine. La première ligne construite, peu importante et destinée simplement à écouler les charbons des mines de charbon de K'ai-p'ing, traversait un grand cimetière dont on avait déplacé quelques tombes, comme on eût fait en Angleterre ou en France. La simple vue de ce cimetière coupé en deux suffit à convaincre le peuple que jamais *fêng-shui* ne pourrait tenir contre une locomotive. L'expérience démontra par l'extension donnée ultérieurement à cet embryon de réseau que, si des considérations financières s'opposent parfois à l'introduction des chemins de fer dans une province, ce ne sont pas les superstitions géomantiques qui interviendront jamais dans ces questions !

L'instinct conservateur allié à la capacité de violer les précédents s'observe également dans les affaires importantes. Un principe des mieux établis veut qu'un fonctionnaire renonce à son emploi lorsqu'il perd l'un de ses parents. Cependant, malgré ses remontrances « éplorées » et sans cesse renouvelées, le sujet le plus puissant de l'Empire reçut du trône l'ordre de continuer à s'occuper des détails compliqués du plus important des services de l'État, pendant toutes les années qu'il aurait dû passer dans le deuil et dans une retraite absolue, après la mort de sa mère. Aucun principe ne semble plus solidement établi que celui qui déclare qu'un père est supérieur à son fils à la vénération duquel il possède des droits imprescriptibles. De même l'Empereur est le supérieur de tous ses sujets qui doivent toujours *le* révérer. Aussi, quand il advint, lors du dernier changement de dynastie, qu'on choisit pour Souverain un jeune prince d'une branche collatérale, dont le père était encore vivant, le suicide ou la retraite définitive de ce dernier paraissait s'imposer de toute l'autorité de principes traditionnels et, dès que Kuang-Hsû monta sur le trône, tout le monde crut à la fin du prince Ch'un. Pourtant, au cours d'une maladie de ce prince, l'Empereur fit des visites à son subordonné *supérieur, le père,* et l'on dut adopter un *modus vivendi,* puisque ce même père occupa jusqu'à sa mort d'importantes fonctions sous le règne de son fils.

Ainsi que nous l'avons déjà fait remarquer, l'instinct conservateur pousse les Chinois à attacher une importance excessive au précédent. Mais, bien compris et mis en œuvre avec prudence, cet instinct constitue une puissante sauvegarde pour les étrangers dans leurs rapports avec un peuple aussi impressionnable, aussi obstiné et aussi conservateur dans ses idées. Il n'y a qu'à en user soi-même suivant la méthode chinoise, prendre les choses comme toutes naturelles, *admettre* l'existence de droits qui n'ont pas été explicitement refusés, les défendre avec circonspection lorsqu'on les attaque et *tenir bon par tous les moyens.* Ainsi — comme dans le cas du droit de résidence des étrangers à l'intérieur de la Chine — un sage conservatisme est-il la plus sûre sauvegarde. Le banc menaçant qui semblait un obstacle si insurmontable à la navigation offre, dès qu'il est franchi, une zone de paix et de tranquillité, à l'abri des tempêtes et des mers agitées qui viennent se briser contre lui.

CHAPITRE XV

INDIFFÉRENCE DU CHINOIS POUR LE BIEN-ÊTRE

Dans l'exposé que nous allons faire maintenant, observons tout d'abord que nos jugements, quant à l'indifférence des Chinois vis-à-vis de leur confort et de leurs aises, sont basés non sur l'étalon oriental, mais bien sur la façon dont nous apprécions nous-mêmes les commodités de l'existence. Nous voulons montrer, en effet, combien, à ce point de vue, l'homme d'Occident diffère de l'Oriental.

Examinons en premier lieu l'habillement du Chinois. En parlant du mépris professé par les Célestes à l'égard des étrangers, nous eûmes déjà l'occasion de faire ressortir que nos modes offrent peu d'attrait au Chinois, mais nous devons admettre également la réciproque. Il nous semble singulier qu'une grande nation accepte la coutume insolite de se raser le devant du crâne, laissant ainsi exposée aux intempéries une partie de la tête que la nature voulait évidemment protéger. Mais puisque les Chinois ont été forcés, sous menace de mort, de s'incliner devant l'ordre impérial et puisque — nous l'avons déjà fait observer — cette mode est devenue un signe et une preuve de loyalisme, il n'est pas besoin d'y arrêter notre attention, ni de rappeler que les Chinois eux-mêmes ne trouvent aucune inconvénient à cette pratique — ceci est de notoriété publique — et n'ont certainement aucune envie de revenir à la tonsure de la dynastie des Ming.

Pareille considération ne s'applique pas à la coutume qu'ont les Chinois de s'en aller tête nue pendant presque toutes les saisons de l'année et, plus particulièrement, en été. La nation entière se meut, par des chaleurs étouffantes, pendant toute la canicule, le bras levé agitant sans répit un éventail qui, en même temps, abrite la tête des rayons du soleil. Les personnes qui se servent d'un parasol pour se garantir de la chaleur sont en petit nombre. Alors que les hommes portent souvent un chapeau lorsqu'ils ont pour cela un motif quelconque, les femmes chinoises, autant que nous avons pu le constater, n'ont d'autre coiffure que celle qui doit leur servir d'ornement et que les Occidentaux jugent peu seyante. D'après les idées chinoises, l'un des rares articles qu'exige le confort, c'est l'éventail, pendant, bien entendu, la saison où un pareil accessoire peut procurer quelque agrément. Il n'est pas rare d'apercevoir en été des coolies, nus ou presque sans vêtements, s'efforçant de remorquer une jonque de sel, tout en s'éventant vigoureusement. Même dans les mains des mendiants on trouve parfois des éventails cassés.

Il est vraiment inconcevable que la civilisation chinoise, civilisation d'un peuple pastoral à l'origine, et qui a toujours fait preuve d'une rare ingéniosité dans l'utilisation des ressources de la nature, n'ait jamais appris à tisser la laine pour en faire des vêtements. A notre connaissance, les parties occidentales de l'Empire font seules exception à cette règle et fabriquent quelques étoffes de laine. Mais il est fort extraordinaire que cette industrie ne se soit pas répandue davantage, étant donné l'importance, surtout dans les régions montagneuses, des troupeaux de moutons.

L'on suppose que dans les temps anciens, avant l'introduction du coton, les vêtements se fabriquaient avec d'autres fibres végétales, telles que le jonc, etc. Quoi qu'il en soit, la nation ne s'habille plus qu'avec du coton. Dans les zones particulièrement froides en hiver, les gens superposent sur eux des vêtements ouatés au point de doubler presque de volume apparent. Si un enfant affublé de la sorte vient à tomber, il lui est parfois aussi difficile de se relever que s'il était encerclé dans un tonneau. Cependant les Chinois ne se plaignent pas de ce système d'habillement fort incommode, et ce qu'ils appelleraient manque de confort serait d'en être privé. Inutile d'ajouter qu'un Anglo-Saxon ne consentirait jamais à se calfeutrer le corps de pareille façon.

Ces lourds habits d'hiver ne comportent aucun vêtement de dessous. Nous nous accommoderions difficilement d'être privés de ces sous-vêtements de laine que l'on peut changer fréquemment. Les Chinois n'éprouvent pas de pareils besoins. Leurs pesants vêtements ouatés entourent le corps comme des sacs superposés et le froid pénètre jusqu'à la peau par les espaces baillants. Le Céleste supporte ces inconvénients, mais pourtant il veut bien reconnaître que ce n'est pas le système idéal. Un vieillard de 66 ans se plaignait d'une mauvaise circulation du sang ; on lui fit cadeau d'une chemise européenne en l'invitant à la porter constamment afin de se préserver du froid. Le lendemain on apprit qu'il l'avait prestement supprimée se prétendant « rôti à mort ».

Les chaussures confectionnées en drap sont toujours poreuses et absorbent la moindre humidité. Ainsi chaussé vous avez, dès que le froid sévit, et de façon permanente, les pieds plus ou moins gelés. Il existe pourtant un genre de bottines huilées et à peu près imperméables mais, comme pour d'autres commodités, peu de personnes s'en servent en raison de la dépense. Il en est de même des parapluies en tant qu'article de protection contre la pluie. Tous ces accessoires sont considérés comme objets de luxe et non pas comme des nécessités. Les Chinois que leurs occupations retiennent en plein air jugent en général peu important, et certainement inutile, de changer de vêtements lorsqu'ils sont trempés jusqu'aux os : ils trouvent beaucoup plus commode de laisser leurs habits sécher sur le corps. Bien qu'admirant nos gants, ils n'en portent pas, et les incommodes mitaines, sans être absolument inconnues, sont d'un usage peu répandu, même dans l'extrême Nord.

L'une des caractéristiques du costume chinois qui nous paraît le plus incommode, c'est l'absence de poches. L'Occidental en exige un grand nombre pour faire face à de multiples besoins. Il lui faut loger carnets, mouchoirs, montre, canif, crayon, trousseau de clefs, porte-monnaie, etc., et chacun de ces objets exige une poche à un endroit déterminé du vêtement. S'il tient à avoir également sur lui un petit peigne, un tire-bouchon, un tire-bouton, un compas minuscule, un miroir de poche, un stylo, nul d'entre nous ne s'en étonnera. Accoutumé à se servir constamment de ces articles, il ne sait s'en passer ; le Chinois, au contraire, ne possède que peu ou nul de ces objets. Si on lui en offrait, il ne saurait où les caser. Son mouchoir, il le fourre dans sa poitrine, tout comme le baby qu'il peut avoir à porter. Qu'on lui confie des papiers importants, il dénouera soigneusement le cordon qui fixe la culotte à sa cheville, y insérera son pli et continuera sa route, à moins qu'il ne porte un double pantalon, dans quel cas il glissera ses papiers entre les deux sans rien dénouer. Mais, en tout état de cause, si l'attache inférieure se relâche, les papiers sont perdus, et cela arrive souvent. Les plis des longues manches lorsqu'elles sont retournées, le fond d'un chapeau relevé, l'espace libre entre le crâne et la casquette remplacent également nos poches ; jusqu'à la cavité de l'oreille qui sert parfois de porte-monnaie aux Chinois désireux d'avoir sur eux un peu d'argent. La sécurité des quelques articles qu'ils emportent dans leurs vêtements dépend surtout de la ceinture à laquelle sont attachées la petite bourse, la blague à tabac, la pipe, etc. ; si la ceinture se détend, tout cet attirail peut se perdre. Les clefs, le peigne pour la moustache, quelque vieille monnaie se fixent à un bouton proéminent du vêtement de dessus, et chaque fois qu'on enlève celui-ci, il faut veiller à ne pas semer tous ces accessoires.

Si l'habillement de jour du Chinois ordinaire nous paraît se prêter à bien des critiques, nous n'avons, par contre, aucune objection à soulever contre son costume de nuit, du moins en ce sens qu'il n'est guère compliqué. En effet, le Céleste se déshabille complètement et après avoir enroulé sa nudité dans un couvre-pieds, il s'endort du sommeil du juste. La chemise de nuit n'existe, ni pour le Chinois, ni pour les Chinoises. Confucius exigeait, paraît-il, que son vêtement de nuit fût aussi long que la moitié de son corps, mais on suppose que, dans le passage invoqué, il est simplement question d'une robe que le Maître portait pendant ses jeûnes. Dans tous les cas, il est certain que les Chinois modernes n'ont pas adopté sa robe de nuit et qu'ils ne jeûnent pas, s'ils peuvent se soustraire à cette obligation. Les nouveau-nés eux-mêmes, dont la peau est si sensible aux changements de température, ne connaissent d'autre abri que les couvertures du lit avec lesquelles la mère les recouvre négligemment et qu'elle soulève toutes les fois qu'elle tient à exhiber sa progéniture. Des savants attribuent à ces absurdes coutumes la mortalité qui sévit de façon effrayante chez les jeunes enfants frappés de convulsions dès le premier mois de leur existence. Dans certaines régions, à mesure que l'enfant grandit, au lieu de lui mettre des couches, on le revêt d'une sorte de sac divisé en deux dans lequel on tasse du sable ou de la terre. Quelle mère européenne ne frémirait d'horreur à l'idée d'un pareil traitement pour son baby ! Ainsi accoutré, l'enfant est posé à un endroit quelconque. Dans les districts où règne cette méthode d'élevage, l'on dit couramment d'une personne qui témoigne de peu de connaissances pratiques, qu'elle n'est pas sortie de ses « culottes de terre ».

L'indifférence des Chinois à l'endroit du confort se montre autant dans leurs maisons que dans leurs vêtements. Et il n'est pas question ici du logis des pauvres gens obligés de subsister comme ils peuvent, mais plutôt des habitations de personnes en état de vivre à leur guise. Les Chinois n'apprécient guère l'ombre que fournissent les arbres plantés autour de leurs immeubles, ils préfèrent s'abriter sous des nattes supportées par des perches. Ceux qui, incapables de s'offrir ce luxe, pourraient au moins avoir dans leur cour un arbre qui donnerait de l'ombre, n'ont jamais songé à cet expédient ; ils aiment mieux des grenadiers ou tout autre arbrisseau décoratif. Lorsque la chaleur a transformé la cour en une étuve, les habitants vont s'asseoir dans la rue et, s'il y fait trop chaud, ils rentrent dans leurs maisons. On voit rarement une porte au Nord, du côté opposé à l'entrée principale placée au Sud : pareille disposition produirait pourtant un courant d'air et atténuerait la souffrance des journées caniculaires. Mais si on interroge un Chinois à ce sujet, il se contentera le plus souvent de répondre : « Nous n'avons pas de porte au Nord ! »

Au-dessus du parallèle de 37°, l'endroit où le Céleste aime à dormir, c'est le *k'ang*, sorte de lit assez élevé, fait de briques de terre et chauffé par le feu qui sert à la cuisine. Si par hasard celui-ci est éteint, le contact du corps avec cette terre froide semble à l'étranger le comble du manque de confort. Si, au contraire, le foyer brûle avec trop d'ardeur, le malheureux se réveillera dans la seconde moitié de la nuit avec la sensation qu'il est en train de rôtir. Dans tous les cas, le degré d'échauffement ne sera pas constant jusqu'au matin. La famille entière s'entasse sur l'aire supérieure de cette sorte de cube dont les joints sont très vite infestés de parasites ; même la réfection annuelle des parois en briques neuves ne met pas les occupants à l'abri de ces hôtes malencontreux, installés à l'état permanent dans toutes les catégories d'habitations.

Du reste, fort peu de Chinois se montrent sensibles à cette gêne ; ils ne font rien pour s'en débarrasser. Les filets dont on se sert contre les moustiques représentent un luxe au-dessus des moyens de la plupart des gens : quelques maisons des villes en sont seules pourvues. Les mouches de sable et autres moustiques constituent de véritables fléaux ; de temps à autre on cherche à s'en débarrasser en brûlant des herbes aromatiques, mais ces pestes qui nous sont insupportables n'agacent pas autant l'autochtone.

La conception que les Chinois se font d'un oreiller prouve une fois de plus combien nous différons du Céleste dans la façon d'apprécier le confort. En Europe, l'oreiller est un sac de plumes destiné à soutenir la tête ; en Chine, il doit caler le cou : ce sera un petit tabouret en bambou, un bloc de bois ou plus communément une brique. Nul Occidental ne se servirait d'un oreiller chinois sans être à la torture ; par contre, aucun Chinois ne supporterait un seul instant le moelleux appui sur lequel nous reposons notre tête.

Nous avons cité comme un cas singulier le fait que les Chinois ne tissent pas la laine. Il est encore plus inconcevable qu'ils ne cherchent pas à tirer parti des plumes que leur fournissent en si grande quantité les poulets qu'ils consomment. Rien ne serait plus facile que de faire des lits de plume qui reviendraient à peu de chose, et pourtant, en dépit de leur stricte économie, les Chinois laissent perdre cette ressource. Seuls les étrangers achètent des plumes ; quant aux indigènes, ils fixent les plus grandes au bout d'un bâton en guise de plumeau. Dans la Chine occidentale, on les tasse quelquefois en une couche épaisse sur les semis de blé et sur les fèves pour soustraire ceux-ci à la rapacité des oiseaux.

En Occident, le lit idéal doit être à la fois élastique et ferme : le meilleur type en est peut-être celui que l'on fait avec un sommier métallique d'un usage si répandu aujourd'hui, mais lorsque l'un des beaux hôpitaux de la Chine fut pourvu de ces articles de luxe, le médecin qui, dans sa bonté, avait eu l'heureuse idée de meubler ainsi ses locaux, s'aperçut bientôt que, dès qu'il tournait le dos, les malades qui en avaient la force se glissaient hors de leurs couches élastiques et s'étendaient par terre où ils se sentaient plus à l'aise.

Les maisons chinoises sont toujours fort mal éclairées le soir. Les huiles végétales en usage exhalent une odeur extrêmement désagréable et ne procurent pas une lumière suffisante pour percer l'obscurité des pièces. L'on reconnaît les gros avantages du pétrole épuré, mais malgré tout, l'on continue dans beaucoup de régions à se servir d'huiles extraites de graines de coton et autres. Le kérosène succomba devant une force d'inertie conservatrice, doublée de la plus profonde indifférence pour le confort qu'aurait procuré un meilleur éclairage.

Les meubles chinois frappent l'Occidental par leur manque de commodité et de confort. Au lieu des larges bancs sur lesquels nos ancêtres avaient coutume de se reposer, les Chinois se contentent de planches étroites, imparfaitement calées, de sorte que l'on est exposé à culbuter en s'asseyant à une extrémité, s'il n'y a pas déjà quelqu'un d'installé à l'autre bout. Parmi les nations de l'Asie, seuls les Chinois connaissent l'usage de la chaise, mais, d'après nos idées, leurs chaises sont des modèles d'inconfort. Quelques-unes rappellent les types en usage en Angleterre aux temps d'Élisabeth et de la reine Anne, hautes, le dos droit, essentiellement anguleuses. Les plus ordinaires peuvent supporter des individus pesant

CHINOIS JOUANT AUX CARTES.

jusqu'à 250 livres, mais la solidité de ces meubles ne correspond nullement à leur aspect massif, ils tombent très vite en morceaux.

Ce que les Occidentaux reprochent le plus aux habitations chinoises, c'est certainement l'humidité et le froid. Une erreur radicale préside à l'établissement de ces constructions pour lesquelles on économise de façon abusive sur les fondations ; aussi l'humidité y pénètre-t-elle facilement et y règne-t-elle à demeure. Des aires en terre battue ou un carrelage en briques mal cuites ont pour conséquence un manque complet de confort en même temps que d'hygiène. Les portes, non jointives, et qui reposent simplement sur un pivot, ne ferment pas hermétiquement ; leurs doubles battants laissent pénétrer l'air froid par le haut, par le bas et le long des côtés. Même lorsque ces vides sont recouverts d'un fort papier collé, la porte n'offre jamais qu'une protection insuffisante contre les assauts de la bise glaciale, d'autant plus que le Chinois est réfractaire à l'idée d'une porte fermée. Le placard qu'un homme d'affaires avait fixé sur la porte d'entrée de son bureau : « Chacun ferme la porte, excepté vous ! » serait en Chine un gros mensonge, car personne ne se soucie de cette précaution. Enfin les ouvertures sont si basses qu'une personne de taille ordinaire doit toujours se courber pour entrer et sortir sous peine de se cogner la tête.

Les fenêtres en papier ne protègent ni contre la pluie, ni contre le vent, pas plus que contre le soleil, la chaleur ou la poussière. Les persiennes sont rares et, lorsqu'il en existe, le Chinois les ferme rarement.

Dans la plupart des maisons, le matériel de cuisine se réduit à un seul ustensile, une espèce de grande cuvette en fer de la capacité d'une dizaine de litres au moins. L'on n'y cuit à la fois qu'un seul genre d'aliments et, pendant la préparation des repas, il est impossible d'obtenir de l'eau chaude. Les menues tiges et l'herbe qui servent de combustible doivent sans cesse être poussées sous le chaudron par une personne accroupie devant le foyer. Tel est le mode de cuisine le plus répandu. La vapeur, la fumée emplissent la pièce au point d'aveugler et d'étouffer un étranger, mais les indigènes semblent indifférents à ces incommodités, bien qu'ils n'ignorent pas la gravité des maladies d'yeux provoquées par une pareille atmosphère.

Jamais l'Occidental ne trouvera, en hiver, de bien-être dans une habitation chinoise, en raison du manque de chaleur artificielle. La grande majorité des gens, même dans les régions où l'hiver est rigoureux, ont pour tout chauffage les quelques calories obtenues par le combustible que l'on consomme pour la cuisine et qui se communiquent au *k'ang*. Les Chinois apprécient tellement le confort du *k'ang* que les femmes en parlent parfois comme de leur « propre mère. » Mais bien que son aire supérieure représente l'endroit où l'on souffre le moins du manque de confort, le *k'ang* ne saurait remplacer pour nous la douce chaleur que fournit une cheminée ou un poêle. Dans les régions où le charbon devient d'un prix abordable, il est utilisé comme combustible familial mais, par rapport à l'étendue de la Chine, ces coins privilégiés sont rares. Du reste, la fumée s'échappe toujours dans la pièce qui s'emplit peu à peu d'oxyde de carbone. Les gens aisés eux-mêmes emploient parcimonieusement le charbon de bois dont la combustion, dans les conditions mentionnées ci-dessus, présente les mêmes dangers que la houille. Les maisons sont, en somme, si peu confortables que, même chez eux, les Chinois portent, lorsqu'il fait froid, tous les vêtements qu'il leur est possible d'endosser. Quand ils sortent, ils n'ont plus rien à ajouter. « Avez-vous froid ? leur demandons-nous. — Bien sûr ! » répondent-ils le plus souvent. Ils n'ont jamais connu, dans toute leur vie, les bienfaits de nos modes de chauffage. Pendant l'hiver, leur sang peut se comparer à l'eau des rivières, congelée à la surface et laissant écouler très lentement au-dessous un mince filet d'eau. A considérer ces caractéristiques de l'habitat chinois, il n'est pas surprenant qu'un Taotaï, qui avait voyagé à l'étranger, fit la remarque qu'aux États-Unis les prisonniers étaient mieux logés dans leurs prisons que lui-même dans son yamen.

Nous avons déjà signalé l'indifférence que professent les Chinois pour l'entassement et le bruit. Dès que la température s'abaisse, les Chinois se pressent les uns contre les autres, afin d'avoir un peu chaud. Même en pleine canicule, il n'est pas rare de voir des bateaux chargés de tant de voyageurs qu'il doit être impossible de s'asseoir et surtout de s'allonger. Aucun Occidental ne pourrait supporter une pareille agglomération ; les Chinois ne semblent pas s'en soucier. De même l'Occidental évitera autant que possible la contigüité des maisons ; il aime de l'espace libre autour de son home, l'aération du logis est ainsi meilleure et il se sent davantage chez lui. Ces deux questions ne préoccupent le Chinois à aucun degré ; il semble même ne pas apprécier ces conditions salutaires si, par hasard, elles se réalisent. Le moindre petit village chinois est bâti sur le plan d'une ville qui n'aurait pas de plan : les habitations sont contigües les unes aux autres comme si le terrain avait une grosse valeur. Il en résulte une hausse importante du prix du sol dans les villages comme dans les villes, quoique pour des raisons tout à fait différentes. De là proviennent ces cours exigües, ces logis insuffisants, un entassement malsain, même lorsqu'il existe tout à côté du terrain libre et d'un prix abordable.

Le voyageur indigène installé dans une auberge s'amuse de l'agitation qui accompagne l'arrivée des longs convois de charrettes, puis il s'endort dès qu'il a avalé son repas du soir. Son compagnon de route, venu des pays d'Occident, demeure éveillé une partie de la nuit, écoutant une soixantaine de mules ronger leurs attaches, se décocher des ruades, et agacé de mille bruits divers qui persistent tant qu'il n'a pas succombé à la fatigue et au sommeil. Mais ce concert ne serait pas complet sans les aboiements continuels d'une nuée de chiens ; de plus, il n'est pas rare de compter jusqu'à cinquante ânes dans une cour d'auberge et l'on imagine la cacophonie qui en résulte. Les Chinois, ainsi que l'a dit le P. Huc, n'ignorent pas que l'on peut empêcher cet animal de braire en suspendant une brique à sa queue, mais nous n'avons jamais encore entendu dire que ce procédé se soit vulgarisé. Du reste, l'explication en est simple. Peu importe au Céleste que cinquante ânes braient individuellement, simultanément ou pas du tout. Quel est l'Européen qui pourrait demeurer neutre dans cette question ? Or cette indifférence n'est pas spéciale à telle couche sociale du monde jaune : pour n'en citer qu'un exemple, la femme du premier ministre chinois possédait à un moment donné dans son palais une centaine de chats !

Il faut imputer à la religion bouddhiste la répugnance des Célestes à mettre un terme à la misérable existence des chiens errants, la plaie de toute ville chinoise ; pourtant ce trait de caractère est plutôt oriental que chinois. Mr. K. Ross Browne, jadis ministre des États-Unis à Pékin, a publié un récit de voyages en Orient extrêmement intéressant et illustré d'après des dessins de l'auteur lui-même. L'une de ces gravures représentant un congrès de chiens galeux et misérables avait pour titre : « Vue générale de Constantinople » ; bien des villes chinoises pourraient s'y reconnaître. Les Célestes ne paraissent guère incommodés par cette immense armée de chiens hargneux qui aboient sans cesse ; ils n'attachent pas non plus une grande importance à la rage, danger permanent, et qui sévit fréquemment chez ces animaux. Lorsqu'un homme est mordu, le remède dont on se sert le plus souvent consiste à introduire quelques poils de la bête dans la plaie béante, analogie curieuse avec la coutume qui devait être à l'origine du proverbe bien connu en Occident : « le poil de ce même chien causera la guérison. » Quant à tuer le chien, on n'en a cure.

La plupart des exemples déjà fournis prouve combien les Chinois dédaignent le confort. Encore pourrait-on en citer bien d'autres mettant en évidence le peu de cas qu'ils font de leurs aises : quelques-uns suffiront. Les Célestes se targuent d'être une nation lettrée — *la* nation lettrée par excellence. Le pinceau, le papier, l'encre, le bâton dit d'encre de Chine sont appelés les « quatre objets précieux » et leur présence dans une pièce en fait une « chambre littéraire ». Il est à remarquer qu'aucun de ces objets ne se porte sur soi, l'on n'est pas assuré de les trouver sous la main quand on en a besoin et nul d'entre eux ne peut servir s'il ne voisine avec un cinquième élément indispensable, l'eau dans laquelle doit être délayé le bâton d'encre. Enfin le pinceau qu'il faut rendre très souple est d'un emploi difficile, il demande une main experte, et dure relativement peu de temps. Or, les

Chinois n'ont pas d'autre moyen d'écrire : le crayon à la mine de plomb leur est inconnu et en posséderaient-ils qu'ils n'ont pas de canif pour le tailler, pas plus qu'ils ne disposent d'une poche dans laquelle serrer ce petit outil.

En soulignant l'esprit d'économie des Chinois, nous nous sommes efforcé de rendre justice à cette grande habileté qui leur permet d'obtenir des résultats excellents avec des moyens très restreints, mais il n'en est pas moins vrai que ces gens n'ont aucune notion de l'économie de peine ou de travail, économie qui joue un si grand rôle en Occident. Chez nous, dans un hôtel moderne, on n'a qu'à pousser ou à tirer quelque chose pour obtenir ce que l'on désire, de l'eau chaude ou froide, de la lumière, du feu, du service. Mais la plus belle hôtellerie des dix-huit Provinces, comme toutes celles de second ordre, impose au voyageur, lorsqu'il a besoin de quoi que ce soit, d'aller jusqu'à la porte extérieure de son appartement et de crier à tue-tête, dans le vain espoir de se faire entendre.

Bien des articles d'un usage courant ne peuvent s'obtenir sur une simple demande, il faut attendre la venue assez irrégulière d'un marchand. A de certains moments, l'on pourrait tout aussi bien se croire en plein Soudan, tout au moins en ce qui concerne les approvisionnements les plus vulgaires. En ville, chacun circule muni d'une lanterne ; et cependant dans quelques régions, l'on ne peut se procurer ces ustensiles que lorsque le colporteur en apporte. La population qui vit dans les villes se tire d'affaire sans trop de peine, mais dans les campagnes, cette restriction des petits trafics est la règle et non pas l'exception. Dans certains districts par exemple, l'on a l'habitude de vendre le bois de construction pendant la deuxième lune ; les mêmes solives sont parfois traînées de foire en foire jusqu'à ce qu'elles trouvent acquéreur, sinon elles retournent à leur point de départ. Mais si une personne peu au courant des usages a la naïve prétention de vouloir acheter du bois pendant la cinquième lune, elle vérifiera à ses dépens la maxime du plus sage des Orientaux : « Toute chose a son heure en ce monde. »

En parlant de l'économie, nous avons dit que la plupart

des outils ne pouvant s'obtenir à l'état complet, le consommateur devait en acheter séparément les différents éléments, après les avoir fait établir à sa convenance : notre esprit pratique n'admet pas de pareils usages.

L'auteur de ce livre commanda un jour à son domestique d'acheter une hache pour fendre le bois. Impossible d'en trouver ; le coolie revint au logis avec 14 grands fers à ferrer (d'importation étrangère) au moyen desquels un maréchal ferrant forgea quelque chose qui ressemblait à un pic de mineur ; un menuisier y ajusta une sorte de manche et, finalement, la dépense totale fut supérieure à ce qu'aurait coûté une bonne cognée de fabrication étrangère.

Le manque absolu de mesures sanitaires est l'une des incommodités qui, dans le Céleste Empire, frappe le plus l'homme d'Occident. Toutes les fois que l'on tenta, comme à Pékin, d'établir un système de drainage, le mal qui en résulta fut pire que celui auquel on prétendait remédier. Pour aussi longtemps qu'il ait résidé en Chine, l'étranger se sent incapable de résoudre cette intéressante question si souvent débattue : Quelle est la ville la plus sale de l'Empire ? Un voyageur qui venait de visiter les provinces du Nord déclarait devant un habitant d'Amoy qu'au point de vue des mauvaises odeurs, aucune ville du Sud ne pouvait concurrencer celles du Nord. Pour trancher la question, les deux interlocuteurs parcoururent Amoy en long et en large et ils durent constater partout une propreté tout à fait inespérée... pour une ville chinoise. Jaloux de prouver la prééminence de sa cité, le citoyen d'Amoy prétendit être handicapé, attendu qu'une forte pluie venait de laver tout récemment les rues ! Le touriste se figure avoir découvert le maximum de saleté lorsqu'il visite Foochow : il en est certain après être passé à Ningpo et doublement certain en voyant Tien-tsin. Cependant, en dernière analyse, il changera peut-être d'avis lorsqu'il se sera rendu compte, en toute impartialité, que Pékin a droit à la première place en fait de malpropreté !

Lorsque l'observateur étranger examine les inconvénients de la civilisation chinoise, trois points retiennent plus particulièrement son attention : le manque de facilités postales, le

mauvais état des routes et les défectuosités de la circulation
monétaire. Il existe assurément en Chine des entreprises
privées qui se chargent de transporter les lettres et les paquets
d'un endroit à l'autre, mais leur service est extrêmement
limité et, eu égard à l'étendue du pays, les régions ainsi
desservies sont insignifiantes. Nous avons déjà parlé des
routes lorsque nous avons étudié l'esprit public. Sur une
montagne près de Shantung, il existe un chemin taillé en
plein roc, mais il est si étroit que les voitures ne peuvent se
doubler, ni se croiser. Des gardes stationnent aux deux
extrémités et le trafic se fait le matin dans un sens, l'après-
midi dans l'autre ! Un double motif retient le Chinois confiné
dans son logis lorsqu'il fait mauvais temps : son costume —
et en particulier ses chaussures que nous avons déjà décrites,
— les routes sur la viabilité desquelles nous sommes suffisamment fixés. Dans les pays d'Occident nous qualifions
assez durement la personne qui ne sait pas se mettre à l'abri
de la pluie, mais en Chine l'on traiterait plutôt d'inintelligent
l'individu qui n'en sait pas assez pour rester à la maison
lorsqu'il tombe de l'eau au dehors.

L'un des caractères les plus communs de la langue chinoise,
usité pour indiquer une *nécessité impérative*, se compose de
deux parties qui signifient : « arrêté par la pluie. » A l'exception peut-être du personnel des services officiels, l'on ne
pourrait persuader à aucun être humain qu'on puisse avoir
quelque fonction à remplir lorsque l'atmosphère extérieure
est saturée d'humidité : il faudrait pour cela trépaner la
plupart des crânes chinois. Nous avons entendu parler d'un
fort chinois très solidement établi, situé en un point straté-
gique extrêmement important, qui possède un armement
moderne des plus complets, canons Krupp, etc., et dont la
garnison comprenait des troupes bien exercées. Au moment
d'une forte pluie les sentinelles se retirèrent dans les corps
de garde ; pas une seule ne demeura à son poste. Ces soldats
venaient d'être « arrêtés par la pluie ». Le massacre de Tien-
tsin en 1870 eût été bien plus atroce encore si une pluie dilu-
vienne n'était venue fort à propos décourager les énergumènes
en marche vers les concessions étrangères. Une ondée porta-

tive constituerait un moyen de défense des plus sûrs pour le voyageur perdu dans les régions xénophobes de l'Empire. Nous osons affirmer qu'un jet d'eau froide lancé par un tuyau de 2 pouces disperserait en cinq minutes la populace la plus enragée qu'un étranger ait jamais pu voir en Chine. La mitraille serait beaucoup moins efficace, car bien des gens s'arrêteraient pour en ramasser les morceaux alors que l'eau froide est une chose pour laquelle le Céleste professe, depuis l'époque de la dynastie des Han, une aversion aussi invétérée que le chat. Qu'elle soit administrée à l'intérieur ou à l'extérieur du corps, il la considère comme également funeste.

Quant à la question de la monnaie chinoise, elle demanderait non pas un court paragraphe, mais un volume entier d'explications. Les excentricités chaotiques du système monétaire conduiraient à la folie, en moins d'une seule génération, toute nation d'Occident, ou plus probablement, ces maux gigantesques se guériraient rapidement eux-mêmes. En parlant du mépris des Chinois pour la précision, nous avons mentionné quelques-uns des défauts les plus saillants de la monnaie indigène. Une somme de cent pièces n'est pas cent, une de mille n'est pas mille, mais chacune d'elles correspond à un nombre tout à fait incertain que l'expérience seule vous aidera à débrouiller. Dans les régions sauvages de l'Empire, une pièce compte pour deux dans les nombres supérieurs à 20 : en d'autres termes, quand on vous annonce un paiement de 500 en argent comptant, il faut entendre qu'on n'en remettra que 250, moins encore une réduction locale qui varie sans cesse dans chaque endroit. Il se trouve toujours dans la menue monnaie des pièces fausses, ce qui provoque inévitablement des disputes entre les marchands. A des intervalles irréguliers, les autorités locales se préoccupent de cet avilissement de l'argent et elles lancent des édits sévères contre de pareils abus. Excellente occasion pour l'essaim de subalternes employés dans le yamen du magistrat de faire chanter tous les marchands d'argent du district et de rendre plus ou moins difficiles les transactions commerciales. Les prix montent immédiatement afin de satisfaire à la nécessité temporaire d'avoir de l'argent sain. Dès que les réserves paraissent épuisées — on ne va pas jusqu'au fond des caisses — la mauvaise monnaie reparaît, mais les prix ne baissent plus. Ainsi la coutume, impossible à réprimer, par laquelle la mauvaise monnaie fait fuir la bonne, exerce toujours son action. La condition de l'argent empire de plus en plus jusqu'au jour — il en est ainsi dans la province de Honan — où chacun s'en va au marché avec deux assortiments de monnaies complètement différentes : l'un comprend le mélange ordinaire de pièces fausses avec des vraies, l'autre est fait de pièces fausses. Certains articles ne se règlent qu'avec celles-ci ; quant aux autres articles, c'est affaire d'entente entre les intéressés, car il existe ici deux prix courants.

L'argent chinois provoque un lucre démoralisant, et contamine tous ceux qui s'en servent. Le cordon retenant 500 ou 1.000 pièces (nominalement) peut très facilement se rompre et c'est un gros travail que de les compter et de les enfiler à nouveau. La monnaie courante de cuivre n'est pas d'un poids fixe, mais elle est volumineuse et très lourde : il en faut 8 livres pour faire un dollar mexicain. Personne ne peut emporter sur soi plus de quelques centaines de sapèques que l'on renferme dans des petits sacs suspendus à la ceinture. Si l'on a besoin d'une somme plus forte, il faut prendre des mesures spéciales pour la transporter. Les pertes sur les transactions en lingots d'argent sont toujours considérables, et la personne qui procède de la sorte est infailliblement trompée dans la vente aussi bien que dans l'achat. Si elle emploie des billets fournis par les maisons de change, la difficulté ne disparaît guère puisque le papier délivré dans une région n'a pas cours dans la voisine, à moins qu'il n'y soit accepté avec un gros escompte, et la personne à laquelle il échoit en dernier lieu a encore la perspective, lorsqu'elle en demandera le remboursement, de se batailler avec les harpies du bureau émetteur qui discutent à l'infini sur la nature de l'argent avec lequel ces effets seront payés. L'on s'étonne à bon droit que les Chinois puissent traiter des affaires dans de pareilles conditions ; mais ils sont si accoutumés à ces désagréments qu'ils semblent à peine s'en apercevoir, et les plaintes sérieuses formulées à ce sujet émanent toujours des étrangers.

En traversant un village chinois, il arrive fréquemment au voyageur d'apercevoir un âne couché à terre de tout son long, tirant sur la longue corde de son licol fixée à un poteau. Au lieu de demeurer proche du point d'attache, l'âne aime mieux s'en éloigner autant que le permet la longueur de sa longe, et l'on voit la bête étendue à terre, comme étranglée, avec sa tête tordue à 45° de son épine dorsale. L'on se demande comment elle ne se casse pas le cou et quel plaisir elle peut éprouver à reposer dans une attitude qui semble si incommode: un confrère d'Occident n'y tiendrait pas ! Le lecteur qui a bien voulu nous suivre jusqu'ici se rappellera que la race chinoise, bien que vivant dans des conditions matérielles qui ne valent guère mieux qu'une demi-strangulation, se figure jouir d'un honnête confortable, ce qui revient à dire que l'idéal de confort et de commodité des Chinois diffère essentiellement du nôtre, telle est bien la proposition que nous avons voulu démontrer. Le Chinois a appris à s'accommoder de ce qui l'entoure, il se soumet avec une patience exemplaire aux impedimenta de son existence, sachant bien qu'ils sont inévitables.

Il n'est pas rare d'entendre des personnes très au courant des Chinois et de leurs habitudes, telles que nous venons de les examiner, prétendre doctement que les Célestes ne sont pas civilisés. Ce jugement, superficiel et inexact, provient d'une grave erreur qui fait confondre la civilisation avec le confort. En considérant les conditions actuelles de la Chine — et elles n'ont guère changé depuis 300 ans — il est prudent de ne pas perdre de vue les changements par lesquels nous avons nous-mêmes passé, seule façon, à notre avis, de faire une comparaison exacte. Nous ne pouvons remonter par la pensée à l'Angleterre de Milton, de Shakespeare et d'Élisabeth et nous dire que ce n'était pas un pays civilisé ; il n'en est pas moins certain que nous ne pourrions aujourd'hui supporter les coutumes de cette époque.

Il serait superflu de rappeler les causes multiples et complexes qui amenèrent en Grande-Bretagne les changements étonnants des trois derniers siècles. Cependant la révolution radicale qui s'est effectuée au cours des cinquante dernières années dans l'idéal du confort et de la commodité est encore plus surprenante. Si nous nous trouvions forcés de revenir au genre de vie de nos arrière-grands-pères, ce serait vraiment à se demander si la vie vaut encore la peine d'être vécue : les temps ont changé et nous avons changé avec eux. En Chine, au contraire, les temps n'ont pas changé, et les gens pas davantage. L'idéal de confort et de bien-être ne diffère guère aujourd'hui de celui dont les Chinois se sont contentés depuis des siècles. S'il surgit des conditions nouvelles, cet idéal se modifiera inévitablement. Cependant, il ne faut ni compter, ni désirer qu'il reste toujours pareil à celui auquel nous nous sommes accoutumés.

CHAPITRE XVI

VITALITÉ PHYSIQUE

Cette vitalité physique qui constitue un arrière-plan si important aux autres traits caractéristiques des Chinois mérite d'être envisagée pour elle-même. On peut l'examiner sous quatre aspects différents : le pouvoir reproductif de la race, sa facilité d'adaptation aux conditions les plus diverses, la longévité qui en découle et enfin sa puissance de récupération.

La première impression que l'étranger ressent devant les phénomènes de la vie chinoise, c'est celle de la surabondance. La Chine semble surpeuplée et elle l'est en réalité. Le Japon produit le même effet, quoique point n'est besoin de posséder un sens très aigu d'observation pour s'apercevoir que la densité de la population des Iles nippones ne saurait se comparer à celle de la Chine : sous ce rapport, l'Empire du Milieu ressemble plus aux Indes que n'importe quel autre pays. Mais les habitants des Indes, tout comme les langues qu'on y parle, sont nombreux et variés tandis que la population de la Chine, à quelques exceptions près qui n'affectent pas nos conclusions, est un tout homogène. Nous retrouvons cette première impression d'une population surabondante dans tous les coins de ce vaste Empire. Là où la population est réellement clairsemée, on en découvre sans peine la raison. Les terribles rébellions des Taïpings, suivies de la révolte des Musulmans — celle-ci moins destructive — aggravées encore par la famine presque sans précédent qui sévit dans cinq Provinces au cours des années 1877-78, diminuèrent la population de plusieurs millions de têtes. En Chine, les ruines causées par la guerre ne sautent pas aux yeux comme dans les pays d'Occident, en raison de la grande répugnance qu'éprouvent les Célestes à déserter leur foyer ancestral pour aller se fixer dans un pays nouveau pour eux. Néanmoins il n'est pas difficile de s'apercevoir que les forces dévastatrices ne sont pas aussi puissantes que l'effort réparateur. Avec quelques dizaines d'années de paix et de bonnes récoltes, la plupart des régions de la Chine pourraient se remettre des désastres — tel est du moins notre avis — qui ont frappé le pays si lourdement pendant un siècle. Les moyens de récupération sont faciles à découvrir. Dès l'abord, n'est-on pas frappé dans tous les coins de l'Empire chinois, par la multitude d'enfants qui pullulent jusque dans la moindre impasse des villages ? Il est vraiment merveilleux que la société chinoise réussisse à nourrir et à vêtir une telle armée de petits êtres, toutes réserves faites sur la façon dont ces enfants sont nourris et vêtus. Il semble, à dire vrai, que la pauvreté ne tend pas à diminuer la population chinoise.

Le seul obstacle réel et permanent à son accroissement paraît résulter de l'usage de l'opium, véritable ennemi de la race jaune, aussi mortel que la guerre, la famine ou la peste. Pour se faire une idée de la puissance multiplicatrice des Chinois, il n'est nullement nécessaire de supposer qu'il existe en Chine une population beaucoup plus nombreuse, par unité de surface, que dans les autres pays. Admettons même le chiffre de 250 millions, estimation la plus faible, le point se trouve suffisamment établi, car la question n'est pas tant le nombre des habitants que le taux d'accroissement de chaque famille. En l'absence de toute statistique sérieuse, nous ne pouvons arriver qu'à des conclusions très générales et nécessairement approximatives, pourtant il est difficile de commettre une grosse erreur. Le Chinois se marie tôt et, après l'amour de l'argent, sa passion dominante est d'avoir une postérité nombreuse.

Comparez l'accroissement de la population jaune avec les conditions du peuple de France où le taux des naissances est le plus bas de toute l'Europe et provoque, d'après les derniers recensements, une diminution constante du nombre des Français. Cette situation crée les craintes les plus sérieuses pour l'avenir de cette grande nation. Chez les Chinois, au contraire, il n'y a pas plus d'indices de décroissance que chez les Anglo-Saxons. Par le premier des Commandements donnés à l'Humanité naissante, Dieu recommanda aux hommes de « croître et multiplier ». Ainsi que le constatait un savant professeur, ce Commandement « a été suivi, et c'est le seul ordre divin auquel on ait obéi » — dans nul autre pays plus rigoureusement qu'en Chine.

Nous savons que l'Empire chinois s'étale largement tant en latitude qu'en longitude ; il comprend toutes les variétés de climat, de terrain et de productions, et l'indigène y prospère, que ce soit en pays tropical, arctique ou tempéré. Les différences que l'on observe semblent provenir du caractère même de la région, de sa capacité à soutenir sa population, plutôt que d'une différence foncière dans la faculté des gens à s'adapter plus facilement à une région qu'à une autre. Les Chinois qui émigrent viennent d'une zone assez étroite située dans les provinces de Kuangtung et de Fukien, mais partout où ils vont, aux Indes, en Birmanie, au Siam, aux Indes orientales ou occidentales, dans les îles du Pacifique, en Australie, au Mexique, aux États-Unis, dans l'Amérique centrale ou dans celle du Sud, nous entendrons toujours dire qu'ils se plient à l'ambiance, quelle qu'elle soit, avec une rapidité bien faite pour nous surprendre. Par contre, ils s'adaptent si vite et si complètement, leurs qualités de travail sont tellement supérieures à celles des autochtones, leur solidarité et leur puissance de cohésion si merveilleuse que l'on soutient partout qu'il serait nécessaire pour la sécurité du reste de la race humaine « d'expulser les Jaunes ». Dans ces conditions, il est certainement très heureux, en ce qui concerne la paix d'esprit de la grosse portion de l'humanité qui n'est pas chinoise, que les Célestes ne pratiquent pas l'émigration sur une trop grande échelle. Si la partie orientale du Continent asiatique était aujourd'hui débordante d'êtres aspirant à porter leurs énergies sur d'autres coins de la planète, ainsi que ce fut le cas pour l'Asie centrale du Moyen-Age, il est difficile de prévoir ce qu'il adviendrait de chacun de nous, ou de notre théorie d'après laquelle seuls les hommes les mieux équipés survivent aux plus faibles.

Les statistiques font défaut, aussi ne pouvons-nous nous faire une idée précise de la longévité du Chinois. Tous les observateurs s'accordent à déclarer que les vieilles gens abondent dans toutes les parties de l'Empire. Les personnes âgées sont toujours traitées avec beaucoup de respect. L'on considère comme un immense honneur d'atteindre un âge avancé : c'est pour le Chinois la première des cinq Félicités. Les annales familiales sont tenues avec soin, on y enregistre les dates des naissances et des morts, jusqu'à l'heure même du décès : ces relevés fourniraient des indications précieuses si la méthode de décompter les années n'était pas, ainsi que nous avons déjà eu l'occasion de le remarquer, assez lâche et inexacte. D'après les témoignages fournis par les tablettes des tombes, la longévité serait grande dans les classes moyennes, mais, si l'on en excepte les régions où la pierre abonde, ces tablettes sont rares, et l'on ne saurait en tirer des conclusions générales de quelque valeur.

L'on n'entend pas souvent parler de Chinois centenaires, il serait cependant aisé de découvrir un nombre considérable d'octogénaires et de nonagénaires, à condition de rémunérer convenablement les opérations de statistique. A tout prendre, il est surprenant de rencontrer dans le peuple, qui constitue en somme le gros de la population, tant de personnes d'un âge très avancé, étant donnée la médiocrité de leur alimentation. Des statistiques sérieusement établies montrent qu'en Occident, la durée moyenne de la vie ne fait que s'accroître, grâce à l'attention de plus en plus grande accordée aux soins de l'hygiène, aux précautions prises contre les maladies et au perfectionnement de leur mode de traitement. Il faut, d'autre part, ne pas perdre de vue qu'en Chine les conditions de l'existence ne semblent pas avoir beaucoup varié depuis l'époque où Christophe Colomb découvrit l'Amérique. Si la science médicale et sociale pouvait faire pour la Chine ce qu'elle accomplit en Angleterre au cours des cinquante dernières années, le nombre des Célestes très âgés augmenterait certainement dans une forte proportion.

La complète ignorance des lois de l'hygiène qui caractérise presque tous les Chinois — et le mépris qu'ils affectent pour ces mêmes lois lorsqu'on les leur a apprises, sont bien connus de tous les étrangers habitant la Chine. C'est pour nous un véritable problème que d'arriver à comprendre pourquoi les diverses maladies résultant de cette ignorance et de ce défi permanent aux lois de la nature, n'exterminent pas radicalement la race jaune. Bien qu'une multitude de personnes succombent à des maladies qui pourraient être aisément évitées, le fait que le nombre de ces victimes de l'incurie n'est pas encore plus considérable prouve que les Chinois jouissent d'une merveilleuse aptitude pour résister à la maladie et s'en remettre. L'empressement de ces gens à risquer leur vie sur la moindre provocation est chez eux un trait aussi caractéristique que la tenacité avec laquelle ils s'accrochent à l'existence.

En l'absence de statistiques sérieuses qui nous seraient si utiles, nous devons nous en rapporter aux relevés établis par les étrangers, lesquels prennent de plus en plus d'importance et de valeur à mesure que s'accroît le nombre des dispensaires et des hôpitaux dirigés par des docteurs étrangers.

Analyser et classer les rapports médicaux publiés dans une seule année dans le but d'illustrer la puissance de récupération de la race jaune serait une tâche particulièrement utile et qui permettrait de fournir des conclusions basées sur l'expérience. Mais nous nous contenterons de citer quelques cas concrets dont les deux premiers sont personnellement connus de l'auteur de ce livre ; quant au troisième, il est cité dans les comptes rendus publiés par un grand hôpital de Tien-tsin : ces exemples ont d'autant plus d'autorité que ce ne sont pas des cas isolés ou exceptionnels ; quelques-uns de nos lecteurs en auront certainement observé d'analogues.

Il y a bien des années, alors que l'auteur vivait dans une famille chinoise, il entendit, un après-midi, des cris horribles qui semblaient sortir d'une ruche placée sous ses fenêtres.

Un jeune enfant, âgé de 14 mois, jouait dans la cour et, en apercevant l'orifice à fleur de sol de la ruche qui lui fit l'effet d'une agréable chambre pour jouer, il se glissa imprudemment à l'intérieur. La tête de l'enfant entièrement rasée était toute rouge. Les abeilles, sans doute irritées d'une pareille intrusion dans leur home, peut-être aussi prenant ce jeune crâne pour une pivoine, s'abattirent en masse sur cette proie, la piquant à qui mieux mieux. Avant qu'on eût réussi à délivrer la victime, la tête portait déjà trente coups de dard très visibles. L'enfant ne cria que pendant quelques instants après qu'on l'eut retiré de la ruche, et, dès qu'il fut déposé sur le « k'ang », il s'endormit. Faute de tout médicament, l'on ne fit aucun pansement. Le malade passa une très bonne nuit et le lendemain il ne restait plus trace d'enflure.

En 1878, un roulier au service d'une famille étrangère de Pékin fut atteint de la fièvre typhoïde, épidémie qui fit à cette époque un grand nombre de victimes. Le treizième jour, moment critique de la maladie, cet homme qui venait d'être vraiment très malade, fut pris d'un violent accès de colère et, au cours de la crise, déploya une force égale à celle de plusieurs hommes. Trois personnes occupées à le maintenir en place s'épuisaient à cette tâche. Le soir on se décida enfin à le lier sur son lit pour l'empêcher de se sauver. Mais, tandis que ses gardes, éreintés, s'endormaient, il réussit à détacher les cordes et à s'enfuir au dehors complètement nu. A 3 heures du matin seulement, l'évasion fut signalée ; on se mit aussitôt à fouiller les environs, sondant même des puits dans lesquels il aurait pu tomber ; finalement on découvrit ses traces sur le mur d'enceinte, haut de 10 pieds, qu'il avait réussi à escalader en grimpant sur un arbre voisin. Après s'être retrouvé à terre de l'autre côté du mur, il s'était dirigé vers le fossé qui borde intérieurement la grande muraille, laquelle sépare à Pékin la ville chinoise de la ville tartare. C'est là qu'on le retrouva deux heures plus tard, coincé entre les tiges de fer qui barrent le petit aqueduc traversant le mur. Il avait supplié le matin les gardes de le conduire en cet endroit afin de pouvoir y rafraîchir sa fièvre ; aussi se trouvait-il sans doute dans cette position depuis un certain temps. Lorsqu'on le ramena à la maison, la fièvre était complètement tombée. Quoique souffrant d'un rhumatisme à la jambe, il n'en guérit pas moins après une longue convalescence.

Un habitant de Tien-tsin, âgé de trente ans environ, gagnait sa vie en ramassant les obus tombés sur le champ de tir des artilleurs chinois. Un jour, il voulut dévisser une fusée, mais le projectile explosa en lui enlevant une partie de la jambe gauche. A l'hôpital, on dut l'amputer au-dessus du genou. Cependant l'accident ne fit pas renoncer notre homme à un gagne-pain aussi précaire que dangereux. Il reprit aussitôt que possible la chasse aux projectiles et environ six mois plus tard, une nouvelle explosion, provoquée dans des circonstances analogues à la première, lui arracha la main gauche à deux centimètres au-dessus du poignet, occasionnant une très mauvaise plaie. De plus, le haut du bras droit avait été brûlé par la déflagration de la poudre ; le nez et la lèvre supérieure portaient également des déchirures profondes. On dut pratiquer partout des ponctions et retirer des fragments de métal engagés dans la joue droite, dans le front et dans le poignet droit. Enfin une déchirure profonde avait mis à nu le tibia de la jambe restante. Ainsi endommagé, l'homme était demeuré pendant quatre heures exposé aux rayons du soleil dans une demi-inconscience. Un mandarin l'ayant, par hasard, aperçu, le fit transporter à l'hôpital par quelques coolies et, pendant deux heures, accompagna lui-même le convoi ; mais aussitôt qu'il eut tourné le dos, les porteurs, sans doute fatigués, jetèrent dans un fossé le pauvre diable afin qu'il achevât d'y mourir. Bien qu'épuisé par une forte hémorragie, le blessé trouva encore la force de se traîner pendant 500 mètres jusqu'à un magasin de céréales. De son unique bras valide, il renversa par terre un grand panier de farine dans laquelle il se roula. Pour s'en débarrasser les propriétaires le fourrèrent dans un panier et le firent transporter devant la porte de l'hôpital. En dépit de sa faiblesse extrême, le malade avait toute sa raison et il put expliquer clairement son accident. Adonné à l'opium, il se trouvait dans des conditions bien mauvaises pour espérer guérir. Cependant, malgré une forte diarrhée qui l'affaiblit encore les 5e et 6e jours et quelques attaques de malaria, le malade entra en convalescence et, après quatre semaines de traitement, il quittait l'hôpital, muni d'une jambe de bois.

Si les Chinois, avec leurs belles conditions physiques, pouvaient être préservés des effets de la guerre, des famines, de la peste et de l'opium, s'ils avaient quelque souci des lois de la physiologie et de l'hygiène, si enfin ils étaient à même de se nourrir convenablement, tout porte à croire qu'ils suffiraient à eux seuls à peupler la majeure partie de la planète et même davantage.

CHAPITRE XVII

PATIENCE ET PERSÉVÉRANCE

Le mot « patience » comporte trois significations différentes. C'est l'acte ou la qualité de savoir espérer longtemps sans formuler de plainte, sans exprimer ni colère, ni mécontentement. C'est aussi le pouvoir ou l'acte de souffrir, ou de supporter toute souffrance stoïquement, avec sérénité ; en d'autres termes, c'est posséder une calme endurance. Il est enfin synonyme de persévérance. Le groupe de qualités auquel nous faisons allusion a, sans aucun doute, une grande influence sur l'existence des gens qui les possèdent. Chez les Chinois, ces qualités, très caractéristiques, sont inséparables d'une « absence — relative — de nerfs », « d'une grande indifférence pour le temps » estimé dans sa durée, et plus encore de cette qualité de « travailleur » qui met bien en relief la patience et la persévérance du Céleste. D'après ce que nous avons déjà dit sur ces questions, le lecteur se sera peut-être rendu compte de ce qu'est en Chine, cette vertu, l'une des principales du caractère chinois ; mais le sujet vaut d'être traité un peu plus longuement.

Parmi les populations extrêmement denses de l'Empire chinois, la vie est souvent réduite à ses conditions les plus misérables, à une véritable « lutte pour l'existence ». Pour vivre, il faut avoir les moyens de vivre, et ces moyens il appartient à chacun de les réaliser au mieux de ses besoins. On a dit des Chinois, et avec raison, qu'ils ont fait de la pauvreté une « science ». Une absolue pauvreté et une lutte très dure pour assurer son existence ne suffiront jamais à faire de l'être humain un travailleur, mais si un homme ou une race est doué d'instincts industrieux, de misérables conditions tendront très efficacement à développer cette aptitude en même temps qu'elles stimuleront l'esprit d'économie lequel représente l'une des qualités les plus éminentes du caractère chinois. Elles exaltent également la patience et la persévérance. Le chasseur et le pêcheur qui savent que leur subsistance dépend de la discrétion et de la prudence de leurs gestes ainsi que de la patience avec laquelle ils attendront une bonne occasion, se montrent attentifs, prudents et patients, n'importe à quelle classe de l'humanité ils appartiennent, civilisés, demi-civilisés ou sauvages. Depuis des siècles, les Chinois sont à la recherche de moyens d'existence dans des conditions souvent très défavorables. Ils ont ainsi appris à allier l'activité industrielle des peuples les plus avancés en civilisation à la patience passive des Indiens de l'Amérique du Nord.

Les Chinois sont prêts à fournir un long labeur pour un salaire minime parce qu'ils trouvent préférable de toucher quelque argent que de ne rien recevoir. Des siècles d'expérience leur ont enseigné qu'il est difficile d'envisager l'assiduité au travail comme le marchepied de la fortune, contrairement à nous qui, en Occident, considérons que celle-ci en est l'aboutissement naturel. Elles ne sont des résultats « naturels » que dans un sens, à savoir, que lorsqu'on se trouve dans les conditions appropriées, ces résultats s'ensuivent. Or, une population de 500 têtes par mille carré n'est pas l'une des conditions propres à prouver l'exactitude de l'adage qui prétend que l'ardeur au travail et l'économie sont les deux doigts de la fortune. Mais le Chinois se contente de peiner en vue des récompenses qu'il peut obtenir et c'est par cette satisfaction qu'il illustre sa vertu et sa patience.

Au retour de son voyage autour du monde, le général Grant fut invité, dit-on, à faire connaître ce qu'il avait vu de plus remarquable. Il répondit sans hésiter que, d'après lui, le spectacle le plus extraordinaire fut celui d'un petit marchand chinois dont l'âpre concurrence réussit à supplanter un Juif. Cette remarque était très significative. Les qualités des Juifs sont aujourd'hui bien connues, elles ont valu à ce peuple des succès surprenants mais, après tout, les enfants d'Israël ne représentent qu'une partie très minime de la race humaine. D'autre part, les Chinois entrent avec un pourcentage considérable dans le chiffre global de la population terrestre. Ce Juif, supplanté par le Chinois, ne différait, sans doute, sous aucun rapport essentiel, d'un autre Juif. En supposant que les concurrents n'eussent pas été les mêmes, le résultat aurait probablement été identique, car on peut être moralement certain que le Chinois vainqueur ne présentait aucune particularité foncière qui le distinguât de millions d'autres Célestes lesquels auraient pu se trouver à sa place.

C'est par ses *qualités d'endurance* que le Chinois se place au-dessus de tout le monde. Nous avons déjà signalé avec quelle immuable persistance l'étudiant jaune continue, d'année en année, une série d'examens jusqu'à ce qu'il obtienne, parfois à 90 ans seulement, le grade universitaire, à moins qu'auparavant il ne soit mort à la peine. Il n'y a pas de récompense consécutive à ce succès qui puisse expliquer une si extraordinaire persévérance. Cette qualité fait partie des dons innés que possèdent les Chinois, tout comme le cerf est pourvu par la nature de jambes agiles et l'aigle d'une vue perçante. La même qualité se retrouve chez le mendiant le plus miséreux en station à la porte d'un magasin. Ses apparitions fréquentes au même endroit sont toujours assez mal accueillies, mais la patience ne lui fait jamais défaut et son inlassable persévérance finit toujours par avoir sa récompense, une seule pièce de cuivre.

On raconte qu'un Arabe dont un inconnu venait de voler le turban se rendit immédiatement au cimetière et s'assit à l'entrée. A ceux qui lui demandaient l'explication de cette étrange conduite et pourquoi il refusait de poursuivre le voleur, il répondit doucement, en véritable Oriental : « Il faudra bien que finalement il arrive ici ! » Cette exagération de l'obstination passive nous revient souvent à l'esprit en observant non seulement la conduite individuelle des Chinois, mais aussi les actes du Gouvernement. Le long et magnifique règne de l'empereur K'ang Hsi, qui occupa le trône de 1662 à 1723, valut au souverain une réputation qu'aucun autre monarque asiatique n'avait encore atteinte. Et cependant, ce fut au temps de ce prince, le plus grand de ceux qui gouvernèrent la Chine, que le pirate patriote, connu sous le nom de Koxinga, ravagea les côtes des provinces de Kuangtung et de Fukien, à la barbe des autorités locales dont les jonques officielles se montraient incapables de tenir tête à celles du bandit. En désespoir de cause, K'ang Hsi finit par ordonner à toutes les populations habitant cette région côtière de se retirer à l'intérieur du pays jusqu'à 30 li de la mer (9 milles environ), afin de se trouver à l'abri des attaques de ce terrible partisan de l'ancien ordre de choses ; mesure étrange qui fut généralement exécutée et produisit les résultats espérés. Koxinga, mis ainsi dans l'impossibilité de continuer ses rapines, se retourna contre les Hollandais qu'il chassa de Formose. Finalement, des honneurs habilement décernés eurent raison du pirate : investi du titre de « Duc qui dompte la mer », Koxinga renonça à écumer les mers. Tout étranger, en lisant cette aventure singulière, ne pourra s'empêcher d'approuver le commentaire de l'auteur du « Middle Kingdom » et de reconnaître qu'un gouvernement, qui fut assez fort pour imposer à une fraction aussi importante de sa population maritime l'abandon de ses villes et de ses villages et un exil lointain à l'intérieur, aurait dû être aussi assez fort pour équiper une flotte et mettre fin immédiatement aux déprédations d'une poignée de pirates.

Voici un autre exemple, non moins suggestif, de la persistance du Gouvernement chinois. En 1873, le général Tso-Tsung-tang vint s'établir à Barkoul et à Hami ; il était chargé par son gouvernement de réprimer la grande rébellion mahométane qui, déclenchée par un fait insignifiant, venait de se répandre avec la rapidité de l'éclair dans la Chine Occidentale et dans l'Asie Centrale. Les difficultés d'une pareille entreprise semblaient insurmontables. A ce moment là il était d'usage, dans la presse étrangère de la Chine, de ridiculiser la mission de Tso et la stupidité du Gouvernement qui s'efforçait de lever un emprunt intérieur pour parer aux lourdes dépenses de ces opérations militaires. Une année après l'arrivée du général dans les régions révoltées, l'armée s'était mise en marche sur les deux rives du haut T'ien-shan et ces deux colonnes, avançant simultanément, repoussaient les rebelles devant elles. Lorsque les troupes arrivaient dans un pays incapable de pourvoir suffisamment à leur subsistance, elles s'arrêtaient et, se transformant en colonie agricole, ensemençaient les terres pour parer à leurs futurs besoins. Ainsi, marchant et labourant alternativement, « l'armée agricole » de Tso accomplit sa mission jusqu'au bout et ce succès fut considéré comme l'une des actions « les plus remarquables des Annales des pays modernes ». Ce que nous admirons peut-être le plus dans la patience du Chinois, c'est sa capacité d'attendre sans se plaindre et de tout supporter avec une calme endurance. L'on a dit parfois que la plus sûre manière de mettre à l'épreuve les véritables aptitudes d'un être humain, c'est d'étudier sa façon de se comporter lorsqu'il a faim ou froid, ou bien encore quand il est trempé par la pluie ; si l'épreuve est satisfaisante, prenez l'individu en question, « chauffez-le, rassasiez-le, séchez-le et vous aurez un ange ! » Dans la littérature courante on lit souvent qu'il est aussi dangereux de rencontrer un Anglais privé de son dîner qu'une ourse à laquelle on a dérobé ses oursons. Je ne vois pas pourquoi une pareille assertion ne serait pas aussi bien applicable à tous les Anglo-Saxons qu'aux habitants des Iles Britanniques. Avec toute cette civilisation dont nous nous montrons si fiers, nous sommes les esclaves de nos estomacs.

L'auteur de ce livre eut un jour l'occasion d'assister à un singulier spectacle. 150 Chinois, venus de très loin pour prendre part à un festin, éprouvèrent la cruelle déception de s'être dérangés pour rien. Au lieu de pouvoir s'asseoir au banquet, ainsi qu'ils l'espéraient — repas qui devait être pour beaucoup d'entr'eux le premier de la journée — ils se trouvèrent forcés, par suite de circonstances imprévues, de demeurer à l'écart et même de servir de domestiques à un nombre encore plus considérable d'individus déjà installés. Ceux-ci mangeaient de bon appétit et avec cette lenteur qui est l'un des traits caractéristiques de la civilisation chinoise, détail dans lequel cette dernière se montre très supérieure à la nôtre. Avant que le repas, attendu si longtemps et avec tant de patience, put leur être servi, il survint un autre retard aussi imprévu que le premier et encore plus exaspérant. Que firent ces 150 personnes traitées avec tant de désinvolture ? Nous savons très bien ce qu'auraient fait les habitants des Iles Britanniques ou de toute autre région comprise dans ce qu'il est convenu d'appeler des « pays chrétiens » ! Prenant un air rogue, mécontent, ils eussent passé leur temps jusqu'à 3 heures de l'après-midi, moment où les 150 Chinois purent enfin prendre place, à maugréer contre leur malchance et à montrer les dents à qui mieux mieux, puis finalement, adoptant des décisions belliqueuses, ils auraient adressé au *Times* de Londres une lettre fulminante de protestations. Nos Célestes se comportèrent tout autrement. Non seulement ils firent preuve de bonne humeur durant toute la journée, mais ils déclarèrent à plusieurs reprises à leurs hôtes, sur un ton de parfaite politesse qui ne permettait pas de mettre en doute leur sincérité, que ce retard imprévu n'avait pas la moindre importance et qu'à n'importe quelle heure ils savaient apprécier le festin ! Le lecteur pourrait-il citer une forme quelconque de civilisation occidentale qui eût supporté un contre-temps aussi imprévu et aussi désagréable avec une pareille affabilité ?

Nous avons déjà montré que les nerfs des Chinois diffèrent totalement de ceux dont nous sommes gratifiés, mais cela ne prouve pas que le « Touranien aux nerfs émoussés » soit stoïque comme l'Indien de l'Amérique du Nord. Les Chinois supportent leurs maux non seulement avec une belle force d'âme, mais avec une inlassable patience, ce qui est beaucoup moins aisé. Un Chinois ayant perdu l'usage de ses deux yeux s'adressa à un médecin étranger pour savoir si la vue ne pourrait lui être rendue ; il ajouta simplement que dans la négative, il cesserait de se tourmenter à ce sujet. Le docteur lui déclara qu'il n'y avait rien à faire ; à quoi l'homme répondit : « Alors mon cœur est soulagé ! » Le sentiment qu'il éprouvait n'était pas ce que nous appelons de la résignation, bien moins encore l'indifférence du désespoir, il faisait simplement preuve de la qualité qui nous permet de « supporter nos maux ». Nous en sommes arrivés à considérer nos innombrables tracas comme le fléau de notre vie, telle la rouille qui ronge la lame plus sûrement que si l'on s'en servait continuellement. Il est heureux pour les Chinois qu'ils soient doués de la capacité de ne pas se tourmenter. Combien peu d'entre eux, si l'on prend la race jaune dans son ensemble, qui n'aient de sérieuses raisons d'anxiété ? De vastes zones fertiles de l'Empire sont périodiquement sujettes à la sécheresse, aux inondations et, par conséquent, à la famine. Des calamités sociales, des procès, d'autres désastres encore, plus redoutés parce qu'imprécis, sont suspendus sur les têtes de milliers de gens, mais jamais l'étranger ne pourrait découvrir ces menaces Nous avons souvent demandé à des Chinois qui se voyaient contester leurs droits de possession à des biens quelconques, à leur maison, quelquefois même à leur femme, comment finiraient ces litiges. « Il n'y aura jamais la paix ! vous répondra-t-on le plus souvent. — Et quand l'affaire aboutira-t-elle ? — Qui sait ? Peut-être bientôt, peut-être plus tard, mais dans tous les cas, les ennuis ne manqueront pas ! » Voilà ce que l'on entend fréquemment. Pour supporter la vie dans de pareilles conditions, quelle meilleure arme qu'une capacité infinie de patience ?

Il est un exemple de patience chinoise de nature à frapper très fortement l'esprit des étrangers et que l'on peut malheureusement rencontrer à chaque instant, dans toutes les parties de l'Empire, quand les calamités auxquelles nous venons de faire allusion assaillent les Chinois sur une grande échelle. Les provinces de la Chine les plus familières aux Occidentaux sont rarement tout à fait à l'abri des inondations, de la sécheresse et de la famine qui en résulte. Le souvenir des terribles souffrances endurées pendant la famine de 1877-78 par des millions de gens ne s'effacera pas de longtemps de la mémoire de ceux qui en furent témoins. Depuis lors, les désastres infligés à de vastes régions par les débordements du Fleuve Jaune et par le brusque déplacement de son lit dépassent tout calcul, toute imagination. Quelques-unes des plus riches parties de plusieurs provinces furent dévastées et le sol fertile se trouva enfoui sous des sables arides et brûlants. Des milliers de villages disparurent, les malheureux habitants qui échappèrent à la mort furent réduits à errer au hasard sur la surface du globe, sans foyer et sans espérance. Il n'y a pas de gouvernement qui puisse contempler avec sérénité des multitudes d'êtres humains brusquement ruinés et réduits au désespoir sans qu'il y ait eu de leur faute. La conservation de soi-même est la première loi de la nature, aussi quoi de plus naturel que des gens qui, pour des causes impossibles à éviter, se voyant soudain exposés à mourir de faim, cherchent à forcer ceux qui ont des vivres à les partager avec ceux qui n'en ont plus ?

Il est exact que dans une certaine mesure, l'on distribue des secours dans quelques grandes villes, là où les malheureux abondent plus qu'ailleurs, mais il est non moins réel que les secours demeurent très limités en quantité et précaires en durée et qu'ils ne fournissent qu'un soulagement insuffisant à un très petit pourcentage des victimes de la pire détresse. Pour prolonger l'existence de ceux qui souffrent d'implacables calamités, le Gouvernement se reconnaît impuissant à leur procurer toute l'aide nécessaire. Il ne fait absolument rien lorsque ces malheureux réclament leurs terres, la reconstruction de leurs maisons et des facilités pour reprendre la vie dans des conditions nouvelles. Le peuple ne s'attend à guère plus qu'à la remise de ses impôts ; or Pékin ne s'y résigne que lorsqu'il a été archiprouvé au magistrat du district qu'il n'y a pas le moindre sapèque à espérer. Il semble incompréhensible à l'étranger venu des pays d'Occident où le cri révolutionnaire — « du pain ! du pain ou du sang ! » est devenu familier, que ces hordes de réfugiés sans asile, affamés, désespérés, errant dans des provinces ravagées par les inondations ou la famine, ne se précipitent pas en masse chez leur magistrat pour réclamer à tout prix une forme quelconque de secours. Il est vrai que ce fonctionnaire serait radicalement impuissant à le leur donner, mais il se trouverait au moins forcé à faire quelque chose, et ce quelque chose établirait un précédent pour quelque chose de plus. Enfin, s'il ne réussissait pas à « tranquilliser » ces malheureux, le

Gouvernement le déplacerait et le remplacerait par un autre
agent du pouvoir central. Lorsque, pendant la grande famine,
on insistait auprès des Chinois victimes de cette calamité
pour savoir les raisons qui les empêchaient d'adopter un plan
de ce genre, ils répondaient invariablement : « N'osons pas ! »
A pareille réponse on pourrait aisément opposer le fait que
périr dans une rébellion, être tué même injustement vaudrait
encore mieux que mourir de faim ; mais la réponse est toujours la même : « N'osons pas ! N'osons pas ! »

Et cela, paraît-il, pour deux raisons. D'abord les Célestes
sont des gens extrêmement pratiques et, par une sorte d'instinct, ils reconnaissent la futilité de se rebiffer. Mais, à notre
avis, la principale raison c'est la patience et l'endurance
illimitées que possède le Chinois. Et cette attitude provoque
l'un des spectacles les plus mélancoliques que l'on puisse
voir en Chine, celui de milliers de personnes mourant stoïquement de faim, à facile portée de vivres abondants. Les
Chinois sont si accoutumés à ce drame étrange que leur
âme est endurcie en face de ces misères, tout comme les vieux
soldats passent avec indifférence au milieu des horreurs de
la bataille. Ceux qui souffrent de ces maux les ont eus devant
les yeux au cours de leur existence, ils ont passé tout auprès.
Aussi lorsque le désastre les atteint personnellement, l'acceptent-ils comme inévitable et sans remède. Si ces malheureuses
victimes ont encore la force de rouler les leurs sur des brouettes
et de les emmener dans quelque région où l'on puisse manger,
elles le font, à moins que ne pouvant rester tous réunis, les
membres de la famille ne se dispersent momentanément pour
tâcher de vivre et ne se rassemblent à nouveau, lorsqu'ils
auront réussi à sortir de leur détresse. S'il est impossible
de trouver assistance dans le voisinage, des caravanes entières
s'ébranleront, mendiant le long de la route, parcourant en
plein hiver des milles et des milles jusqu'à ce qu'elles arrivent
dans quelque province où elles espèrent apprendre que les
récoltes s'annoncent bien, que l'on demande des travailleurs
en supplément et que les chances de survivre semblent meilleures. Dans le cas où les inondations diminuent, le fermier
mendiant regagne ses champs et, pendant que le sol est encore

trop mou pour supporter le poids d'une bête de labour, il y pratique une étroite rigole dans laquelle il laisse habilement tomber des grains de blé, puis il reprend sa course errante, mendiant sa subsistance jusqu'au jour où mûrit sa petite moisson. Si le ciel est favorable, il redevient agriculteur et cesse de mendier, tout en reconnaissant la possibilité de se voir à nouveau ruiné et affamé dans un avenir peut-être très prochain.

L'on a toujours pensé que l'un des plus puissants arguments en faveur de l'immortalité de l'âme résidait dans ce fait que nos facultés les plus belles ne rencontrent pas toujours en cette vie l'occasion favorable à leur plein épanouissement. Si ce raisonnement est valide, ne devons-nous pas en conclure que la patiente et inégalable endurance de la race chinoise dut être destinée à des fins plus nobles que de permettre simplement à ses représentants de supporter avec courage les maux ordinaires de la vie et les atrocités de la mort lente par inanition ? Si l'Histoire nous enseigne que les mieux équipés pour la lutte survivent aux plus faibles, alors sûrement une race possédant un pareil don et soutenue par cette splendide vitalité doit avoir un grand avenir devant elle.

CHAPITRE XVIII

CONTENTEMENT ET BONNE HUMEUR

Nous avons déjà reconnu aux Chinois une merveilleuse aptitude à supporter les maux qui les frappent, aptitude qui demeure pour nous, dans la plupart des cas, absolument incompréhensible et que l'on a assez justement traitée de paradoxe psychologique. En dépit de conditions en apparence désespérées, les Chinois ne semblent jamais perdre tout espoir, ou plutôt ils paraissent souvent lutter contre toute espérance. Nous ne percevons pas chez eux cette inquiétude qui caractérise tant d'autres nations, surtout depuis la fin du XIXᵉ siècle. Rien dans la manière dont ils organisent leur existence, ne laisse supposer qu'ils croient en des temps meilleurs ; autant que nous pouvons en juger, ils ne semblent même pas s'attendre à rien de pareil

Mais les termes « patience », « persévérance » ne comprennent nullement le cycle entier des vertus chinoises de cet ordre. Nous devons aussi mentionner leur quiétude d'esprit dans des circonstances bien faites pour troubler ce calme, et signaler un état chronique d'entrain que nous désignons par le mot « bonne humeur ». Nous voudrions avant tout attirer l'attention sur l'existence de ces vertus et nous espérons être en mesure de présenter incidemment certaines suggestions susceptibles de les expliquer, tout au moins en partie.

En nous servant de l'expression « contentement », nous n'avons pas l'intention d'insinuer que tous les Célestes sans exception sont satisfaits de leur sort et n'éprouvent pas le désir de l'améliorer. Le contentement des Chinois — nous

l'avons déjà constaté en parlant de leur conservatisme —
se remarque surtout lorsque l'on envisage leur mode d'existence auquel ils ne désirent rien changer. Telles sont du moins
à notre avis, les dispositions de la grande masse des Chinois.
Nous appliquons d'ordinaire l'expression générale de « conservateurs » aux gens qui envisagent ainsi l'existence, et les
Célestes nous en fournissent un exemple remarquable, tel
qu'aucun autre peuple ne pourrait en offrir. Il est évident que
cette conception de l'état social chinois dont les masses populaires sont pénétrées et qui constitue l'héritage de bien des
siècles, contribue fortement à réprimer toute manifestation
brutale de mécontentement, mécontentement qui pourrait
résulter de la façon dont la richesse est distribuée. Les Chinois
sont assurément sensibles à leurs misères, mais ils les considèrent comme inévitables. Un peuple fortement imbu de
cette manière de voir ne cherchera pas à renverser l'ordre
de choses établi, uniquement parce qu'il en supporte lourdement les inégalités. Dans aucun autre pays la classe ins-
truite n'est aussi effectivement qu'en Chine un guide de la
pensée et de l'action. Toutefois cette catégorie sociale est fermement persuadée que pour la Chine et pour les Chinois le système actuel est le meilleur. Une leçon de choses, poursuivie
tout au long de son histoire millénaire, a convaincu cette
nation qu'il serait vain de chercher à modifier profondément
le système existant. Et leur inébranlable conservatisme est
le lent résultat de cette expérience.

Sans qu'ils s'en rendent absolument compte, les Chinois
sont un peuple fataliste. Les Classiques abondent en gloses
sur les « Décrets du Ciel ». Le langage populaire fait d'incessantes allusions à la « Volonté du Ciel », façon de s'exprimer
qui présente de grandes analogies avec ce que nous entendons
par « Providence ». Mais il existe à la base une différence
essentielle. Pour nous « Providence » signifie le soin et la prévoyance d'un Etre supérieur en rapports directs avec les
créatures terrestres, toutes comprises dans Sa pensée et dans
Sa prévoyance. Pour les Chinois, au contraire, dont la conception pratique du Ciel est essentiellement impersonnelle
et vague, quel qu'en soit le mode d'expression, l'aspect réel

de la question s'objective simplement sur l'idée du Destin. « Heureux sort », « mauvais sort » n'ont d'autre signification que celle que nos histoires enfantines accordent à la « bonne fée » et à la « mauvaise fée ». Par l'intervention de ces mystérieux intermédiaires, tout peut se faire, tout peut se défaire.

Les complications théoriques et pratiques de la géomancie, de la nécromancie, de la bonne aventure chinoises reposent sur le jeu et l'action réciproque de forces traduites pour l'œil par des lignes droites. Le nombre de Chinois qui se font un gagne-pain à l'aide de l'application pratique de ces théories de l'univers est incalculable. Bien que le degré d'influence exercé par ces superstitions sur la vie quotidienne du peuple varie beaucoup avec les diverses régions de l'Empire, elles n'en sont pas moins partout des facteurs réels et actifs dans l'esprit des masses. Rien de plus courant que d'entendre un Chinois, homme ou femme, particulièrement malheureux, déclarer simplement : C'est ma destinée ! Le résultat logique d'un pareil credo devrait être le désespoir, à moins que l'espérance dont les hommes en général, et plus spécialement les Chinois, sont si miséricordieusement dotés, venant à la rescousse, ne leur persuade d'endurer tous les maux avec patience jusqu'à ce que vienne leur moment et que le sort les favorise de nouveau. Peut-être les Chinois ne sont-ils pas aussi foncièrement fatalistes que les Turcs, peut-être encore le « Destin » chinois ne ressemble-t-il pas absolument au « Kismet » musulman, mais il est certain qu'un peuple aussi profondément convaincu de l'existence d'une destinée future que le sont les Célestes, doit se sentir peu enclin aux luttes violentes contre ce que, de par la nature même des choses, il croit inévitable.

Les Anciens avaient déjà observé que l'Histoire n'est autre chose qu'une philosophie qui s'enseigne par les exemples. Ainsi que nous venons de le voir, les Chinois furent éduqués par leur propre histoire et les leçons qu'ils en tirèrent sont toutes d'un caractère conservateur. Mais aucune nation ne s'instruit si elle se confine dans l'étude de ses propres Annales, de même qu'un homme ignore bien des choses quand il ne sait que ce que son expérience personnelle lui a enseigné. Et c'est en cela que la science chinoise marque son infériorité foncière. Les Chinois ne savent rien de l'histoire du monde, qu'il s'agisse de la Renaissance, de la Réforme, de la découverte de l'Amérique ou des productions de la science moderne. Ils n'ont pas été touchés par ces influences qui rapprochent de plus en plus les nations et développent lentement une conception nouvelle des droits de l'homme.

L'amélioration des conditions du peuple ne peut affecter des hommes dont tout l'être vit dans les dynasties éteintes du passé. L'application des lois de l'économie politique au profit de tous les services de l'Etat n'offre aucun attrait à des gens qui n'en savent pas plus sur cette science que nos ancêtres des Croisades et qui, du reste, ne s'en soucieraient aucunement s'ils en possédaient les notions. Un premier désir d'amélioration se manifeste lorsqu'on s'aperçoit de la condition supérieure du voisin. Or, les Chinois, pour la plupart, ne trouvent pas que les conditions des autres peuples soient tellement meilleures que les leurs, parce qu'ils ignorent tout de l'état des autres pays. D'autre part, ceux qui en possèdent quelque notion, qu'il leur serait facile de compléter, sont retenus dans les rêts du conservatisme. Rien de véritablement profitable aux masses ne peut se tenter autrement que sur une grande échelle et ceux qui, en Chine, pourraient entreprendre une tâche pareille, ne désirent nullement qu'il se fasse une tentative dans ce sens. Alors qu'évidemment une pareille attitude ne donne aucune satisfaction au peuple, par contre, elle étouffe chez lui toute manifestation effective de mécontentement avant même qu'elle trouve son mode d'expression. Ainsi, au point de vue social, le contentement du Chinois demeure l'antithèse du progrès et en interdit l'évolution.

Nous avons déjà exposé que l'expérience chinoise s'oppose à toute velléité d'améliorer la condition du peuple par des moyens d'une réalisation facile. Pour l'étranger au courant de ce qui se fait aujourd'hui chez les autres peuples dans cet ordre de choses, le remède simple, patent, indispensable qui soulagerait bien des maux auxquels les Chinois sont sujets, n'est autre que l'émigration. Nous savons par induction que les Célestes pourraient l'adopter sans la moindre peine et avec les plus grandes chances de succès. Mais il représente une expérience que ce peuple refusera toujours de tenter, pour la simple raison que l'expatriation éloignerait le Chinois du pays de ses père et des tombes des ancêtres auxquels, d'après la doctrine de Confucius, il demeure inexorablement lié. De façon générale, aucun Céleste ne saurait se résigner à abandonner définitivement son home pour aller chercher fortune au loin, à moins de s'y voir forcé pour une raison ou pour une autre. Son idéal de vie est d'être

    « fixé comme une plante à une certaine place,
    « *pour trouver sa nourriture, procréer et pourrir sous terre.* »

En général, un Jaune ne quitte pas son foyer sans espoir de retour ; il compte bien rentrer riche, mourir chez lui et aller dormir son dernier sommeil dans la terre où reposent ses pères. Tant que « cette soif funeste de se décomposer sous les pieds mêmes de ses descendants » continuera à être la passion dominante du Chinois, aussi longtemps il se verra privé de la seule chance d'alléger efficacement ses maux. Nous croyons fermement à l'impossibilité de voir s'améliorer l'existence de la masse des Chinois s'ils veulent rester chez eux, et, d'autre part, ils ne supporteraient pas une transplantation sur une grande échelle, à moins d'y reconnaître un décret du « Sort ». Le sentiment inconscient de cet état de choses arrête l'expression d'un mécontentement qui n'a que trop de raisons de se manifester.

Mais toutes les raisons que nous venons d'invoquer pour préciser cette faculté d'être satisfaits, spéciale au Chinois, et qui ne se retrouve à aucun degré chez les Orientaux, ne vont pas, à vrai dire, jusqu'au fond de la question. Il semble plus exact de dire que le Chinois est un être fait pour le contentement comme la nageoire du poisson est faite pour nager ou l'aile de l'oiseau pour voler. Le Céleste, ainsi qu'il le dit lui-même, est « doué par le Ciel » d'un talent particulier pour le travail, la paix et l'ordre social. Il est doté d'une patience sans égale, d'une douce résignation qui ne se dément jamais et qui lui fait supporter les maux dont les causes paraissent hors de sa portée. En règle générale, il jouit d'un tempérament heureux, d'un système nerveux dont il ne vaut même pas la peine de parler et d'une digestion pareille à celle de l'autruche. Pour toutes ces raisons et pour d'autres encore que nous n'avons qu'imparfaitement exprimées, au lieu de dépenser son énergie à se cogner la tête contre les murs de pierre, il se soumet la plupart du temps sans se plaindre sérieusement de ce qu'il ne peut empêcher. Il agit selon l'esprit du vieil adage : « Il faut supporter ce que l'on ne peut empêcher ». Bref un Chinois sait vivre dans l'abondance, il sait également s'accommoder de privations et — point d'une importance capitale — il sait vivre satisfait dans l'une comme dans l'autre de ces conditions.

La bonne humeur des Chinois que nous devons considérer comme une caractéristique nationale, est intimement associée chez eux au contentement de l'esprit. Etre heureux représente un idéal au-dessus de ce qu'ils espèrent en ce monde mais, au contraire de nous, ils sont généralement prêts à être aussi heureux qu'ils le peuvent. En général, ils ne pèchent pas par le défaut d'être extraordinairement difficiles, ce sont le plus souvent des invités modèles. Tout endroit, toute nourriture, leur suffisent. Même les foules, mal vêtues et mal nourries, conservent une sérénité d'esprit qui nous semble merveilleuse.

Cette amabilité native du Chinois se manifeste dans sa sociabilité. Celle-ci offre un contraste frappant avec l'exclusivité maussade qui caractérise la généralité des Anglo-Saxons. Le bavardage en tête-à-tête représente l'un des plaisirs les plus prisés par les Célestes ; peu importe que les interlocuteurs soient de vieux amis ou de parfaits étrangers. Sans doute une pareille tendance à aimer la société du prochain est-elle un grand allègement à bien des misères dont souffre ce peuple.

Il faut aussi remarquer que beaucoup de Célestes possèdent l'art d'orner les modestes alentours de leurs humbles demeures avec des plantes et des fleurs pour lesquelles ils ont un véritable culte. C'est dire de façon tacite : Nous n'avons pas grand chose, mais nous tirons le meilleur parti possible du peu que nous possédons.

Quelque excellente raison que nous ayons de critiquer nos domestiques chinois, il n'est que juste de reconnaître qu'ils se soumettent souvent à des obligations ennuyeuses pour eux, qu'ils ne refusent pas de faire du travail supplémentaire pour plusieurs personnes et pendant longtemps, non seulement sans se plaindre, mais sans paraître remarquer qu'ils auraient le droit de se plaindre.

Si un Chinois au service d'autrui gémit souvent sur son triste sort, il est tourné en dérision par ses camarades. Nous avons déjà signalé le labeur inlassable du Jaune ; notez bien que ceux dont on entend le fuseau tourner après minuit, travaillant peut-être dans l'obscurité pour économiser un liard d'huile, ne sont pas ceux dont la bouche est remplie de plaintes amères. Ils se lèvent tôt et peinent tard, et ils agissent ainsi tout naturellement. Non seulement ne murmurent pas contre l'inégale répartition des biens de ce monde ceux-là dont le travail est le plus pénible, tels les coolies, les haleurs de bateaux et les traîneurs de brouettes, mais encore lorsqu'ils ont l'occasion de se reposer, acceptent-ils ce répit avec bonne humeur et se réjouissent-ils de leur maigre chère. De fins observateurs ont souvent appelé l'attention sur ce trait particulièrement significatif de l'ouvrier chinois. Dans l'ouvrage de Mr. Hosie : *Trois années en Chine Occidentale*, il est dit, à propos du Yang-tsé supérieur : « Les haleurs méritent également d'être signalés. Tous, sauf le musicien et le plongeur, étaient jeunes, agiles, toujours prêts à sauter à terre et ne s'accordaient pas plus d'un quart d'heure pour avaler leur riz et leurs légumes ; jamais ils ne manifestaient la moindre mauvaise humeur ». Dans son livre *Through the Yang tse Gorges*, Mr. Archibald Little fournit le même témoignage : « Nos cinq haleurs s'accrochaient des pieds et des mains aux rochers pointus pour faire avancer le bateau pouce par pouce. Je ne puis assez admirer le courage et l'endurance de ces pauvres coolies qui ne gagnent que 2 dollars pour deux mois de voyage et reçoivent, en fait de nourriture, trois rations journalières d'un riz grossier assaisonné d'un peu de choux. Et pour cela, ils ont à déployer toute leur force, chaque jour, depuis l'aube jusqu'à la nuit. »

Nous connaissons un Chinois qu'un étranger employa, pendant des voyages qui duraient souvent plusieurs mois, à pousser une lourde brouette. Lors de ces tournées, il fallait partir tôt, arriver tard, faire passer de lourdes charges en toute saison et par tous les temps, à travers des sentiers de montagnes, escarpés et rocailleux, traverser à gué des rivières aux eaux glaciales, pieds et jambes nus et, en arrivant au gîte, préparer la nourriture et le logis du maître. Un pareil travail, maigrement rétribué, était toujours exécuté sans la moindre plainte : au bout de sept années de ce genre de service, le voyageur déclara n'avoir jamais vu une seule fois son domestique de mauvaise humeur ! Lequel de nos lecteurs pourrait en toute vérité — *mutatis mutandis* — nous fournit la même constatation ?

C'est peut-être quand il est malade que la bonne humeur innée du Chinois apparaît le plus à son avantage. En général, le patient fait montre d'un bel optimisme ou, dans tous les cas, il veut en avoir l'air, au sujet de son état et de celui des autres. Son espoir joyeux ne se dément même pas au milieu des souffrances les plus vives et alors qu'il se trouve dans une faiblesse extrême. Nous avons connu des cas nombreux où les malades souffrant de toutes sortes de maux, tombés dans une profonde misère, insuffisamment nourris, loin de leur home, souvent négligés ou même abandonnés par leurs parents et sans la moindre lueur d'espoir dans l'avenir prochain, n'en conservaient pas moins une belle égalité d'humeur. Celle-ci semble naturelle chez eux et contraste singulièrement avec l'impatience nerveuse que manifesterait certainement l'Anglo-Saxon placé dans les mêmes circonstances.

Les Chinois doués de cet heureux tempérament ne sont pas l'exception. Quinconque connaît la Chine a dû en rencontrer un grand nombre et, je ne peux que le répéter, si l'on accorde quelque crédit aux enseignements de l'histoire quant à ce qui arrive aux êtres les mieux équipés pour l'existence, la race chinoise a devant elle un merveilleux avenir.

CHAPITRE XIX

PIÉTÉ FILIALE

L'on ne saurait parler des traits caractéristiques des Chinois sans signaler leur piété filiale, mais un pareil sujet est difficile à traiter. Ces mots, comme beaucoup d'autres que nous sommes forcés d'employer, ont, chez les Chinois, un sens très différent de celui que nous avons l'habitude d'y attacher. La remarque s'applique également à nombre de termes chinois, entre autres au mot « li » que nous traduisons ordinairement par « cérémonial » et qui se rattache étroitement à la piété filiale. Nous ne saurions mieux illustrer ce chapitre et fournir en même temps un arrière-plan plus lumineux à ce que nous allons dire de ce trait bien spécial au Céleste qu'en citant le passage suivant de Mr. Callery (reproduit dans le *Middle Kingdom*) : « Le « cérémonial » condense toute la mentalité chinoise et, à mon avis, le « Livre des Rites est », *per se*, la monographie la plus exacte et la plus complète que la Chine ait présentée d'elle-même aux autres nations. Le « cérémonial » donne satisfaction à ses affections, si elle en a ; ses devoirs se trouvent remplis par l'accomplissement des rites ; ses vertus et ses vices ont marqué leur empreinte dans le « cérémonial », les relations naturelles entre des êtres humains se fusionnent dans le « cérémonial », en un mot, le « cérémonial » s'identifie chez ce peuple avec l'individu en tant qu'entité morale, politique et religieuse, dans ses multiples relations avec la religion, la famille et la société. » Tout le monde approuvera le commentaire du Dr Williams sur ces aperçus qui démontrent, dit il, « combien le mot « cérémonial » traduit insuffisamment la pensée chinoise incluse dans le terme « li », attendu que celui-ci comprend non seulement la conduite extérieure, mais aussi les bons principes d'où découlent l'étiquette et la politesse véritables. »

La meilleure méthode de pénétrer le point de vue chinois quant à la piété filiale serait de mettre en évidence l'enseignement que renferment sur cette question les « Quatre Livres », les autres Classiques et plus spécialement le « Classique sur la piété filiale ». Or, nous tenons simplement à attirer l'attention sur la doctrine telle que la pratiquent les Chinois dont la piété filiale, dans le sens où ils l'entendent, n'est pas seulement une caractéristique, mais aussi une singularité. Il faut se rappeler que la piété filiale des Célestes a plusieurs aspects et que les mêmes choses peuvent ne pas être vues sous le même angle dans toutes les situations, ni par tous les observateurs.

A la Conférence des Missionnaires tenue à Shanghaï en 1877, le Dr Yates lut un mémoire sur le « culte des ancêtres ». Il y exposait les résultats de ses trente années d'expérience en Chine. Dans cet essai, très étudié, l'auteur, après avoir fait allusion au culte ancestral considéré seulement comme une manifestation de la piété filiale, poursuivait en ces termes : « Le mot « filial » nous induit en erreur, gardons-nous de nous y tromper. Le Chinois a des sentiments peu filiaux au sens que nous donnons à cette expression : il est désobéissant envers ses parents, et apporte une extrême ténacité à agir à sa guise, dès qu'il est d'âge à manifester sa volonté ou ses désirs ». Le Dr Legge, très éminent traducteur des Classiques chinois, a passé 33 ans en Chine, occupé à étudier le pays et ses habitants. Il cite ce passage du Dr Yates pour bien montrer combien ses opinions diffèrent de celles du docteur, ses expériences personnelles l'ayant conduit à de tout autres conclusions. Cette diversité d'opinions confirme une fois de plus le fait qu'il y a place parmi les hommes pour des jugements différents formulés avec une égale bonne foi, et que l'on ne peut arriver à une appréciation exacte qu'en combinant des résultats, lesquels semblent *à priori* contradictoires, dans un tout qui renfermera plus de vérité que chacun de ses éléments pris individuellement.

Il est incontestable — et une longue expérience le prouve — que les enfants chinois ne sont pas soumis à une bonne discipline, qu'on ne leur enseigne pas à obéir à leurs parents, et qu'en règle générale, ils n'ont pas idée de ce qu'est l'obéissance immédiate telle que nous l'entendons. Mais nous devons à la vérité d'ajouter que ces enfants indisciplinés, ou mi-disciplinés, ont plus tard une attitude qui tranche singulièrement avec ce que l'on pourrait redouter d'une enfance mal guidée. Les Chinois affirment qu'un arbre, d'abord courbé par le vent, se redressera en grandissant ; métaphore qui implique la croyance que les enfants, une fois grands, sauront accomplir leur devoir. Or, si le dicton ne se réalise pas dans toutes les autres obligations de l'existence, il est assez exact en matière de piété filiale. Et la raison de ce phénomène paraît reposer sur la nature même de la doctrine chinoise en ce qui concerne la piété filiale et de l'importance accordée partout à cet enseignement. On lit, dans le « Classique de la piété filiale » : « Il existe trois mille crimes passibles de l'un ou l'autre des cinq genres de châtiments, et parmi ces crimes aucun n'est plus abominable que la désobéissance aux parents. » L'un des nombreux adages qui courent la Chine déclare : « Parmi les cent vertus, la bonne conduite à l'égard des parents est la principale, mais elle doit se juger aux intentions et non pas aux actes, car si l'on ne tenait compte que de ces derniers, il n'y aurait pas au monde un seul fils irréprochable. » On enseigne expressément aux Chinois qu'un manque de vertu n'a qu'une seule et même cause, le manque de piété filiale. Celui qui viole les droits de propriété de son prochain n'est déjà pas irréprochable dans sa conduite filiale. Un magistrat qui n'a pas le respect voulu pour la dignité de sa fonction manque également de piété filiale. Celui qui ne se montre pas loyal envers ses amis n'a pas de piété filiale. Celui qui est lâche dans la bataille manque de piété filiale. C'est ainsi que la doctrine de la conduite filiale envers les parents embrasse bien plus que de simples actes et qu'elle atteint jusqu'aux mobiles subconscients de l'être moral.

D'après la conception populaire, la véritable base de la

UN BARBIER CHINOIS.

vertu filiale est la gratitude. Le « Classique de la piété filiale » insiste sur ce point ; il en est de même dans les « Édits Sacrés ». D'après Confucius, le fait incontestable que « pendant ses trois premières années l'enfant ne peut quitter les bras de ses parents » justifie la période de trois ans de deuil, comme si une sorte de compensation tendait à s'établir entre ces deux périodes. L'agneau demeure le prototype de la conduite filiale parce qu'il s'agenouille pour téter sa mère. La piété filiale nous impose de prendre soin de ce corps que nos parents nous donnèrent sous peine de paraître mépriser leur bonté. La piété filiale veut que nous ayons soin de nos parents de leur vivant et que nous les honorions quand ils sont morts. La piété filiale exige que le fils marche sur les traces de son père. « Si pendant ces trois années, dit Confucius, il ne s'éloigne pas de la voie tracée par son père, on peut l'appeler filial. » Mais si les parents se mettent manifestement dans leur tort, la piété filiale n'interdit pas de tenter de les réformer. Le Dr Williams cite à ce propos un passage du « Livre des Rites » : « Lorsque des parents sont dans l'erreur, leur fils, prenant une attitude humble et aimable, doit les en avertir d'un ton très doux. S'ils ne se rendent pas à ses remontrances, il s'efforcera de se montrer de plus en plus soumis et respectueux, et lorsqu'ils paraîtront satisfaits de son attitude, il leur rappellera qu'ils sont toujours dans l'erreur. Mais s'il ne réussit pas à les ramener, il vaut mieux qu'il persiste dans ses reproches plutôt que de les laisser porter préjudice à la région entière, au district, au village ou simplement à leurs voisins. Et dans le cas où les parents irrités châtieraient leur fils jusqu'au sang, même alors celui-ci devra s'interdire de la façon la plus absolue tout ressentiment et manifester au contraire encore plus de soumission et de respect. » Pareille doctrine aurait certainement peu de succès dans les pays d'Occident et il n'est pas surprenant que même en Chine nous n'en entendions guère parler.

Dans le second Livre des « Analectes » de Confucius nous trouvons des variantes quant à la façon dont le philosophe comprenait la piété filiale ; ses réponses différaient sans doute suivant les circonstances et la qualité des interlocuteurs.

La première de ces réponses s'adresse à Mang I fonctionnaire de l'Etat de Lu, et se condense en un seul mot : « wu-wei » que Confucius laissa tomber dans l'esprit du questionneur espérant que le temps et la réflexion feraient germer cette semence ; or « wu-wei » signifie « pas désobéissant », il est donc bien naturel que Mang I l'ait compris dans ce sens. Mais Confucius, comme par la suite tous ses compatriotes, prisait fort le « talent des voies détournées » : au lieu de s'en expliquer immédiatement avec Mang I, il attendit à plus tard et profita qu'un jour l'un de ses disciples l'emmenait en voiture pour lui répéter la question posée par Mang I et la réponse que lui, le Maître, y avait faite. Le disciple dont le nom était Fan Ch'ih, entendant prononcer le mot « wu-wei » demanda tout ingénument : « Qu'avez-vous voulu dire ? » et Confucius profita de l'occasion pour préciser sa pensée : « Que de leur vivant les parents soient entourés par les enfants de tous les égards voulus ; lorsqu'ils meurent, qu'on les ensevelisse suivant les rites, puis qu'on leur offre les sacrifices ainsi qu'il convient. »

Confucius comptait bien que sa conversation avec Fan Ch'ih serait rapportée à Mang I qui comprendrait ainsi ce que l'on devait entendre par « wu-wei ». Dans d'autres réponses faites par le Maître à la question : Qu'est ce qu'implique la piété filiale ? il insiste sur cette condition essentielle que les parents soient traités avec vénération, ajoutant qu'il ne suffit pas de leur donner les simples soins matériels, car cela équivaudrait à les traiter comme des chiens ou des chevaux.

Par les passages que nous venons de citer, nous voulons faire ressortir à quel point est vieille la notion que la piété filiale consiste essentiellement à se conformer aux désirs des parents et à leur procurer ce dont ils ont besoin. Confucius le rappelle expressément : « La piété filiale des temps actuels, dit-il, signifie (seulement) le soutien fourni aux parents ». Et ces paroles impliquent que dans les temps anciens, si chers au Maître et qu'il eût voulu faire revivre, il en était autrement. Bien des siècles ont passé depuis que Confucius conversait ainsi ; sa doctrine a eu le temps de pénétrer jusqu'à la moëlle du peuple chinois et elle s'y est fixée. Mais s'il vivait à notre époque, avec quelle énergie n'affirmerait-il pas plus hautement que jamais : « La piété filiale d'aujourd'hui se borne à soutenir les parents. » Nous avons déjà montré que la mentalité chinoise est faite pour s'adapter à cette conception des droits de la piété filiale mieux qu'à toute autre idée de devoir, mais encore faudrait-il préciser ce que cette piété filiale est supposée comporter. Si l'on demandait à dix personnes prises au hasard dans une foule ce qu'elles entendent par « se montrer filiales » neuf vous répondraient sans aucun doute : « Ne pas fâcher ses parents en ne les servant pas convenablement. » Ce qui revient à dire que la piété filiale est « Wu-Wei » (pas désobéissant). Et telle était bien la pensée du Maître alors qu'il employait ces termes dans un sens plutôt constructif.

Les 24 exemples de piété filiale, immortalisés dans le petit livre connu sous ce titre et familier à tout Chinois, illustrent cette doctrine sous une forme pratique. Tel, parmi tant d'autres, le cas, au temps de la dynastie des Han, de ce garçon qui rend visite, à l'âge de six ans, à un ami ; celui-ci lui offre des oranges ; l'enfant précoce commence par exécuter le tour de passe-passe classique en Chine et lance deux oranges dans le haut de sa manche. Mais en s'inclinant pour prendre congé, les fruits glissent et tombent à terre. Cette situation délicate ne le prend pas au dépourvu et le gamin sait spontanément se montrer à hauteur de la situation. S'agenouillant devant son hôte, il fait une simple remarque dont l'à-propos a suffi pour illustrer durant près de deux millénaires le nom de son auteur : « Ma mère aime beaucoup les oranges et je désirais lui en apporter ! » Vu que le père occupait dans l'armée un rang élevé, il semblerait à un critique impitoyable que cet enfant avait bien d'autres moyens de satisfaire la gourmandise maternelle mais, aux yeux des Chinois, il n'en demeure pas moins un exemple classique de la piété filiale parce que, dès son jeune âge, il pensait à sa mère ou tout au moins savait trouver en la nommant une excuse à son larcin. Sous la dynastie Chin, un jeune garçon dont les parents n'avaient pas de moustiquaire, imagina, à l'âge de huit ans, d'aller se coucher très tôt et de demeurer la nuit entière parfaitement tranquille sans même agiter son éventail, afin que tous les moustiques de la famille vinssent assouvir leur fringale sur ses jeunes chairs, laissant ainsi les parents reposer en paix ! Un adolescent, à la même époque, vivait avec une belle-mère qui le détestait ; mais la marâtre aimait beaucoup les carpes. Or, vu l'impossibilité de s'en procurer en hiver, l'enfant imagina d'ôter ses vêtements et d'aller s'étendre nu sur la glace de la rivière. Deux carpes qui l'observaient d'en-dessous furent si intriguées par ce manège qu'elles percèrent la glace et s'offrirent ainsi spontanément pour se faire cuire au profit de l'irascible belle-mère.

D'après les préceptes chinois, « l'attachement égoïste à sa femme et à ses enfants » est le fait d'une conduite peu filiale. Dans le chapitre déjà cité de « l'Edit Sacré », l'on juge une pareille conduite comme aussi funeste que le jeu, et les mêmes expressions servent à flétrir ces deux passions. Parmi les 24 exemples dont nous venons de parler, nous citerons encore le cas d'un homme très pauvre qui, sous la dynastie des Han, s'aperçut un jour qu'il ne lui restait pas suffisamment de vivres pour nourrir sa femme et son enfant âgé de trois ans. « Nous sommes si pauvres, dit-il à sa femme, que nous ne pouvons même pas donner à mère l'aide indispensable et il faut encore donner au petit une part de nourriture. Pourquoi ne pas enterrer l'enfant ? Nous pouvons en avoir un autre tandis que si mère venait à mourir, nous ne pourrions pas la remplacer. » Sa femme, n'osant résister, creusa une fosse de deux pieds, elle se procura un vase en or sur lequel on grava une inscription appropriée à la circonstance, déclarant que la Providence accordait cette récompense à un fils exemplaire dans sa piété filiale. Si le vase en or n'avait dépassé le bord de l'excavation, l'enfant eût été enterré vivant, et cela en toute justice, conformément à la doctrine de la piété filiale, telle qu'on l'entend généralement. « Un attachement égoïste pour sa femme et ses enfants » ne doit pas empêcher le meurtre d'un enfant lorsqu'il s'agit de prolonger l'existence de ses propres ascendants.

Les Chinois croient qu'il existe des cas où les parents sont exposés à des maladies, irréductibles par les moyens ordinaires, et qui ne peuvent être guéries que par l'offrande aux Dieux d'un morceau de chair arrachée à un fils ou à une fille, chair que le parent, tenu dans l'ignorance, doit accommoder lui-même et manger. Si le succès n'est pas absolument certain, du moins y a-t-il de fortes probabilités pour qu'il le soit. La *Gazette de Pékin* contient souvent des allusions à des cas de ce genre. L'auteur connaît personnellement un jeune homme qui se coupa à la jambe un morceau de chair pour guérir sa mère et qui exhibait sa cicatrice avec la fierté d'un vieux soldat. De pareils faits ne sont évidemment pas courants, ils se produisent pourtant plus souvent qu'on ne le croit.

Une maxime de Mencius présente la piété filiale chinoise sous son aspect le plus important. « Il existe trois cas dans lesquels l'on pèche contre la piété filiale ; le plus grave est de ne pas avoir de postérité ». L'obligation de créer des enfants résulte de la nécessité d'assurer la continuité des sacrifices pour les ancêtres, acte religieux qui devient ainsi le devoir le plus important de l'existence ; dès lors le fils devra se marier aussi jeune que possible. Il n'est pas rare de rencontrer un Chinois grand-père à 36 ans. L'auteur a connu un Céleste qui, sur son lit de mort, s'accusa d'avoir manqué en deux circonstances à la piété filiale : d'abord en disparaissant de ce monde avant d'avoir pu enterrer sa vieille mère, et ensuite, en ayant négligé de prendre les arrangements nécessaires pour le mariage de son fils qui avait environ dix ans. La moyenne des Chinois partagerait certainement cette manière d'envisager la piété filiale.

L'absence d'enfants mâles figure parmi les sept causes de divorce et c'est précisément cette nécessité d'avoir des garçons qui a répandu le concubinage et toutes les misères qui l'accompagnent. Aussi les Chinois manifestent-ils une joie bruyante à la naissance d'un fils alors que celle des filles provoque chez eux une profonde dépression : telle est bien la conséquence logique d'une pareille doctrine. De plus, cette mentalité amène d'innombrables cas d'infanticide, crime beaucoup plus fréquent dans le Sud de la Chine que dans le

Nord où il semble presque inconnu. Mais il ne faut pas oublier qu'il est particulièrement difficile d'obtenir sur cette question des informations exactes qui permettent de juger jusqu'à quel point le sentiment public désapprouve ces mœurs. Les enfants illégitimes sont en nombre considérable et il ne manque nulle part de motif de s'en débarrasser, quel que soit leur sexe. Alors même qu'il existerait beaucoup moins de témoignages qu'on n'en a relevé au sujet de la suppression brutale des enfants de sexe féminin, il n'en resterait pas moins qu'un peuple qui considère comme un acte de piété filiale l'enterrement vivant d'un petit être de 3 ans, exécuté pour faciliter aux parents les moyens de soutenir la grand' mère, peut, à bon droit, demeurer sous la présomption de tuer les nouveau-nés de sexe féminin, si mal accueillis lorsqu'ils viennent au monde.

Nous avons déjà fait allusion aux règles qui président au deuil chinois, lors du décès des parents ; ce deuil est supposé durer pendant trois années mais, dans la pratique, on le réduit généreusement à 27 mois. Dans le 17e Livre des « Annales » de Confucius, nous lisons les protestations d'un disciple du Maître contre la longueur de cette période de deuil alors qu'une seule année devait, selon lui, satisfaire à toutes les convenances. A cela le Philosophe répondit péremptoirement que l'homme supérieur ne pouvait se sentir heureux pendant les trois années entières de deuil, mais que si ce disciple croyait être satisfait en les réduisant à une seule, il pouvait agir en conséquence ; quant à lui, le Maître, pareille conduite ne lui paraissait pas digne d'un « gentleman ».

L'observance de ce deuil prime toute autre obligation et elle en arrive à compliquer abusivement l'existence des fils, si ceux-ci occupent quelque charge officielle. Des exemples de piété filiale poussée à l'extrême nous montrent un fils se construisant une hutte près de la tombe de son père ou de sa mère et y vivant pendant toute la durée de son deuil. Dans ces cas-là, il passera ses nuits au cimetière et, pendant le jour, vaquera comme d'ordinaire à ses occupations. Mais certains fils ne sauraient se montrer satisfaits en dehors de l'exécution stricte du cérémonial. En conséquence, ils iront vivre à l'écart pendant les trois années entières, n'acceptant aucun emploi et s'absorbant dans leur douleur. Nous pouvons citer en toute connaissance de cause l'un de ces fanatiques du devoir filial qui revint de ce long exil absolument déséquilibré et fut pour sa famille une charge inutile. Mais, en Chine, les devoirs du cérémonial sont considérés comme absolus et non comme relatifs.

Il n'est pas rare de rencontrer des personnes vendant leurs biens et jusqu'aux bois de charpente de leurs maisons qu'ils jettent à bas, afin de se procurer l'argent nécessaire aux funérailles de leurs ascendants. Peu de Chinois comprendraient qu'un acte pareil constitue une faute à l'égard de la collectivité : il est conforme à leur instinct, il s'accorde avec le « li » ou les convenances, donc on ne saurait s'y soustraire.

Le P. Huc fournit, d'après son expérience personnelle, un excellent exemple de cette piété filiale et du cérémonial qui l'accompagne, tous deux si chers aux Célestes. Alors que le missionnaire résidait dans le Sud de la Chine, il dut un jour, dès le début de son séjour là-bas, expédier un message à Pékin. Il se rappela qu'un maître d'école dont il utilisait les services avait son home dans la capitale et que, sans doute, ce Céleste serait très heureux de profiter d'une occasion rare pour envoyer une lettre à sa vieille mère dont il n'avait pas de nouvelles depuis quatre ans et qui ignorait jusqu'à l'endroit où se trouvait son fils. En voyant approcher l'heure du courrier, le maître d'école appela l'un de ses élèves qui était en train de terminer un devoir dans la pièce voisine. « Prenez, lui dit-il, cette feuille de papier et écrivez pour moi une lettre à ma mère. Hâtez-vous, l'heure presse ». Surpris par la singularité du procédé, le P. Huc demanda si ce jeune garçon connaissait la mère du professeur : l'élève ignorait jusqu'à son existence. « Comment alors pourra-t-il deviner ce qu'il doit lui dire ? » Et le maître de répondre péremptoirement : « Comment ne le saurait-il pas ? Depuis plus d'un an, cet enfant étudie la composition littéraire, il connaît déjà un grand nombre de formules élégantes. Croyez-vous qu'il ignore dans quels termes un fils doit écrire à sa mère ? » L'élève revint bientôt après, avec sa missive rédigée et déjà enfermée dans une enveloppe cachetée ; le professeur ajouta simplement l'adresse. L'épître pouvait s'adapter à n'importe quelle mère chinoise, et toute autre que celle du maître d'école eût été également heureuse de la recevoir.

La conduite filiale des enfants envers leurs parents varie d'un endroit à l'autre et l'on rencontre sans doute partout les deux extrêmes. Les parricides sont rares ; le plus souvent, la folie en est la cause, bien que cette raison ne serve pas d'excuse lors du terrible châtiment infligé au coupable. Mais dans les classes pauvres, cruellement frappées par la misère, il est inévitable que les parents soient parfois durement traités. D'autre part, l'on connaît des cas où le fils s'est volontairement substitué au père et a subi à sa place la peine capitale : des dévouements pareils témoignent hautement de la sincérité et de la force de l'instinct filial, bien que ce père soit souvent un grand criminel.

Pour l'Occidental, accoutumé aux liens un peu lâches de la vie de famille — tel est fréquemment le cas dans les pays chrétiens de nom — la doctrine de la conduite filiale chinoise présente quelques traits séduisants : le respect de l'âge qu'elle implique est des plus salutaires et pourrait être cultivé avantageusement par beaucoup d'Anglo-Saxons. En Occident, dès qu'un fils atteint sa majorité, il va où bon lui semble et agit à sa guise. Aucun lien ne l'attache plus à ses parents et réciproquement. Ces mœurs doivent paraître aux Chinois semblables à celles du veau ou du poulain envers la vache ou la jument qui assurent les premiers mois de leur existence : elles conviennent à des bêtes, mais ne s'accordent pas avec le « li » à l'usage des êtres humains. Considérons attentivement cette question au point de vue chinois et nous nous apercevrons que nos propres pratiques sociales auraient souvent profit à s'inspirer de celles des Chinois. Nous vivons en réalité dans des maisons de verre et nous devrions nous abstenir de jeter inconsidérément des pierres dans le jardin du Céleste. D'autre part, nous ne saurions étudier sa piété filiale sans souligner les conséquences funestes de certaines de ses particularités.

Cette doctrine semble avoir cinq vices radicaux, deux négatifs et trois positifs. Des volumes entiers ont été écrits sur les devoirs des enfants envers leurs parents, mais nulle part l'on ne dit un mot des obligations de ces derniers à l'égard de leur progéniture. Or la Chine n'est pas un pays dans lequel des exhortations de ce genre seraient superflues. Le besoin s'y fait universellement sentir et il en a toujours été ainsi. L'apôtre Saint Paul se montra bien inspiré lorsqu'il expliqua dans quelques phrases lapidaires à l'usage de sa grande Église, quels sont les quatre piliers de la famille chrétienne idéale : « Hommes, chérissez vos épouses, et ne nourrissez contre elles aucune amertume. — Femmes, demeurez soumises à vos époux, comme il plaît au Seigneur que vous vous montriez. — Pères, ne découragez pas vos enfants par des paroles dures. — Enfants, obéissez à vos parents en toutes choses, car telle est la volonté de votre Dieu. » Où trouver dans la doctrine de Confucius des préceptes de morale pratique susceptibles de rivaliser avec ceux-là, d'une portée si haute ? La doctrine chinoise est toute entière en faveur des fils, elle n'a rien su dire en faveur des filles. Si depuis des millénaires, l'œil chinois n'avait pas été affecté d'un incurable daltonisme sur de pareilles questions, il n'eût pas manqué de découvrir cet outrage grossier à la nature humaine. Un banal accident de naissance fait de l'enfant une divinité ou le transforme en une charge redoutée des parents, exposée parfois à la destruction et toujours au mépris.

La doctrine chinoise de la piété filiale place la femme dans un état d'infériorité flagrante. Confucius n'a rien à dire sur les devoirs réciproques des époux. Le Christianisme demande à l'homme de quitter son père et sa mère pour s'attacher à sa femme. Le Confucianisme demande à l'homme de s'attacher à son père, à sa mère et d'imposer à son épouse la même obligation. Si les rapports filiaux du mari et de ses parents occasionnent des heurts entre les deux époux, la femme, en tant qu'être inférieur, doit toujours céder. La structure entière de la société chinoise est modelée sur le plan patriarcal ; elle tend à supprimer quelques-uns des instincts naturels au cœur humain afin de favoriser l'exaltation de quelques autres. Elle a pour conséquence la subordination, pendant leur vie entière, des jeunes aux gens âgés ; elle entrave le développement d'intelligences soumises à ses lois inexorables en empêchant leur évolution normale.

Ce dogme de la doctrine chinoise qui impose comme devoir à la piété filiale de laisser une postérité est responsable d'une longue suite de maux. Il oblige à adopter des enfants, quelles que soient les ressources dont on dispose pour les élever ; il pousse à se marier très jeune et jette en ce monde des millions d'êtres humains destinés à subir les dures étreintes de la pauvreté tout le long d'une existence misérable. C'est la cause efficiente du concubinage et de la polygamie, c'est l'éternelle et inévitable malédiction qui pèse sur la race jaune. Le dogme s'exprime et se condense dans le culte des ancêtres, véritable religion de la Chine. Le système du culte ancestral, lorsqu'il est bien compris dans toute sa significa-tion, est l'un des jougs les plus durs qui aient jamais été imposés à un peuple. Ainsi que l'a signalé le Dr Yates dans son ouvrage déjà cité, « les centaines de millions de Chinois vivants demeurent dans la plus irritante sujétion envers les innombrables milliers de millions de morts. La génération d'aujourd'hui est enchaînée aux générations du passé ». Le culte des ancêtres concrète ce lourd conservatisme chinois auquel nous avons déjà fait allusion et il est la meilleure garantie de sa durée. Avant que celui-ci n'ait été frappé à mort, comment la Chine pourrait-elle s'adapter aux condi-tions absolument nouvelles dans lesquelles elle se trouve depuis ces vingt-cinq dernières années ? Et tandis que le peuple chinois continue à considérer les générations déjà disparues de la scène de ce monde comme de véritables divi-nités, comment la Chine réussirait-elle à faire un pas en avant ?

Il nous paraît exister à la base des pratiques chinoises de la piété filiale un mélange de crainte et d'amour de soi-même, deux des mobiles les plus puissants susceptibles d'agir sur l'âme humaine. Les esprits doivent être adorés en raison du pouvoir qu'ils possèdent de faire le mal. Confucius disait que « respecter les êtres spirituels mais s'en tenir éloigné peut s'appeler de la sagesse ». Si l'on néglige les sacrifices, les esprits seront irrités, et s'ils sont irrités, ils se vengeront. Pour plus de sûreté, il vaut mieux adorer les esprits. Ces quelques préceptes nous semblent résumer très exactement la théorie chinoise à l'égard de toutes les formes du culte des morts. La méthode de raisonnement est des plus simples, tout comme celle qui s'applique aux êtres vivants. Chaque fils accomplit ses devoirs filiaux envers son père et en réclame pareillement de son propre fils. Telle est la raison d'être des enfants. La mentalité populaire se montre très explicite à ce sujet. « Les arbres sont plantés pour donner de l'ombre, les enfants sont élevés pour soutenir la vieillesse. » Ni parents, ni enfants ne conservent la moindre illusion à ce sujet. « Si vous n'avez pas d'enfants pour maculer les couches, vous n'aurez personne pour brûler du papier sur la tombe ». Chaque génération paie la dette de la génération précédente et, à son tour, elle demande à la suivante le paiement intégral jusqu'au dernier sapèque. Ainsi se perpétue, de génération en génération et de siècle en siècle, la piété filiale.

Mais nous nous devons de constater avec quelque mélancolie que cette doctrine d'une piété filiale poussée à un tel point ne renferme aucune allusion à un Etre Suprême ; elle n'incite pas ses fidèles à reconnaître d'une façon quelconque son existence. Le culte des ancêtres, expression dernière et absolue de cette piété filiale, est parfaitement compatible avec le polythéisme, avec l'agnosticisme ou l'athéisme. Il fait des dieux de ses morts, et ses seuls dieux sont des morts. Son amour, sa gratitude, ses craintes ne s'adressent qu'à des parents issus de cette terre. Il ne possède aucune conception d'un Père Céleste et ne prend aucun intérêt à un Etre pareil lorsqu'on Le lui fait connaître. Ou le Christianisme ne poussera jamais en Chine des racines profondes, ou le culte des ancêtres sera abandonné, car ces deux doctrines sont en contradiction absolue. Dans la lutte à mort qui se poursuivra entre elles deux, seule la mieux préparée pour le combat survivra.

CHAPITRE XX

BONTÉ

Le mot « bonté » figure en tête de la liste des Cinq Vertus Constantes. Le caractère qui le représente se compose des signes correspondant respectivement à « homme » et à « deux » ; il implique soi-disant l'idée que la bonté est une qualité qui doit se développer par la rencontre de deux êtres humains et par les réactions réciproques de l'un sur l'autre. Inutile de faire remarquer que cette conception, indiquée par la forme du caractère, demeure une pure abstraction et qu'elle n'est nullement confirmée par les faits de la vie quotidienne des Chinois, tels que ces faits doivent être interprétés par l'observateur intelligent et désintéressé.

Mais, contrairement à ce que l'on pourrait conclure, d'un exament superficiel, le Céleste ne reste pas fermé à tout sentiment d'altruisme ; c'est bien à tort que certains étrangers qui, sous ce rapport, devaient savoir la vérité, ont risqué de pareilles affirmations. Ainsi que le rappelle Mencius, la pitié est un sentiment commun à tous les hommes, en dépit de leurs manières diverses de la manifester. Les enseignements affables et, par quelques côtés, profondément humains de la religion bouddhique, n'ont pas été sans réagir sur le peuple chinois. De plus, le Céleste possède, à un haut degré, l'instinct pratique, et lorsque l'attention a été une fois dirigée vers « la pratique de la vertu », la bonté trouve à s'exercer sous une infinie variété de formes.

Parmi les principales manifestations pratiques de l'esprit de bienfaisance des Chinois, nous citerons l'institution des asiles pour enfants trouvés, les refuges pour les lépreux et les vieillards et enfin les écoles libres. La Chine étant par excellence un pays rebelle à toute statistique, il est impossible de vérifier l'importance de ces formes de la charité privée. Le Rév. David Hill, dont les recherches ont porté sur les établissements charitables de la Chine centrale, a relevé, dans la seule ville de Hankov, trente institutions dues à des initiatives privées et dépensant annuellement 8.000 l. st. Il n'en reste pas moins que de pareilles fondations sont relativement peu nombreuses, eu égard à l'énorme population de la Chine et à la façon dont ce peuple se constitue en agglomérations illimitées dans des ruches immenses, lesquelles auraient tout spécialement besoin de secours.

Les grandes soupes populaires, que l'on voit s'organiser partout dès qu'une forte inondation ou une grande famine en fait sentir le besoin, sont phénomènes courants, de même que la distribution de vêtements chauds aux miséreux. Le Gouvernement n'est pas seul à prendre des initiatives de ce genre ; la charité privée intervient également et arrive à dépenser très judicieusement de fortes sommes. L'on autorise aussi les réfugiés, qui envahissent en masses énormes certaines régions lorsqu'ils se voient chassés de leurs propres domaines par une mauvaise année, à s'installer provisoirement dans les hangars, dans les locaux inoccupés, nécessité qui s'impose. Si ces bandes arrivent en masse et sont mal reçues, il arrive fatalement que les rebuffades dont elles sont victimes provoquent des représailles de leur part. La plus élémentaire prudence veut que, dans ces circonstances, l'on fasse quelques concessions à ces populations errantes.

Nous ne comptons pas comme œuvres bénévoles les Associations entre Chinois, telles que les clubs provinciaux qui fournissent assistance à leurs membres tombés dans la gêne en pays lointain et aux familles des décédés lesquels peuvent ainsi être ramenés et enterrés dans le coin natal. Ce sont de véritables transactions d'affaires, tout comme une assurance, et les Chinois les considèrent comme telles.

Dans quelques-uns des livres destinés à encourager la vertu, certaines pages sont disposées en une sorte de livre-

journal où chaque individu s'accuse par écrit de ses mauvaises
actions et porte les bonnes à son actif. La balance du doit et
de l'avoir permet à tout Chinois de juger à n'importe quel
moment de la place qu'il occupe dans le livre de comptes du
Rhadamante Jaune. Ce système de comptabilité vengeresse
met en relief le caractère pratique des Chinois, tel que nous
l'avons déjà dépeint, et son invariable tendance à considérer
la vie future comme un simple prolongement et une extension.
indéfinie de l'existence actuelle. La bonté chinoise n'est
donc pas désintéressée ; dans ses manifestations se retrouve
un mobile intervenant avec un très fort pourcentage : à savoir
que de pareils actes vaudront en retour quelques avantages
à celui qui s'abandonnera à des impulsions charitables.
L'aveu au grand jour de mobiles égoïstes dans toute bonne
action conduit souvent à de curieux résultats. Au mois
d'avril 1889, le Préfet de Hangchow voulut recueillir des
fonds au profit des victimes des inondations du Fleuve Jaune
en frappant d'un léger impôt chaque tasse de thé vendue dans
les maisons de thé de cette grande ville. Pour les habitants,
la taxe apparaissait sous le même jour que l'impôt sur le thé
qui pesait sur les gens de Boston en 1773. Le Préfet se mit en
frais de proclamations persuasives annonçant à ses administrés que « le bonheur serait leur récompense s'ils acceptaient
de contribuer de bon cœur à une œuvre aussi admirable ».
Rien n'y fit ; le peuple boycotta les établissements de thé
et son entêtement finit par triompher de l'obstination pré-
fectorale. Le spectacle d'une ville dont tous les habitants
s'unissent pour résister au « bonheur obligatoire » n'est certes
pas banal. Parmi les actions les plus favorables à l'enrichisse-
ment de l'actif moral des Chinois, l'on peut citer l'achat de
cercueils pour les indigents, le rassemblement d'ossements
humains dispersés sur le sol et leur enfouissement pratiqué
de façon décente, la collecte de papiers écrits ou imprimés que
l'on brûle pour les garer de toute profanation, l'achat d'oiseaux et de poissons vivants afin de les remettre en liberté
dans leur élément naturel. En certaines régions, il est dis-
tribué au peuple des emplâtres de nature mystérieuse ; du
« vaccin » (en théorie) est également fourni gratuitement.

et des « livres de vertu » sont cédés au-dessous du prix coûtant, parfois même pour rien. Alors que tous ces actes occupent une place importante dans les manifestations de la charité chinoise, ceux qui témoignent seulement de bonne volonté ou de serviabilité ne tiennent — autant que je puis en juger — qu'un rang très secondaire et ils se pratiquent sous des formes en quelque sorte stéréotypées, imposant à leurs auteurs le minimum de peine et de réflexion. Il est bien plus facile de se camper sur la berge d'un fleuve, d'observer le pêcheur occupé à baisser et à relever son filet, de lui acheter sa pêche et de la rejeter finalement dans les eaux que d'examiner le cas d'un miséreux qui frappe à votre porte et de lui distribuer avec intelligence quelque secours.

Pour le Chinois pratique, il y a, de plus, entre ces deux manières d'agir, une très grande différence. Dès que le poisson touche l'eau ou que l'oiseau rase l'air, l'un et l'autre se trouvent dans un élément qui leur suffit ; le travail charitable est terminé, le poisson, pas plus que l'oiseau, ne s'attend à ce que son libérateur lui assure désormais la subsistance ainsi qu'à sa nombreuse progéniture et, de son côté, le bienfaiteur n'a plus qu'à enregistrer son acte vertueux et à s'en aller vaquer à ses affaires, assuré que son geste ne lui vaudra aucune conséquence désagréable. Mais en Chine « la porte de la vertu s'ouvre difficilement » et elle est encore plus dure à fermer. Personne ne saurait prévoir toutes les répercussions possibles et lointaines d'un acte accompli dans les meilleures intentions et, dès lors, les gens prudents, soucieux de n'encourir aucune responsabilité, prêtent grande attention à tout ce qu'ils entreprennent. Un missionnaire, établi dans une province de l'intérieur, reçut un jour la visite de quelques notables du pays qui venaient l'inviter à faire une bonne action en faveur d'un pauvre mendiant en passe de devenir complètement aveugle. Le missionnaire diagnostiqua une cataracte et, grâce à son intervention, le malheureux recouvrit entièrement la vue. Lorsque la guérison ne laissa plus aucun doute, ces mêmes notables revinrent chez le missionnaire pour lui faire observer qu'ayant supprimé le seul moyen d'existence de l'aveugle, c'est-à-dire la mendicité, il devait à celui-ci de le prendre à son service comme portier ! Parfois une bonne vieille dame dont le champ d'activité est limité se met à recevoir régulièrement chez elle des personnes dont la situation lui paraît digne d'intérêt. Nous ne connaissons qu'un cas de ce genre — un seul — ; peut-être le fait est-il moins rare qu'on ne croit. Mais, toutes réserves faites, il faut admettre que « la véritable bonté qui s'exprime avec bonté » ne se rencontre pas souvent parmi les Chinois.

Dès que surgit une grosse calamité, telle que la grande famine ou un débordement du Fleuve Jaune, le Gouvernement, central ou local, se met en avant avec plus ou moins de promptitude pour tenter de venir en aide aux victimes. Mais, au lieu d'agir sur une grande échelle, ainsi que devrait le suggérer le retour si fréquent de ces désastres, les mesures sont prises et exécutées comme une sorte de pis-aller : il semble qu'aux yeux de l'Administration, le cas est nouveau et ne pourra jamais plus se présenter. Puis, en admettant que l'on s'occupe des réfugiés, les secours cessent généralement au moment même où ils seraient le plus utiles, c'est-à-dire au début du printemps, alors que les malheureux affaiblis par de longs mois de souffrances, ayant vécu dans un entassement effroyable, se trouvent plus particulièrement exposés aux maladies. C'est, en effet, à cette époque qu'on les renvoie nantis d'une petite somme d'argent pour les aider à rentrer chez eux et y reprendre leurs conditions normales d'existence du mieux qu'ils pourront. L'excuse est visible : les fonds sont épuisés ; le travail ne manquera pas dans les fermes, si seulement les travailleurs peuvent se nourrir jusqu'à la moisson. Le Gouvernement sait qu'ils mourront de la peste du moment qu'ils auront à subir les grandes chaleurs dans les refuges où ils sont entassés, mais aux yeux des fonctionnaires, il est préférable que les malheureux disparaissent en détail : la mort en masse ne peut se cacher !

Le même esprit se manifeste dans l'acte charitable connu sous le nom de « douze huit gruau ». Cette exhibition peut être considérée comme un cas typique de l'expression la plus superficielle de la charité chinoise. Le huitième jour de la douzième lune, il est d'usage, pour toute personne ayant accumulé une certaine quantité de bonnes impulsions qui n'ont pas encore eu l'occasion de se manifester par des actes effectifs, de distribuer généreusement pendant « douze heures de jour » environ, à tout individu qui se présente, un bol de soupe faite au meilleur compte et de la qualité la plus médiocre. Cela se nomme « pratiquer la vertu » ; il n'est pas de moyen plus efficace d'accumuler des mérites. Si la récolte a été bonne, il ne se présentera personne qui veuille de l'infâme mixture du citoyen généreux, chaque misérable trouvant dans son taudis l'équivalent, sinon mieux. Pareille abstention ne provoque pas la prétérition de l'offre et encore moins a-t-elle pour résultat de faire distribuer un mets de qualité meilleure. Les donateurs annoncent, chaque année, leurs offres charitables avec le même empressement, et lorsque la journée se passe sans que personne soit venu demander un bol de l'abondante bouillie de gruau, on la verse simplement dans les vieux récipients destinés à contenir la nourriture des porcs. Et l'homme riche qui vient de pratiquer la charité rentre se reposer au logis avec l'orgueilleuse satisfaction que, quel que soit le sort des pauvres qui dédaignèrent de venir prendre part au régal que leur offrait sa générosité, il a du moins fait son devoir jusqu'à l'année suivante ; il peut dès lors, en toute conscience, poser pour l'homme vertueux et bon. Si, au contraire, la récolte fut mauvaise, si le prix du grain monte à un prix fabuleux, ce même homme, riche et vertueux, négligera de faire annoncer « la pratique de la vertu » pour la bonne raison « qu'il n'en a pas, cette année, les moyens » !

Nous avons déjà parlé des dons faits aux mendiants dont le nombre est partout si considérable. Dans les villes, ces malheureux sont organisés, au vu et su de tout le monde, en corporations puissantes, plus puissantes qu'aucune autre qui prétendrait entrer en lutte avec elles, pour l'excellente raison que les mendiants n'ont rien à craindre, ni rien à perdre : et ils sont bien les seuls à se trouver dans de pareilles conditions. Le boutiquier qui refuserait de répondre à la demande persistante d'un mendiant, quand celui-ci a attendu pendant un temps raisonnable, et exposé sa requête avec ce que les arbitres de Genève appelaient « la persistance voulue », s'exposerait à l'invasion d'une horde de pauvres hères affamés. Celle-ci lui rendrait la vie insupportable et paralyserait toute transaction jusqu'à ce qu'on eût satisfait à des demandes de plus en plus exigeantes. Les boutiquiers comprennent cela aussi bien que les mendiants, et c'est ainsi que les charités de ce genre affluent régulièrement, telle la source qui alimente sans arrêt le ruisseau.

Le même principe, avec les modifications nécessaires imposées par les circonstances, s'applique aux petites charités faites aux réfugiés dont on aperçoit le flot toujours montant en de si nombreuses régions. On remarque que, dans tous ces cas, le donateur a rarement en vue le profit qu'en retirera le malheureux appelé à en bénéficier, il ne songe qu'aux avantages qu'il retirera lui-même du bienfait qu'il confère.

Parmi les nombreux obstacles auxquels se heurte le plein épanouissement de la charité chinoise, il en est un qui rend presque impossible la réussite d'une entreprise, quelque bonne et urgente qu'elle soit, car celle-ci ne peut échapper aux effets desséchants du système chinois d'exactions, système aussi parfaitement organisé que tout autre élément des rouages gouvernementaux. Il est très difficile de se documenter sur le fonctionnement de la charité chinoise officielle, mais l'on a suffisamment observé certains détails, pendant la crise de la grande famine, pour pouvoir affirmer que la détresse du peuple, quelque profonde qu'elle soit, n'est pas une barrière contre les plus honteuses malversations des fonctionnaires chargés de distribuer les fonds de secours. Et si de pareils scandales peuvent se produire alors que l'attention publique est fixée sur les misères d'une partie de la population et sur les moyens d'y remédier, il n'est pas difficile d'imaginer ce qui se passe lorsque, à l'extérieur, on ne sait rien des fonds recueillis, ni de l'usage qui en est fait.

Le jour où les Chinois connaîtront mieux cette civilisation occidentale dont les mauvais côtés seuls s'imposent le plus souvent à leur attention, ils seront certainement amenés à constater, non sans étonnement, que la chrétienté entière est dotée d'institutions de bienfaisance qui, nulle part ail-

leurs, n'ont leurs pareilles, et alors il leur viendra peut-être
à l'esprit de soumettre à une analyse approfondie un fait
aussi significatif. Les Célestes pourront aussi remarquer dans
leur écriture un détail assez suggestif : le caractère qui exprime
la bonté ou la propension à faire du bien diffère de la plupart
de ceux qui se rapportent aux émotions et qui ont « le cœur »
pour radical : il est tracé *sans le cœur*. La vertu ainsi repré-
sentée est trop souvent aussi pratiquée sans cœur ; nous en
avons déjà exposé les résultats. Cet état d'âme dans lequel
la vraie philanthropie n'est autre chose qu'un instinct cher-
chant l'occasion de se manifester lorsqu'on en perçoit nettement l'utilité pour son prochain, fait totalement défaut aux
Chinois. En vérité, ce n'est pas un sentiment dont la nature
humaine puisse à elle seule assurer l'évolution. Si l'on veut
le créer chez les Chinois, il faut agir par un processus analogue
à celui qui en a fait une partie intégrante de la vie courante
dans les pays occidentaux.

CHAPITRE XXI

MANQUE D'ALTRUISME

Nous venons de signaler à nos lecteurs cet aspect de la vie chinoise qu'indique le mot « bonté » — ou désir de faire le bien — la première des « Vertus Constantes ». La bonté, c'est souhaiter du bien à son prochain. L'altruisme, c'est ce sentiment de camaraderie qui porte l'homme à s'intéresser aux émotions d'autrui. Après avoir posé en principe que les Chinois pratiquent à un certain degré la bienfaisance, nous voudrions mettre en relief combien le sentiment de compassion leur fait défaut.

N'oublions pas la forte densité de la population en Chine. Alors que les désastres provoqués par les inondations et la famine se renouvellent périodiquement dans presque toutes les parties de l'Empire, le désir des Chinois d'avoir une postérité est une passion si dominante que les circonstances qui devraient opposer un frein efficace à l'accroissement de la population — et tel serait le cas dans beaucoup d'autres pays — se montrent en Chine inefficientes. Les gens les plus pauvres continuent à marier leurs enfants, tout jeunes et ceux-ci procréent des familles nombreuses, tout comme s'ils étaient en état de pourvoir à leur subsistance. Pour ces raisons, et pour quelques autres encore, une grande partie de la population vit littéralement au jour le jour. Telle est universellement la condition des journaliers, condition à laquelle il ne semble exister aucune échappatoire. Tout étranger vivant au milieu des Chinois de condition ordinaire s'aperçoit bien vite que presque aucun d'entre eux ne possède quelque argent.

Dès qu'un travail est demandé, ceux qui s'en chargent réclament une avance afin de pouvoir manger : probablement n'ont-ils rien eu jusqu'à ce moment à se mettre sous la dent. Les gens fortunés ont parfois, eux aussi, quelque peine à se procurer une somme, même modeste, lorsque le besoin s'en fait sentir à l'improviste. L'on dit couramment, et de façon très significative, d'un homme obligé de réunir des fonds, soit pour suivre un procès, soit pour ordonner un enterrement, etc., qu'il « passe par une famine », c'est-à-dire qu'il agit comme un meurt-de-faim, étant donné son obstination insistante à trouver de l'argent. En dehors des personnes vraiment riches, aucun Chinois ne compte, en pareilles circonstances, se tirer d'affaire sans l'aide effective de ses voisins ou amis. Une pauvreté sans espoir, tel est le fait qui domine la vie chinoise, et la portée de ce fait sur les rapports des gens entre eux se manifeste nettement à tout observateur attentif. Les efforts incessants pour pourvoir à la vie matérielle et les habitudes qu'ils développent et entretiennent, alors même que le besoin ne s'en fait plus sentir d'une manière urgente, ont pour résultat de rabaisser l'existence à de dures nécessités matérielles qui s'incarnent dans deux faits. L'argent et la nourriture représentent les deux foyers de l'ellipse chinoise et c'est autour d'eux que gravite la vie sociale toute entière de ce peuple.

L'insondable pauvreté des masses populaires de l'Empire chinois, et la lutte terrible que chacun livre constamment pour s'assurer la plus maigre subsistance, ont familiarisé le Céleste avec les exhibitions les plus pitoyables et les plus diverses de la souffrance humaine. Quelque ardentes que soient ses impulsions charitables, un Chinois demeure impuissant, par la force des choses, à soulager même la millième partie de la misère qu'il voit régner autour de lui, misère bien plus grande encore dans les années de détresse publique. Tout homme qui réfléchit ne peut que reconnaître l'absolue futilité des moyens mis en œuvre pour alléger les maux des malheureux ; l'initiative individuelle reste aussi impuissante que l'intervention gouvernementale. Toutes ces méthodes, même envisagées sous leur meilleur jour, reviennent à un simple traitement des symptômes ; elles ne font rien pour atteindre le mal dans ses racines. Leur action peut assez bien se comparer à celle de personnes charitables qui s'en iraient distribuer des petits morceaux de glace chez des malades atteints de la fièvre typhoïde — tant de grammes par tête — alors que ces malheureux n'ont à leur disposition ni hôpitaux, ni docteurs, ni médicaments, ni soins d'aucune sorte. Il n'est donc pas surprenant qu'au point de vue pratique les Chinois ne se montrent pas plus charitables ; on devrait plutôt s'étonner qu'avec un tel manque de prévoyance et d'organisation, la charité se manifeste encore. Nous connaissons bien l'effet que produit sur des personnes cultivées le contact permanent des misères que l'on ne peut ni empêcher, ni secourir, car chaque guerre moderne nous en ramène le lamentable spectacle. La première vue du sang provoque une contraction nerveuse de l'épigastre et laisse une impression indélébile ; mais ce premier sentiment s'atténue rapidement pour faire place à une certaine insensibilité qui persiste, et demeure, même chez celui qui l'éprouve, un sujet constant d'étonnement. Or en Chine, la guerre sociale sévit toujours à l'état latent et chacun est trop accoutumé aux misères qui en résultent pour leur accorder plus qu'une attention passagère.

Le manque de compassion des Chinois se manifeste aussi dans leur attitude vis-à-vis de gens atteints d'une difformité quelconque. D'après les croyances populaires, le boiteux, l'aveugle — et plus encore le borgne — le sourd, le chauve, celui qui louche, sont autant de gens à éviter. L'on suppose *a priori* que la constitution physique étant défectueuse, la nature morale doit l'être également. Autant que nous avons pu en juger, ces déshérités ne sont pas traités durement, mais ils n'excitent à aucun degré la pitié sympathique qui va en Occident, et de façon si spontanée et généreuse, à de pareils malheureux. Ici, ils sont considérés comme frappés pour quelque faute secrète, théorie qui concorde absolument avec les croyances des anciens Juifs.

La personne qui a le malheur d'être stigmatisée pour quelque défaut naturel ou une tare accidentelle, ne tardera pas à se voir reprocher son état d'infériorité physique. L'une des formes les plus atténuées de cette coutume, c'est de rappeler la particularité fâcheuse de la personne en question, de façon à attirer sur elle l'attention du public : « Grand frère aîné aux marques de petite vérole, » demande l'infirmier d'un dispensaire à un malade, « de quel village êtes-vous ? » De même, un homme atteint de strabisme ne s'étonnera pas d'entendre une observation de ce genre : « Lorsque les yeux regardent de travers, le cœur n'est pas droit. » Devant un autre qui n'a pas de cheveux on dira : « Sur dix chauves, neuf sont perfides et le dixième le serait également s'il n'était muet ! » Les infortunés ainsi disgrâciés de la nature doivent se résigner à subir pendant leur vie entière un pareil traitement, bien contents encore si un heureux tempérament leur permet d'entendre sonner indéfiniment à leurs oreilles ces propos désobligeants sans devenir enragés.

Le même excès de franchise n'épargne pas les gens mal dotés au point de vue mental. « Ce garçon », fait remarquer quelqu'un de son entourage, « est idiot » ! Supposition tout à fait gratuite peut-être, mais l'intelligence du jeune homme, déjà peu développée, court le risque de s'abêtir complètement à s'entendre dire partout qu'il n'a pas de cervelle. Et telle est la méthode universellement adoptée pour traiter les malheureux affligés d'une maladie nerveuse ou, plus généralement, d'une infirmité quelconque. Leurs moindres particularités, les plus simples détails de leur conduite, l'origine attribuée au mal, les symptômes qui en accompagnent l'évolution, tout cela est du domaine public ; on en raconte tous les détails en présence du malade et celui-ci doit se résigner à s'entendre traiter de fou, d'idiot, etc.

Chez un peuple qui envisage la naissance d'un enfant mâle comme étant une question primordiale, l'on ne s'étonnera pas que le manque de postérité soit pour un ménage une occasion permanente de reproches et de railleries. Si l'on suppose, alors même que rien ne justifie les soupçons, qu'une mère vient d'étrangler délibérément l'un de ses enfants, on trouvera tout naturel de parler publiquement de ce fait devant des étrangers.

Le traitement infligé aux mariées le jour de leurs noces

montre une fois de plus, et de façon très caractéristique, le manque de bienveillance des Chinois pour leur prochain. Souvent très jeunes, toujours fort timides, les nouvelles épouses sont, très naturellement du reste, affolées de se trouver brusquement au milieu d'étrangers. Les coutumes varient beaucoup, il est vrai, mais en général les Chinois paraissent assez indifférents à ce que peut ressentir une pauvre enfant ainsi livrée à la curiosité publique. Dans certaines régions, tout passant est en droit d'entr'ouvrir les rideaux du palanquin pour examiner l'épousée. Dans d'autres, les jeunes filles se font un malin plaisir de se poster en bonne place sur le parcours du cortège et de lancer à la mariée des graines de foin ou de menus brins de paille qui demeureront longtemps collés aux cheveux généreusement huilés. Enfin, lorsqu'elle descend de sa chaise pour pénétrer dans le logis de sa nouvelle famille, la jeune femme se voit en butte au même genre de critiques que l'on ferait à propos d'un cheval nouvellement acheté et il est facile d'imaginer les sentiments qu'éprouve la malheureuse enfant.

A côté de ce cérémonial pointilleux si cher à l'âme chinoise, il semble exister chez le Céleste une sorte d'incapacité à comprendre que certaines choses peuvent déplaire à autrui et que, dès lors, il vaudrait mieux s'en abstenir. Un ami chinois, qui n'avait certes pas l'intention de se montrer impoli, avouait un jour à l'auteur de ce livre combien il avait été surpris, en voyant pour la première fois des étrangers, de constater que ces inconnus avaient le visage couvert de poils exactement comme des singes, mais il s'empressa d'ajouter, voulant sans doute rassurer son interlocuteur : « Maintenant j'y suis tout à fait habitué ! » Le professeur auquel on demande en pleine classe des renseignements sur ses élèves, répondra que celui-là, assis près de la porte, est de beaucoup le plus intelligent et qu'il pourra passer ses examens avant d'avoir atteint sa vingtième année ; quant à ses deux voisins, il a rarement vu des garçons aussi idiots ! Jamais il ne vient à l'esprit de personne que de pareilles réflexions puissent réagir fâcheusement sur l'esprit des élèves.

La vie de famille des Chinois illustre à tout instant ce

manque d'altruisme. Bien entendu, chaque ménage se présente avec ses caractéristiques particulières et, en raison même de la diversité des cas, toute généralisation serait sans valeur, mais il n'en est pas moins facile de se rendre compte, à en juger simplement d'après les intérieurs où l'on est admis, que la plupart des ménages chinois ne sont pas heureux. Et ils ne sauraient réaliser le bonheur familial parce qu'ils manquent de cette unité de sentiments qui nous semble, à nous, si essentielle pour la véritable vie familiale. Une famille chinoise consiste généralement en une association d'êtres indissolublement liés les uns aux autres, possédant en commun de nombreux intérêts et davantage encore d'intérêts différents. Dans ces conditions, le home, tel que nous l'entendons, est irréalisable et la sympathie réciproque n'existe pas.

En Chine, on accueille mal les filles, et cela, dès l'âge le plus tendre : ce fait a une portée très grande sur toute la suite de leur existence. Des mères et des filles qui passent leurs journées étroitement confinées dans une cour, ne manqueront probablement pas, vu les conditions de la vie chinoise, de sujets de désaccord. Aussi en vient-on bientôt aux paroles injurieuses, l'on s'insulte avec une liberté que l'inévitable laisser-aller de la vie quotidienne en commun tend à favoriser. Un dicton populaire, très profond pour qui connaît les intérieurs chinois, affirme qu'une mère ne peut pas, en injuriant sa propre fille, l'empêcher d'être quand même sa fille ! Après son mariage, l'épousée est considérée comme n'ayant plus, avec sa famille, d'autres relations que celles inséparables de la communauté d'origine, et il y a une raison bien enracinée pour exclure les filles de toute mention sur les registres de famille : « Elle n'est plus notre fille, mais la belle-fille de quelqu'un d'autre. » La nature humaine, il est vrai, revendiquera ses droits en exigeant des visites au home maternel à des intervalles plus ou moins espacés, suivant les usages du lieu. Dans certains districts, ces visites sont très fréquentes et très prolongées alors que dans d'autres la coutume semble subsister d'en faire le moins possible et parfois même de les interrompre pendant de longues périodes, par exemple en cas de mort dans la famille. Mais quels que soient les usages locaux, le principe tient bon que la belle-fille appartient à la famille dans laquelle elle est entrée. Lorsqu'elle se rend chez sa mère, elle y va strictement au point de vue affaires. La plupart du temps, elle emporte des travaux de couture destinés à la famille de son mari et que ses propres parents doivent l'aider à terminer. A chaque visite, elle se fait accompagner par une grande partie de sa progéniture afin qu'elle ne soit pas, en son absence, un embarras pour sa belle-famille, et afin surtout de la faire nourrir par la famille de la grand'-mère maternelle aussi longtemps que possible. Dans les régions où sévit ce genre de visites, et plus spécialement dans les familles qui comptent plusieurs filles mariées, les continuelles incursions de ces jeunes femmes dans le vieux foyer familial sont une source perpétuelle de terreurs pour le reste de la famille et une lourde dîme prélevée sur ses ressources ; aussi pères et frères s'accordent-ils souvent à dissuader les filles de ces visites alors qu'en sous-main les mères les encouragent. Mais comme les coutumes locales fixent certaines époques pour ces déplacements — une date fixe après le jour de l'an, certains jours de fête, etc. — l'on ne saurait les interdire.

Lorsque la belle-fille retourne chez sa belle-mère l'on peut être sûr que, pareille au voleur qui se respecte, elle ne se présente jamais les mains vides. Elle doit offrir à sa belle-mère un cadeau quelconque, des vivres le plus souvent. A négliger ce rite consacré, même s'il y a impossibilité matérielle, l'on s'expose à des scènes dramatiques. Dans le cas où la jeune fille s'est mariée dans une famille pauvre ou qui l'est devenue, ou encore si elle a des frères mariés, elle s'apercevra bien vite que ces visites à sa mère sont, comme disent les docteurs, contre-indiquées.

Chez certaines familles, la guerre existe à l'état permanent entre les belles-filles et leurs belles-sœurs mariées, tout comme entre les Philistins et les enfants d'Iraël, chacune regardant ce terrain comme son domaine spécial et les autres enfants comme des intrus. Si les belles-filles se sentent assez fortes, elles prélèveront, toujours comme les Philistins, une taxe sur l'ennemi qu'elles ne peuvent ni exterminer, ni expulser définitivement. La belle-fille est considérée comme une simple domestique à l'usage de toute la famille, et telle est bien, en effet, la position qu'elle occupe. Or, lorsqu'on engage une servante, on la choisit naturellement forte et bien constituée, sachant faire la cuisine, coudre, et possédant tout autre talent qui puisse être un gagne-pain dans cette région de l'Empire, plutôt qu'une enfant malingre et peu capable. Nous avons connu une jeune gaillarde de vingt ans, mariée à un jeune homme de santé débile lequel paraissait n'avoir que la moitié de l'âge de sa femme ; au début du mariage celle-ci eut le plaisir de le soigner pour une petite vérole, maladie considérée comme infantile.

Si l'on voulait raconter la dure existence que supportent, en Chine, les belles-filles, il y aurait de quoi remplir un chapitre. Rappelons seulement que toutes les femmes chinoises se marient — généralement très jeunes —, qu'elles demeurent pendant une partie notable de leur existence sous la férule impitoyable de la belle-mère, et l'on aura une légère idée des misères qui accablent ces malheureuses obligées de vivre dans des familles qui ne cessent de les maltraiter. Leurs parents ne peuvent leur offrir d'autre protection que celle d'adresser des remontrances aux nouvelles familles de leurs enfants et d'exiger des funérailles coûteuses si, réduites au désespoir, elles en arrivent à se suicider. En admettant qu'un mari blesse gravement sa femme ou même la tue, il pourra échapper à toutes les conséquences légales de son acte en faisant simplement remarquer qu'elle ne se montrait pas « filiale » envers ses beaux-parents. Les suicides de jeunes femmes sont, je le répète, extrêmement fréquents et, dans certaines régions, l'on trouverait difficilement un groupe de villages où pareil événement ne se soit pas tout récemment produit. Peut-on imaginer rien de plus pitoyable qu'une mère apostrophant en ces termes sa fille qui tente de se suicider et qui en réchappe : « Pourquoi n'êtes-vous pas morte lorsque vous en aviez la chance ! »

Dans un mémoire publié, il y a quelques années, dans la *Gazette* de Pékin, le gouverneur du Honan montrait incidemment qu'alors que la loi reconnaît la responsabilité du parent pour le meurtre d'un enfant, ces dispositions deviennent caduques du fait de la clause qui admet qu'une femme mariée ayant tué volontairement sa jeune belle-fille, peut se racheter en payant une somme d'argent. Et le magistrat citait à ce propos le fait suivant : Une femme fit, au moyen de bâtons d'encens enflammés, des brûlures à une jeune fille destinée à devenir l'épouse de son fils, puis elle lui appliqua sur les joues des pinces chauffées au rouge et finalement elle l'acheva en l'arrosant d'eau bouillante. Ce même Mémoire cite encore d'autres cas dont l'authenticité ne saurait être mise en doute. La barbarie poussée à ce point est certainement rare, mais les exemples de traitements assez cruels pour pousser la victime au suicide sont si fréquents qu'ils retiennent à peine l'attention des gens.

La quantité de concubines qui se rencontrent dans les familles chinoises est une cause permanente de divisions intestines. Les maisons deviennent le théâtre de querelles incessantes et de luttes qui se poursuivent même au dehors. « Le magistrat de la ville que j'habite, » écrit un résident possédant une longue expérience de la Chine, « était un homme riche, savant, estimé, docteur en littérature, administrateur capable, très au courant des enseignements des Classiques, mais il n'eût pas reculé devant le mensonge, le vol et la torture pour satisfaire ses mauvaises passions. L'une de ses concubines s'enfuit, on la rattrape et on la ramène chez son maître ; là, toute nue, elle est suspendue par les pieds à une poutre et cruellement fustigée. »

Dans un pays tel que la Chine, les pauvres n'ont pas le temps d'être malades. Les indispositions qui frappent les femmes et les enfants sont généralement considérées comme choses négligeables par les hommes de la famille ; aussi se transforment-elles parfois en un mal incurable parce que « l'on n'avait pas le temps de s'en occuper » ou encore « parce que l'homme n'en avait pas les moyens. »

Ainsi que nous l'avons fait remarquer en parlant de la piété filiale, l'un des préceptes de ce culte veut que les jeunes comptent relativement pour peu dans la famille. Ils n'ont de valeur qu'en puissance ; ce qu'ils sont ne compte pas.

Nos mœurs occidentales procèdent donc exactement en sens inverse des coutumes chinoises. Sur trois voyageurs, il est de règle que le plus jeune supporte toutes les corvées. Le domestique le moins âgé est partout le souffre-douleur des autres. Au milieu de cette pauvreté qui accable les masses populaires, il arrive parfois qu'un jeune homme se révolte contre la dure servitude dans laquelle il se trouve enserré et qu'il se décide à prendre la fuite. Plusieurs causes interviennent dans ces décisions mais, à notre avis, la plus fréquente résulte des mauvais traitements infligés au malheureux garçon. Nous citerons le cas d'un enfant qui, relevant d'une fièvre typhoïde, n'arrivait pas à satisfaire, avec le grossier pain noir de la famille, l'appétit qui est généralement consécutif à cette maladie. Un jour, n'y tenant plus, il se rendit au marché de la localité et s'y offrit le luxe de dépenser en victuailles 20 « cents » environ. Sévèrement réprimandé par son père, l'enfant s'enfuit en Mandchourie, asile ordinaire de tous les garçons des provinces du Nord-Est en pareille occurrence, et jamais plus l'on n'entendit parler de lui.

George D. Prentice disait volontiers que l'homme était l'objet principal de la création, la femme n'étant qu'un produit secondaire. Cette phrase exprime littéralement la position de la femme dans une famille chinoise. Les parents d'une jeune fille n'ont d'autre but, quand ils cherchent à la marier, que de se décharger de l'obligation d'assurer son existence ; de son côté, le mari ne veut que perpétuer sa race. Ces deux objectifs n'ont en eux-mêmes rien de répréhensible, mais dans la pratique, ils ouvrent un champ d'action trop large aux mobiles humains d'ordre inférieur. En Chine, personne du reste ne se fait d'illusions à ce sujet.

Ce qui est vrai des mariages dans la classe moyenne, s'applique plus rigoureusement encore à la classe pauvre. L'on dit couramment d'une veuve qui s'est remariée que « désormais elle ne mourra pas de faim ». Un proverbe populaire affirme qu'un deuxième mari et une seconde femme ne seront mari et femme qu'aussi longtemps qu'il y aura dans le ménage quelque chose à manger ; à chacun de se tirer d'affaire dès que les vivres feront défaut. Pendant les périodes de famine, l'on a vu des hommes abandonner femme et enfants, les laissant, soit pourvoir seuls à leur misérable existence, soit mourir de faim. Dans beaucoup de familles, les belles-filles furent renvoyées chez leur mère afin que celle-ci les soutînt ou les affamât suivant le cours des événements. « C'est votre fille, ayez en soin vous-même ! » Dans d'autres cas où l'on distribuait une nourriture spéciale aux femmes allaitant un bébé, on a vu des hommes arracher aux mères ces aliments et les dévorer : nous rappelons ce fait bien qu'il puisse être tenu pour exceptionnel.

Il serait souverainement injuste de juger d'un peuple seulement d'après son attitude dans les années extraordinaires, telles que celle de la grande famine ; il n'en existe pas moins que ces moments critiques sont en quelque sorte des pierres de touche par lesquelles on peut juger des principes, bases de la vie sociale, avec plus de certitude que dans le courant de la vie ordinaire. Les ventes de femmes et d'enfants ne se pratiquent pas seulement pendant les années de misère, mais à ces moments-là, elles sont poussées à leur limite extrême. Nul n'ignore que pendant plusieurs de ces dernières années la vente des femmes et des enfants se faisait aussi ouvertement que le commerce des ânes et des mules, avec cette seule différence que les êtres humains n'étaient pas exhibés sur le marché. Pendant la grande famine de 1878 qui ravagea presque entièrement les trois provinces du Nord, il se fit un tel trafic de femmes et de jeunes filles exportées dans les provinces du Centre, qu'en certains endroits il était difficile de louer un véhicule quelconque, tous les moyens de transport se trouvant absorbés par cet étrange commerce. On enlevait les jeunes femmes des régions où elles étaient exposées à mourir de faim et on les transplantait dans les districts dépeuplés par les rebelles et qui, depuis lors, manquaient de femmes à marier. L'un des traits les plus mélancoliques de cet étrange état de choses, c'est que la vente forcée de membres des familles chinoises et leur transfert dans des provinces éloignées fut peut-être l'unique moyen par lequel on put sauver les existences des vendeurs ainsi que celles des vendus.

Nous avons déjà vu à quel point les familles négligent les soins médicaux, lorsqu'il ne s'agit que des femmes et des enfants. La petite vérole, considérée en Occident comme un fléau terrible, est si répandue en Chine que le peuple ne peut jamais espérer s'y soustraire, mais on n'y attache guère d'importance, les victimes étant généralement des enfants. Les malheureux devenus aveugles à la suite de ce mal sont extrêmement nombreux. Le peu de valeur que les Chinois attachent à l'existence d'un jeune enfant atteint un degré auquel on ne devrait pas s'attendre de la part de gens hostiles à toute mutilation du corps humain. Parfois les bébés ne sont même pas enterrés. Le Céleste dit couramment en parlant de son enfant décédé : « Il a été jeté dehors ! » et si, après enroulement dans une natte, on enfouit ces pauvres corps dans le sol, la couche de terre est si mince qu'ils deviennent bientôt la proie des chiens. Dans certains districts règne encore l'horrible coutume de broyer le corps d'un jeune enfant décédé et de le réduire en quelque chose d'informe afin d'empêcher « le diable qui habitait en lui de revenir tourmenter la famille ».

Alors que les Chinois traitent avec le plus profond dédain cette petite vérole, tant redoutée en Europe au plus grand étonnement des Jaunes, ils craignent le typhus et la fièvre typhoïde qu'ils considèrent à peu près comme nous la scarlatine. Si vous avez le malheur d'être atteint de l'une de ces maladies loin de votre home, vous aurez beaucoup de peine à obtenir des soins médicaux. A toute demande de secours l'on vous répondra : « Cette maladie est contagieuse. » Il en est de même pour un mal terrible qui fait de grands ravages dans certaines vallées du Yunnan et sur lequel Mr. Baber a fourni des détails intéressants dans son livre : « Travels and Researches in Western China » : « Le malade atteint de ce mal ressent bientôt une immense faiblesse suivie, au bout de quelques heures, de douleurs aiguës dans toutes les parties du corps, puis de délire, et dans neuf cas sur dix la mort survient. » Les indigènes l'expliquent ainsi : « La chambre du malade est envahie par les diables ; les tables, les matelas craquent et se tordent, les meubles mêmes parlent et répondent de façon intelligible aux personnes qui les interrogent, mais, en général, chacun évite de pénétrer dans la chambre. Le missionnaire m'affirma que le plus souvent le malade est abandonné à son malheureux sort, tout comme un lépreux. Si le terrible mal frappe un membre âgé de la famille, les seuls soins auxquels ce dernier puisse prétendre, c'est l'isolement dans une pièce avec un baril d'eau à sa portée. La porte est maintenue fermée, et deux fois par jour, les parents anxieux viennent tâter le malade avec un long bâton pour s'assurer qu'il vit encore. »

Chez un peuple d'un naturel aussi doux que les Chinois, il est impossible que dans l'intérieur des homes, même si l'on n'en sait rien au dehors, la bonté ne s'y pratique pas dans une large mesure. La maladie et le chagrin tout particulièrement en appellent au meilleur côté de la nature humaine et, dans un hôpital organisé par des étrangers, nous avons été témoin d'actes de dévoûment, non seulement de la part de parents envers leurs enfants ou inversement, mais aussi de maris à l'égard de leurs femmes, et l'on peut ajouter, envers des personnes étrangères les unes aux autres. Bien des mères chinoises allaitant leur enfant n'hésiteront pas, si elles ont du lait en abondance, à nourrir, en même temps que le leur, un enfant orphelin et à sauver ainsi cette jeune existence.

D'autre part, dans leurs relations sociales, les Chinois font souvent preuve de mauvaise volonté, lorsqu'il s'agit de prêter aide ou assistance à leurs semblables, à moins qu'ils n'aient des raisons spéciales de le faire. Ainsi il ne viendra à l'idée de personne, alors même que l'on disposerait de tout le temps nécessaire, d'aider un garçon intelligent, qui n'a pas les loisirs ou les moyens d'aller à l'école, à apprendre les caractères chinois. L'ambition de s'instruire de la sorte ferait sourire les gens restés longtemps sur les bancs des écoles chinoises. « De quel droit ce garçon prétend-il acquérir en quelques mois ce qui nous a coûté des années de labeur ! Qu'il prenne un professeur comme nous ! »

Tout étranger connaissant la Chine n'est pas sans s'étonner du peu d'empressement que le public met généralement à se porter au secours d'individus en train de se noyer. Il y a

UNE FAMILLE CHINOISE DE CLASSE MOYENNE EN COSTUME D'HIVER.

quelques années, un incendie détruisit un bateau à vapeur
étranger naviguant sur le Yang-tsé. Les Chinois, venus en
masse sur les rives pour assister à ce spectacle, ne firent à
peu près rien pour secourir les passagers et l'équipage ; quant
aux naufragés qui réussirent à gagner les rives, ils furent volés
des vêtements qu'ils portaient et quelques-uns même assas-
sinés. N'oublions pas à ce propos qu'il n'y a pas si longtemps
qu'en Angleterre certaines personnes avaient comme profession de piller les navires des naufragés. D'autre part,
à l'automne de 1892, un grand steamer britannique s'échouait
sur la côte chinoise et les autorités locales secondées par la
population maritime s'empressèrent de venir en aide aux
survivants. En dépit de ces quelques exemples, il faut pourtant reconnaître qu'il existe en Chine un certain endurcisse-
ment de la sensibilité en ce qui touche aux innombrables
cas de détresse que l'on rencontre partout et, plus spécialement, sur les routes où l'on est appelé à voyager. Un proverbe
très répandu assure qu'être pauvre chez soi, ce n'est pas la
véritable pauvreté, mais que de l'être au loin, sur les grands
chemins, coûte à un homme sa vie.

C'est surtout en voyageant en Chine que le manque de
serviabilité du peuple envers les étrangers se fait le plus
sentir. Lorsque les pluies d'été ont rendu les routes à peu
près impraticables, le malheureux, condamné à se déplacer
quand même, s'apercevra cruellement que « le ciel, la terre
et l'homme » sont une trinité liguée contre lui. Personne ne
songera à le prévenir que la route qu'il a prise se terminera
en une affreuse fondrière. S'il plaît au voyageur d'aller enliser
sa voiture dans un marécage, c'est son affaire et non celle
de ses voisins ! Nous avons déjà signalé à quel point la voirie
était négligée sur les grandes routes. Lorsque le passant
enfoncera dans un de ces nombreux bourbiers que l'on rencontre à chaque pas en certaines saisons et dont on ne peut
plus se dégager, des indigènes surgiront de tous côtés et,
les mains dans les poches, regarderont le malheureux d'un
air indifférent. Ce n'est qu'après la conclusion d'un marché
en bonne et due forme qu'un Céleste lèvera le doigt pour
vous aider. Les paysans en arrivent même à creuser des

fondrières sur les routes dans les passages difficiles afin de mettre le voyageur dans l'embarras et l'obliger à recourir à eux, contre bonne rétribution bien entendu. Si l'on hésite sur la direction à prendre, l'on fait aussi bien de se fier au hasard et de dédaigner l'avis des gens qui connaissent le pays ; il n'est jamais sûr, en effet, que le conseil donné par ces rustauds n'ait pour résultat de vous embourber davantage au lieu de vous faciliter la marche.

Pourtant, nous avons entendu citer le cas d'une famille étrangère qui se rendait dans une ville de l'intérieur où les gens l'accueillirent avec une apparente cordialité ; les voisins offrirent même de prêter des ustensiles de ménage jusqu'au moment où elle pourrait s'en procurer. Sans doute existe-t-il d'autres exemples de ce genre ; ils n'en restent pas moins exceptionnels. L'arrivée d'étrangers laisse les autochtones dans la plus complète indifférence ; quelque curiosité simplement, mais surtout un ardent esprit de lucre, toujours accompagné d'une hostilité hargneuse pour plumer au mieux les oies grasses que le Ciel leur envoie. Si les nouveaux venus sont réduits à la misère pour une cause quelconque, jamais, à notre connaissance tout au moins, ils ne trouvent dans le voisinage une assistance spontanée. On cite le cas de marins qui, ayant entrepris par voie de terre le voyage de Tien-tsin à Chefou, puis de Canton à Swatow, ne rencontrèrent personne qui fût disposé à leur offrir un abri pour la nuit ou la moindre parcelle de nourriture.

Le plus souvent il est difficile, et parfois même impossible à ceux qui ramènent un mort d'obtenir une place dans les auberges. Nous avons connu un Chinois obligé de passer une nuit entière dans la rue auprès du cercueil de son frère parce que l'aubergiste avait refusé de le laisser entrer dans la cour. L'on vous extorquera des sommes énormes pour effectuer par voie d'eau de pareils transports, et nous pourrions citer des cas où le mort était empaqueté et lié dans un emballage de nattes pour conserver les apparences d'un colis ordinaire. L'on raconte que, pendant l'un de ces derniers hivers, un hôtelier de Wei Hsien refusa de recevoir des voyageurs transis de froid, de peur qu'ils ne mourussent chez lui, et les repoussa dans la rue où ils succombèrent à la rigueur de la température.

En Chine, il se commet des crimes dont les coupables échappent à toute répression par suite de la difficulté qu'il y aurait à obtenir une condamnation du magistrat, et de l'argent que coûterait le procès, mais aussi en raison de la honte qui résulterait de la publicité de l'affaire. Aussi traite-t-on beaucoup de cas d'adultère en usant du droit de vengeance privée. Le délinquant est pris violemment à partie par une bande d'individus, suivant le principe bien connu que « là où il y a beaucoup de gens, le prestige de leur force est grand ». Souvent on casse bras ou jambes à la victime, parfois même lui fait-on couler de la chaux vive dans les yeux pour le rendre aveugle. L'auteur a eu connaissance de plusieurs faits de ce genre, ils ne sont du reste pas rares. Un Chinois très intelligent et familiarisé avec la manière de penser des Occidentaux, entendant un étranger s'élever contre de pareilles pratiques qu'il qualifiait de cruauté raffinée, manifesta une vive surprise ; il affirma qu'en Chine cette façon de traiter un criminel était tenue pour « extrêmement douce », attendu qu'on se contentait d'estropier le coupable alors qu'il méritait la mort !

« Pourquoi persistez-vous à venir manger ici ? » demandait une femme au frère de son mari. — Absent depuis plusieurs années, cet homme avait commis précédemment un acte répréhensible et s'était attiré le terrible châtiment de : l'injection de chaux vive dans les yeux. — « Nous n'avons pas de place pour vous ! Si vous voulez quelque chose de dur, voilà un couteau, et si vous préférez quelque chose de doux, voilà une corde ! Allez ailleurs ! » Cette conversation fut incidemment rapportée par un aveugle incurable pour expliquer qu'il voudrait bien recouvrer un peu de vue, si la chose était possible. Et il laissa entendre que, dans le cas contraire, l'objet « dur » lui servirait aussi bien que le « doux » à régler définitivement son affaire. Il est rare d'entendre citer un cas dans lequel une victime de pareils traitements a réussi à porter plainte devant un magistrat. Les témoignages à charge seraient accablants et, sur dix fonctionnaires, neuf estimeraient certainement que l'homme méritait pareil châtiment et même un plus dur ! En admettant qu'il gagnât sa cause, il n'en serait pas plus heureux, car l'irritation des voisins ne ferait que s'accroître et sa vie même ne serait plus en sûreté.

Il faut bien comprendre qu'en dépit du caractère sacré de la vie humaine en Chine, il existe des cas où l'existence d'un individu est tenue pour bien peu de chose. Le vol est l'un des crimes qui exaspèrent le plus les Célestes. Au milieu d'une population très dense où chacun se trouve toujours à deux doigts de la ruine, le vol est considéré comme une menace contre la société toute entière, menace à peine moins grave que le meurtre. Au cours d'une période de famine, l'un des répartiteurs des secours rencontra une femme frappée de démence et devenue kleptomane ; on l'avait enchaînée à un énorme bloc de pierre tel un chien enragé. Si quelqu'un est signalé comme pratiquant le vol ou que, de toute autre façon, il soit devenu un fléau public, il court le risque d'être supprimé par un procédé sommaire rappelant d'assez près les méthodes en usage chez les Comités de surveillance des premiers temps de la Californie. Le poignard est parfois employé, mais le plus souvent on enterre vivant le coupable. Sans doute certaines personnes croiront-elles que je parle au figuré, comme on dit que « vous avalez de l'or », mais il n'en est rien ; ces mots correspondent à une terrible réalité. Nous connaissons quatre personnes qui furent de la sorte menacées de mort. Dans deux de ces cas, les victimes furent d'abord ligotées, la fosse était déjà creusée, mais l'enfouissement n'eut pas lieu grâce à l'intervention d'un membre âgé de la bande des exécuteurs. Dans un village bien connu de l'auteur, un jeune homme notoirement fou, était un voleur incorrigible. Un groupe de villageois, de sa propre famille, « consulta » (!) la mère et, après qu'ils en eurent délibéré, le malheureux fut ligoté et précipité dans la rivière gelée, par un trou qu'on venait de percer dans la glace.

Pendant les années qui virent les vagues de la rébellion des Taï-pings déferler sur une si grande partie de la Chine, l'agitation fut partout à son paroxysme. A ce moment-là, il suffisait qu'un étranger parût suspect pour qu'on s'emparât aussitôt de sa personne afin de le soumettre à un rigoureux examen et, s'il ne pouvait fournir d'explications satisfaisantes sur ses faits et gestes, le peuple en usait durement avec lui. A quelques centaines de mètres du logis où j'écris ces lignes, il se passa, voici vingt ans, deux tragédies. Les magistrats, dans leur impuissance à faire exécuter les lois, notifièrent au peuple en des communications semi-officielles, d'avoir à s'emparer de tout individu suspect. Des villageois, apercevant un homme à cheval qui semblait étranger à la province, s'empressèrent de l'interroger, mais le malheureux ne put fournir d'explications précises sur ses antécédents ; son sac de couchage recélait de nombreux objets de joaillerie volés sans doute de côté et d'autre. Notre homme solidement ligoté fut jeté dans une fosse creusée à la hâte et enterré vivant. Pendant qu'il était procédé à cette exécution sommaire, un autre étranger courait affolé à travers camps : l'un des assistants ayant insinué que cet individu devait être le complice du précédent, on lui fit aussitôt subir le même sort. Dans certains cas, les étrangers durent creuser eux-mêmes leur propre fosse. Tout habitant des provinces de Chine qui furent le théâtre de ces désordres, et assez âgé pour avoir pu en être le témoin oculaire, rendra témoignage que les cas de ce genre furent extrêmement nombreux. En 1877, durant la période de terreur provoquée par de mystérieux « coupeurs de nattes », une panique intense s'empara d'une grande partie de l'Empire, et il n'y a pas de doute que l'on fit disparaître de cette façon bien des personnes suspectes. Mais toutes les races humaines ont passé, en certaines circonstances, par de pareilles périodes de panique et le monopole n'en appartient certainement pas à la Chine.

La cruauté dont les Célestes ne font que trop souvent preuve fournit, parmi bien d'autres, un exemple de leur manque de compassion. Le peuple se figure généralement que les Mahométans de la Chine sont plus cruels que les Chinois eux-mêmes. Que ce soit vrai ou non, quiconque connaît un peu le pays ne saurait mettre en doute l'indifférence des Célestes pour les souffrances d'autrui, indifférence qui n'atteint certes pas un pareil degré chez aucun autre peuple civilisé.

Les enfants, après avoir grandi au logis dans une liberté presque complète, voient cesser le régime de la douceur dès que commence leur éducation. Le « Livre des trois caractères », le plus répandu de tous les manuels scolaires en usage dans l'Empire, déclare brièvement que le professeur qui enseigne sans sévérité manque à son devoir. Bien que la maxime soit appliquée diversement, suivant le tempérament du pédagogue et la nature plus ou moins obtuse des élèves, il est certain que le régime normal de l'école est très dur. Nous avons vu un écolier qui, au sortir d'une leçon pendant laquelle le professeur s'était efforcé de l'initier aux mystères des Essais en vue d'un examen, semblait avoir pris part à une bataille en pleine rue, tant sa tête était couverte de blessures et de sang. Il n'est pas rare de voir des élèves pris de convulsions à force d'être injuriés par des maîtres perpétuellement en colère. D'autre part, les mères dont les enfants ont le malheur d'être sujets à ces attaques n'hésitent pas parfois à les rouer de coups pendant qu'ils se trouvent en période de crise, exprimant ainsi l'excessive indignation que leur cause ce mal. Il est aisé de conclure que des mères, capables de battre leurs enfants parce qu'ils entrent en convulsions, n'hésiteront pas à les traiter cruellement dès que la moindre faute de leur part viendra les irriter.

Le système des répressions légales fournit encore un exemple de l'insensibilité morale des Chinois. Il est difficile, en examinant le Code de l'Empire, de discerner ce qui s'accorde ou ne s'accorde pas avec la Loi, car la coutume semble avoir sanctionné bien des infractions à la lettre des statuts. L'une des plus significatives, c'est le nombre formidable de coups appliqués avec une tige de bambou sur le dos des coupables. Ce châtiment, d'usage courant, correspond souvent à dix ou même cent fois le chiffre fixé par la loi. La place nous manque pour mentionner les tortures affreuses infligées, au nom de la Justice, aux prisonniers chinois. On en trouvera le détail dans les bons ouvrages sur la Chine tels que « The Middle Kingdom » ou « les Voyages » du P. Huc. Ce dernier raconte avoir vu des prisonniers en route pour le yamen, les mains clouées à la charrette parce que les agents de la

Justice ne s'étaient pas munis de chaînes. Rien ne démontre plus clairement la proposition : « Si les Chinois ont des entrailles, ils n'ont pas de pitié » que la cruauté devenue coutumière avec laquelle la Justice traite, de propos délibéré, les prisonniers qui ne peuvent pas payer le prix de leur relaxation. Il y a quelques années, la presse de Shanghaï racontait le jugement rendu par le magistrat du district contre deux vieux Chinois enfermés dans la geôle du yamen et qui avaient tenté d'extorquer de l'argent à un nouvel arrivé. Ils reçurent respectivement deux mille et trois mille coups de bambou et leurs chevilles furent brisées à coups de marteau. Est-il surprenant qu'un adage chinois conseille aux morts de se tenir éloignés de l'Enfer et aux vivants de ne pas approcher des yamens ? [1]

Depuis l'époque où parurent les articles que nous venons de reproduire, quelques-uns des sujets traités à ce moment ont reçu de source autorisée une confirmation inattendue. Voici la traduction d'un extrait de la *Gazette de Pékin* du 7 février 1888 :

« Le gouverneur du Yunnan déclare que dans certains districts ruraux de cette province, les villageois ont conservé l'horrible coutume de brûler, jusqu'à ce que mort s'ensuive, tout individu surpris dans les champs en flagrant délit de vol de blé ou de fruits. Ils obligent même la famille de la victime à donner son consentement, par écrit, puis à mettre de ses propres mains le feu au bûcher : le tout afin de lui enlever toute possibilité de porter plainte ultérieurement. Parfois ce châtiment atroce est infligé pour le simple bris d'une branche d'arbre. Le paysan n'hésite même pas à lancer de fausses accusations et des hommes sont mis à mort par

---

1. Un Chinois exerçant la profession d'avocat aux Etats-Unis, M. Hang-Yen Chang, résume, dans un article sur la façon d'appliquer les lois en Chine, publié par un grand journal religieux, tout ce qui a été déjà dit au sujet du manque de nerfs dont ses compatriotes sont gratifiés. Il remarque que ceux-ci en sont arrivés à ne plus considérer comme cruel l'un quelconque des châtiments en usage. Bien que nous ne soyons pas de cet avis, nous insisterons sur le fait que les Chinois étant ce qu'ils sont, leurs lois et coutumes ce qu'elles sont, il est à présumer que l'on ne pourrait modifier réellement leur système de châtiments sans avoir procédé d'abord à une réforme intégrale de la mentalité de chacun des membres de la collectivité chinoise. On ne peut se risquer à renoncer à la force brutale avant d'avoir en main une force morale assez puissante pour la remplacer.

pure méchanceté. C'est à l'époque de la rébellion du Yunnan que fut inaugurée cette terrible pratique qu'on peut à peine concevoir et, depuis lors, les efforts incessants des Autorités n'ont pas réussi à l'extirper. »

Les journaux locaux ont relevé, pour une seule période de quelques années, des récits très circonstanciés à propos d'un « suttee »[1] en usage dans un district de Foochow. Les veuves sont contraintes à s'étrangler elles-mêmes, et après que leurs corps ont été incinérés, le peuple élève un portique en souvenir de leur vertu ! Vainement les magistrats s'efforcèrent-ils d'abolir une coutume aussi inhumaine : ils n'y ont réussi que dans certaines localités et encore de façon très éphémère.

La Chine a beaucoup de besoins. Ses hommes d'État placent en première urgence des armées, une marine et des arsenaux. Les étrangers qui ne désirent que son bien lui souhaitent une monnaie normale, des chemins de fer et une instruction scientifique. Mais, à pousser plus loin le diagnostic, ne s'aperçoit-on pas que, vu les conditions de l'Empire, il a besoin avant tout que ses sujets témoignent de sentiments plus humains, surtout à l'égard des enfants ? Les races et les peuples qui, dans les temps anciens, ne connaissaient pas de pareils sentiments, les possèdent, depuis dix-huit siècles, et c'est une des plus belles conquêtes de l'Humanité. La race jaune devrait ressentir à son tour, pour les femmes et les mères, cette sympathie que deux millénaires ont tant contribué à développer et à rendre plus profonde. Elle a besoin d'éprouver de la sympathie pour l'homme en tant qu'être humain, d'apprendre à se montrer miséricordieuse et de répandre autour de soi cette clémence bienveillante, comme tombe du ciel une ondée bienfaisante, deux fois bénie et par celui qui la donne et par celui qui la reçoit, divine compassion que Sénèque qualifiait de tare de l'âme, mais que le Christianisme a cultivée avec succès jusqu'à en faire la plus belle plante qui ait jamais fleuri sur terre, la vertu dont la pratique rapproche le plus de Dieu son humble créature.

1. « Suttee », mot hindou qui signifie « femme chaste » et qui s'applique plus spécialement à la femme qui se fait brûler sur un bûcher à la mort de son mari ! (N. d. T.)

CHAPITRE XXII

OURAGANS SOCIAUX

Au milieu d'une population d'une densité aussi formidable que celle de la Chine, où l'on voit des familles très nombreuses, trop souvent entassées dans des locaux d'une insuffisance notoire, il est impossible que les occasions de querelles ne surgissent pas à tout instant. Combien êtes-vous dans votre famille ? demandez-vous à votre voisin. — Entre dix et vingt, répond-il. — Et si vous ajoutez : Vous avez tout en commun ? la réponse sera généralement : Oui. Voilà donc quinze à vingt êtres humains, échelonnés probablement sur trois à quatre générations, vivant du produit d'une seule industrie ou de celui d'une même ferme. Avec cette source unique de revenus, il faut satisfaire aux besoins de tous les membres de la famille. Chacun d'eux donne son temps et son effort au fonds commun, mais si frères mariés il y a, la question des belles-sœurs prend une importance capitale, vu qu'il est très difficile de les mettre d'accord entr'elles. L'aînée aimera à tyranniser les plus jeunes, et celles-ci se montreront naturellement jalouses des prérogatives de celle-là. Chacune s'efforce de faire sentir à son mari que dans cette communauté de biens, ses intérêts sont lésés.

La génération la plus jeune, celle des enfants, est une source abondante de désagréments. Où trouver une société capable de résister à la tension nerveuse que provoque un tel état de choses ? Si des ennuis de cet ordre ne sont pas rares dans les intérieurs les mieux ordonnés des pays d'Occident, combien plus fréquemment se manifesteront-ils dans l'existence complexe et compacte du Chinois ! Autant de buts, d'intérêts en jeu, autant d'occasions de désaccord. L'argent, la nourriture, les vêtements, les enfants et leurs disputes, un chien, un poulet, n'importe quoi fera jaillir l'étincelle et éclater les querelles.

L'un des caractères les plus énigmatiques de la langue chinoise est celui dont on se sert pour indiquer les passions en ébullition qu'un euphémisme traduit par « sujet de colère ». Le mot « *ch'i* » joue un rôle prépondérant dans toute la philosophie chinoise, de même que dans la vie courante. *Ch'i* se manifeste dès qu'un homme éprouve une violente colère, et les Chinois croient à une relation étroite et fatale entre le développement de ce « sujet de colère » et la nature humaine en général, de sorte que l'on attribue souvent à une colère violente l'origine de la plupart des maladies, anévrisme, perte de la vue, etc. Tout docteur chinois appelé près d'un malade, demandera d'abord : Qu'est-ce qui excite votre colère à ce point ? Les médecins étrangers, établis depuis longtemps en Chine et possédant une grande expérience des Célestes, seraient assez disposés à prêter, eux aussi, au *ch'i* tout ce que les Chinois lui attribuent. En voici un curieux exemple. Un homme habitant dans les montagnes du Shantung central avait une femme et plusieurs enfants en bas âge. Au mois d'octobre 1889, la femme mourut ; le mari se montra très affecté, non pas, comme il nous l'expliquait, qu'il fût particulièrement attaché à son épouse, mais comment allait-il se tirer désormais d'affaire avec des enfants tout jeunes encore ? Au paroxysme de la fureur, il saisit un jour un rasoir chinois et se taillade par trois fois profondément le ventre. Quelques voisins s'empressent de recoudre les plaies avec du fil. Six jours après, sous le coup d'un autre accès de *ch'i*, il rouvre ses blessures. A chaque fois nul souvenir ne lui reste de ces incidents. Il se remet néanmoins et, six mois plus tard, il est en état de parcourir à pied plusieurs centaines de milles pour aller se faire soigner dans un hôpital étranger. La blessure à l'abdomen s'était en partie refermée, seule une petite fistule subsistait encore, mais l'intestin ne fonctionnait plus normalement. Quel exemple frappant de cette vitalité physique du Chinois dont nous avons déjà parlé.

Le Céleste hurle éperdument pour donner plus de force à un ordre ou à une réprimande, habitude tellement invétérée chez lui qu'elle semble incurable. Faire des remontrances à quelqu'un sur un ton de voix ordinaire, en s'arrêtant de temps à autre afin d'écouter la défense, représente pour lui presque une impossibilité psychologique. Il *faut* qu'il crie, il *faut* qu'il vous interrompe, et cela par une nécessité aussi absolue que celle qui provoque un chien, très excité, à aboyer sans répit.

Les Chinois ont poussé l'art de l'injure à un degré de perfection dont seuls les Orientaux sont capables. Dès le début de la dispute les mots injurieux s'épandent en une ignoble avalanche — la langue anglaise ne saurait en fournir l'équivalent —, avec une virulence et une pertinacité digne des poissardes de Billingsgate. Toutes les classes, tous les sexes puisent copieusement dans cet arsenal d'invectives, et l'on se plaint que le vocabulaire des femmes est encore plus immonde que celui des hommes, justifiant ainsi l'aphorisme d'après lequel les Chinoises gagnent en volubilité ce qu'elles perdent dans la compression de leurs pieds. Les enfants commençant à peine à parler, apprennent ces expressions affreuses dans leur famille même et les emploient avec leurs propres parents qui trouvent cela très drôle. Cette façon de s'exprimer est devenue chez le Céleste une sorte de seconde nature : elle ne se confine pas à une seule catégorie sociale. Des lettrés, des fonctionnaires de tout rang, du plus humble au plus élevé, n'hésitent pas, sur la moindre provocation, à user de mots grossiers tout comme leurs coolies. Les gens du commun s'interpellent pareillement dans la rue, sorte de salutation goguenarde qui est rendue en même monnaie.

En Occident, les injures sont parfois moins bruyantes, mais plus acérées ; quant aux malédictions chinoises, elles ne comptent pas si on ne les hurle pas. Un juron anglais est une balle rapide, une injure chinoise est un paquet d'ordures. Beaucoup de ces termes outranciers passent pour une espèce de sort ou de malédiction. L'homme dont le champ de millet a été massacré se plante à l'entrée de la venelle qui mène à son logis et lance des bordées d'injures contre l'inconnu — souvent suspecté — qui fauche ses épis. Ce procédé a un double effet : il met le public dans la confidence de l'accident et de la fureur de l'intéressé et, en plus, il joue le rôle de mesure prophylactique contre le renouvellement possible de pareille déprédation. Le coupable est — théoriquement — en embuscade, écoutant avec un respect mêlé de terreur les imprécations terribles lancées contre lui. Bien entendu, il ne peut avoir la certitude qu'on ne l'a pas découvert, ce qui est souvent le cas. La victime connaît peut-être son voleur, mais elle se contente de donner de la publicité à ses insultes, avertissant ainsi formellement le coupable qu'il est connu ou soupçonné et qu'il fera bien de ne pas recommencer. Qu'on ne provoque pas trop le volé cependant, sinon celui-ci usera de représailles ; il en donne l'avis implicitement dans ses imprécations. Telle est la théorie chinoise en ce qui concerne les insultes faites en public. Les Célestes reconnaissent volontiers que non seulement cette manière de procéder n'enraye pas le vol, mais qu'elle ne contribue pas nécessairement à empêcher qu'il ne se renouvelle puisque, dans une population aussi dense, le voleur ou tout autre **délinquant** peut ignorer tout à fait qu'il a été injurié.

Les femmes se laissent souvent aller à la coutume « d'injurier la rue ». A cet effet, elles grimpent sur leur toit et hurlent jusqu'à complète extinction de voix. Une famille tenant au décorum ne supporterait pas pareille exhibition si elle pouvait l'empêcher, mais en Chine, comme ailleurs, il est bien difficile de modérer les excès d'une femme en rage. Les insultes lancées de la sorte ne retiennent guère, en général, l'attention. Parfois l'on rencontre un homme posté à l'entrée d'une venelle, ou bien l'on aperçoit une femme campée sur un toit et criant à tue-tête, sans qu'ils attirent, ni l'un ni l'autre, un seul auditeur. Si la température est élevée, le brailleur (homme ou femme) hurle jusqu'à extinction de souffle, puis il s'évente pour se rafraîchir ; après quoi il reprend l'attaque **avec une nouvelle fureur.**

Pour peu qu'une dispute chinoise tourne à la violence,

il n'est guère possible qu'elle se termine sans qu'on en arrive à des diffamations plus ou moins personnelles. Des Anglais voyageant dans le Sud de l'Europe n'ont pas été sans remarquer l'étonnement des races latines devant une habitude invariable des Britanniques : aux prises dans une rixe, ceux-ci commencent toujours par « jouer de l'épaule ». Les Chinois, comme les Italiens, connaissent rarement la boxe ou, s'ils l'ont apprise, ils n'en ont pas étudié le côté technique. La première et principale ressource du Céleste qui a dû en venir aux mains, est de saisir la natte de son adversaire et de tirer dessus tant et plus. Neuf fois sur dix, si deux hommes seulement sont aux prises et qu'aucun n'arrive à mettre la main sur une arme quelconque, la lutte se réduit à un duel où l'on tâche réciproquement de s'arracher les cheveux.

La querelle entre Chinois consiste aussi dans un duel d'injures, de paroles grossières et violentes. Or, dans ce cas, il n'y a presque toujours qu'une seule raison qui, forcément, met fin à la dispute : c'est lorsque les adversaires sont devenus aphones à force de crier. Nous serions bien étonné d'apprendre qu'on ait jamais vu une foule chinoise exciter les combattants ; mais ce que nous avons pu constater nous-même, ce que nous nous attendons toujours à voir, c'est la brusque et spontanée apparition d'un pacificateur. Il y en a deux, parfois quatre ; chacun s'empare de l'un des manifestants et s'efforce de le calmer par de bonnes paroles. Dès que le principal meneur se trouve ainsi sous la sûre tutelle du pacificateur, il devient doublement furieux. Très judicieusement il a retardé le moment où il allait se mettre hors de lui jusqu'à ce que quelqu'un soit intervenu péremptoirement, et alors seulement il se laisse aller à simuler des spasmes de fureur, aussi inoffensifs pour lui-même que pour les autres. Même dans ses moments de colère les plus violents, le Chinois ne reste pas sourd à celui qui veut lui faire entendre raison ; il professe en effet pour la « raison » un respect non seulement théorique, mais aussi très réel. Qui a jamais vu un belligérant invectiver l'importun pacificateur qui l'empêche de se jeter sur son adversaire ? Et c'est ici le point décisif de la lutte. Même dans ses accès de colère les plus aigus, le Chinois reconnaît que la paix est à souhaiter — en théorie — mais que, dans son cas concret, elle est impossible. Le pacificateur en juge autrement et, presque toujours, il entraîne au loin le belliqueux querelleur lequel, tout en s'éloignant, continue à défier méchamment son adversaire.

Un trait curieux de cette pratique de l'injure si universellement répandue est que l'on considère de « mauvais goût », en lançant ses invectives, de toucher aux défauts réels de celui qu'on insulte ; le plus souvent, on se contente d'imputer à ce dernier des origines basses et de déverser le mépris sur ses ancêtres. Un pareil langage envers son prochain est à juste titre considéré comme un affront, une offense grave, non parce qu'on l'emploie en présence du prochain, ni parce que des termes aussi vifs lui sont appliqués : l'insulte consiste dans la perte de la « face », ce qui arrive inévitablement si l'on est injurié de la sorte. La personne coupable ne se défendra pas de s'être avilie, ni d'avoir commis un acte honteux, mais plutôt d'avoir eu le tort d'appliquer ces qualificatifs à la personne en question, lorsque ce n'était pas le moment.

Il est heureux que le port d'armes ne soit pas en Chine d'un usage courant, car si, à l'exemple des anciens *samuraï* du Japon, les Célestes étaient munis de revolvers ou de sabres, l'on ne peut supputer le nombre de méfaits qu'on aurait à porter chaque jour au compte du *ch'i*.

Lorsque le Chinois s'est bien persuadé qu'il est la victime d'un tort grave, aucune puissance humaine ne saurait empêcher l'éclosion spontanée et violente du *ch'i*, ni en prévoir les conséquences. Nous avons entendu parler d'un Céleste qui s'en était allé solliciter le baptême chez un vieux missionnaire. Celui-ci, homme d'une grande expérience, refusa en termes très convenables. Là-dessus, l'individu prit un couteau et voulut attaquer le vieillard pour démontrer par l'épreuve du combat son droit à la cérémonie d'initiation. Cette méthode de s'emparer par la violence du royaume de Dieu est heureusement inconnue dans la plupart des noviciats, mais le principe s'en retrouve constamment en Chine dans les diverses phases de la vie sociale. Une vieille femme qui ne veut pas

s'incliner devant une réponse négative réclame une aide
pécuniaire et se précipite sous les mules de votre équipage.
Si elle est écrasée, tant mieux pour elle : elle a ainsi la certitude — et avec raison — qu'on viendra à son aide pendant
une période indéfinie. Une vieille mégère habitant le même
village que l'auteur de ce livre, criait parfois qu'elle allait
se suicider, mais bien que tous ses voisins fussent prêts à
l'y aider, elle ne semblait pas disposée à accomplir son des-
sein. Finalement, elle se jeta dans une mare vaseuse pour
se noyer, mais elle s'aperçut avec un dépit extrême que l'eau
n'arrivait que jusqu'à son cou. Avec un peu d'imagination,
il lui eût été facile de se baisser pour immerger entièrement
sa tête, mais elle se contenta de prendre tout le village à
témoin de sa malchance, et cela dans les termes les plus
grossiers. La fois suivante elle réussit mieux.

Si l'on s'est rendu coupable d'un tort qui ne comporte pas
de réparation légale, tel que des injures à l'égard d'une
fille mariée, injures dont la violence aura dépassé ce que les
usages autorisent, un groupe d'amis se rendra chez la belle-
mère, et pour peu qu'on lui résiste, il n'hésitera pas à livrer
une bataille rangée. Si, au contraire, rien ne s'oppose à
l'entrée des assaillants dans la maison et que les insulteurs
aient pris la fuite, ceux-là briseront la vaisselle, les miroirs,
en un mot toutes choses fragiles et, après avoir ainsi trouvé
un exécutoire à leur *ch'i*, ils se retireront. Quand on s'attend
à pareille irruption, les gens menacés s'empressent de transporter chez des voisins leurs objets précieux. Un journal
chinois a rapporté un cas dont Pékin fut le théâtre. Un homme
croyait épouser une femme très belle. Or il arriva que la mariée
était laide, chauve et d'âge plutôt mûr. Le prétendant, déçu,
entra dans une grande colère, il frappa violemment les
intermédiaires, insulta toute la compagnie et mit le trousseau
en pièces. Tout Chinois pouvant risquer le coup eût agi de
même [1]. C'est après que les accès préliminaires du *ch'i* se

---

1. Le bruit a couru à Pékin que l'empereur s'était montré mécontent de la femme
qu'on lui avait choisie. L'impératrice douairière l'ayant si souvent contrecarré
dans ses moindres désirs, tout choix fait par elle lui eût été par principe odieux.
On se disait aussi tout bas que le palais était le théâtre de scènes violentes qui

sont calmés que le pacificateur — intermédiaire si précieux dans la vie chinoise — entre en scène. Parfois ces ministres de la paix sont tellement imbus de la nécessité de ramener le calme que, même lorsqu'ils ne sont pas directement intéressés dans l'affaire, ils n'hésitent pas à intervenir, allant de l'un à l'autre parti, se prosternant d'un côté, puis de l'autre, dans l'intérêt de la concorde.

Chaque fois que l'on se heurte à l'impossibilité d'apaiser un orage social par les procédés ordinaires — c'est-à-dire si le *ch'i* est tellement violent qu'il ne saurait être calmé avant qu'il ait éclaté — on entame une procédure : rien de plus funeste en Chine. La même rage aveugle qui pousse une personne à perdre toute maîtrise d'elle-même au cours d'une querelle, la pousse également, dès que les premiers spasmes sont passés, à traîner devant le magistrat celui qui l'a offensée, de façon à le mettre dans les griffes de la Justice. Ce procédé n'est déjà pas très heureux en pays d'Occident, mais en Chine, c'est folie pure. Un proverbe plein de bon sens déclare digne de louanges l'homme qui se laissera tromper jusqu'à la dernière limite, plutôt que d'invoquer le secours de lois souvent pires que la mort. Nous sourions devant la colère d'un immigrant dont le chien a été tué par un voisin et qu'un ami tâchait de dissuader de recourir à la justice. — « Que valait le chien ? — Rien ! Mais puisque cet homme a été assez vil pour le tuer, il paiera le prix fort ! » En Occident, une action en justice de ce genre serait renvoyée aux dépens du demandeur et on en resterait là. En Chine, l'affaire peut se prolonger jusqu'à la ruine des deux partis et devenir une cause permanente de dissensions pendant plusieurs générations, mais, en général, toute action en justice provoque l'entrée en scène du pacificateur omniprésent, et dont l'intervention rend d'inappréciables services. Des millions de procès sont ainsi étouffés avant d'en arriver à leur point critique. L'auteur de ce livre fut informé que dans un village comprenant un millier de familles, il n'y eut pas un seul procès pendant une

n'étaient pas loin de ressembler à celles que l'on racontait s'être déroulées au mariage de l'un de ses sujets. « Lorsque ceux qui sont au sommet agissent, ceux qui sont au-dessous veulent faire de même. »

génération entière, grâce à l'influence apaisante d'un homme éclairé qui occupait une certaine situation dans le yamen du magistrat du district.

Une machinerie sociale aussi compliquée que celle de la Chine doit souvent faire entendre des craquements, parfois même quelque organe se gauchit par excès de pression, mais il est rare qu'il cède sous l'effort d'une tension extrême car le corps politique de la Chine est pourvu, comme toute machine, de paliers graisseurs qui lubrifient au moment voulu les organes commençant à gripper. C'est par son naturel paisible que le Chinois devient une unité sociale de valeur. Il aime l'ordre et respecte la loi, alors même que celle-ci n'est pas toujours respectable. Parmi toutes les nations de l'Asie, les Chinois sont très probablement le peuple le plus facile à gouverner, si l'on agit suivant les méthodes auxquelles ils sont accoutumés. Sans doute existe-t-il d'autres formules de civilisation — nous dirons même un très grand nombre — supérieures à celles de la Chine, mais peut-être sont-elles rares celles qui supporteraient la tension à laquelle est soumise depuis des siècles la société chinoise, et il se peut qu'il n'en existe pas de mieux qualifiée pour revendiquer la bénédiction donnée jadis aux âmes pacifiques.

CHAPITRE XXIII

RESPONSABILITÉ COLLECTIVE ET RESPECT DE LA LOI

L'un des traits distinctifs de la société chinoise est celui qui se résume dans le mot : « responsabilité, » mot riche de suggestions, de significations entièrement étrangères au monde occidental. En Occident, nul de nous ne l'ignore, l'individu est l'unité et la nation un assemblage plus ou moins considérable d'individus. En Chine, l'unité sociale se trouve dans la famille, le village ou le clan, expressions souvent synonymes. Des milliers de villages renferment exclusivement des personnes portant le même nom de famille et descendant des mêmes ancêtres. Les habitants ont vécu dans un même endroit depuis toujours, et ils peuvent établir leur ascendance continue pendant des centaines d'années, jusqu'au dernier grand soulèvement politique, tel que le renversement de la dynastie des Ming ou même son avènement. Dans une pareille agglomération, la parenté collatérale ne dépasse pas le cousinage, et chaque membre mâle d'une vieille génération est un père, un oncle ou une sorte de grand-père. Onze générations sont parfois représentées dans le même hameau. Mais, contrairement à ce que l'on pourrait supposer, le fait n'implique pas un âge extrêmement avancé pour le chef de file. Les Chinois se marient jeunes ; veufs, ils convolent à nouveau, et cela souvent très tard ; fréquemment aussi ils adoptent des enfants. Il en résulte un tel enchevêtrement de parents qu'à moins de recherches compliquées, conduites avec méthode, sur les caractères particuliers employés pour

écrire les noms de tous les représentants d'une même génération, il est impossible de préciser quels sont les membres
de « la génération qui vient », quels sont ceux qui forment la
génération précédente. Un vieillard de 70 ans environ affir-
mera qu'un jeune homme de 30 ans est son *grand-père*. Les
innombrables « cousins » d'une même génération se nomment
« frères », et si l'étranger perplexe insiste et demande : sont-
ils véritablement tous frères, il obtiendra cette réponse
bizarre : ils sont « frères-cousins ». L'auteur ayant un jour posé
une question de ce genre reçut, après que la personne inter-
pellée eût hésité un instant, la réplique suivante : « Mais oui,
vous pourriez les nommer mes frères ! »

Ces détails ne représentent que quelques particularités de
la solidarité qui existe dans l'armature sociale de la Chine.
C'est cette solidarité qui forme le substratum sur lequel
repose l'esprit de responsabilité des Célestes. Le père est
responsable pour son fils, non seulement avant que ce dernier
atteigne les « années de discrétion », mais toute sa vie durant,
et le fils est responsable des dettes de son père. Le frère
aîné a une responsabilité bien définie à l'égard de son cadet
et le « chef de famille » — en général le représentant le plus
âgé de la génération la plus vieille — endosse la responsabilité de toute la famille ou du clan. Seules les circonstances
règlent l'importance de ces responsabilités.

Les coutumes sont extrêmement diverses et « l'équation
personnelle » est un facteur très important dont les théories
superficielles ne tiennent aucun compte. Ainsi, dans une
grande famille influente comprenant beaucoup de lettrés,
dont quelques-uns sont les magnats de la localité, et peut-
être même des gradués, le chef du clan sera parfois un
vieillard au cerveau vide, ne sachant ni lire ni écrire, et qui
aura passé sa vie sans s'éloigner de plus de dix milles de sa
localité originelle.

L'influence du frère aîné sur son cadet ou celle d'un vieillard
sur un membre moins âgé de la même famille est directe et
positive, foncièrement inconciliable avec ce que nous entendons par liberté individuelle. Le jeune frère remplit un
emploi de domestique et voudrait s'en aller, son aîné s'y

opposera formellement. Le cadet désire-t-il s'acheter un vêtement d'hiver, l'aîné trouve la dépense trop forte et ne permet pas l'emplette. Au moment même où je note ces observations, on me raconte le cas d'un Chinois en possession d'un certain nombre de pièces de monnaie très rares qu'un étranger convoite. De peur que le possesseur ne se refuse à la vente — car telle est l'habitude chinoise lorsque l'on détient quelque chose qui fait envie à autrui — l'intermédiaire qui a découvert l'affaire propose à l'étranger d'envoyer à *l'oncle* du détenteur des pièces quelques sucreries exotiques et autres babioles : on pourra, de la sorte, exercer indirectement une pression sur ce dernier et le forcer à conclure un marché.

L'on cite cette anecdote burlesque : Un voyageur rencontre dans les pays de l'Ouest un homme très âgé, à la barbe blanche, qui pleure amèrement. Frappé de ce spectacle singulier, l'étranger s'arrête, demande au vieillard la cause de ses peines, et celui-ci de lui répondre qu'il pleure parce que « son père venait de le fouetter ! » — « Où est votre père ? — Là-bas, » montre l'homme d'un geste. Le voyageur dirigeant aussitôt son cheval vers l'endroit indiqué découvre un vieillard bien plus âgé encore, pourvu d'une barbe plus longue et plus blanche que celle de l'autre. « Cet homme est votre fils ? demande-t-il. — Oui, en effet. — L'avez-vous fouetté ? — Oui. — Pourquoi ? — Parce qu'il s'est montré impertinent envers son grand-père ! S'il recommence, je recommencerai, moi aussi, à le fouetter ! » A juger d'après les conditions de la vie chinoise, le burlesque disparaît.

Après les responsabilités réciproques des membres d'une même famille, nous trouvons la responsabilité mutuelle des voisins envers leurs voisisns. Qu'ils soient ou non parents, ce détail importe peu quant à leur responsabilité ; celle-ci dépend uniquement de la proximité des habitations respectives. Cette responsabilité est basée sur la théorie qui déclare contagieux la vertu et le vice. De bons voisins feront de bons voisins et de mauvais voisins pourriront les autres. La mère de Mencius changea trois fois de domicile avant de trouver un voisinage agréable. Pour un Occidental imbu des idées républicaines qui ont cours chez les Anglo-Saxons, la qualité de ses voisins est chose négligeable ; il habitera peut-être une année entière dans un immeuble, ignorant jusqu'au nom de la famille qui loge sur le même palier. En Chine, il en est autrement. Si un crime a été commis, les voisins sont tenus pour coupables de quelque chose d'analogue à ce que la loi anglaise nomme « dissimulation d'une trahison », en ce sens qu'étant au courant d'une intention criminelle, ils ne l'ont pas dénoncée. Vainement répondront-ils : « Je ne savais pas ! — Vous êtes l'un des « voisins », vous deviez savoir ! »

Les mesures que l'on prend à la suite du meurtre d'un parent illustrent clairement la théorie chinoise de la responsabilité. Ainsi qu'il a déjà été dit à propos de la piété filiale, on allègue souvent en pareil cas que le meurtrier est fou, comme doit l'être normalement tout individu qui s'expose volontairement au supplice d'être coupé en morceaux alors qu'il pourrait échapper par le suicide à un pareil châtiment. Dans un Mémoire publié, il y a quelques années, par la *Gazette de Pékin*, le gouverneur de l'une des provinces du Centre racontait que, dans une affaire de parricide, il avait fait raser toutes les maisons environnantes parce que leurs habitants, voisins du lieu du crime, avaient manqué à leur devoir en n'exerçant pas sur le meurtrier une influence morale et réformatrice. Un pareil procédé recevrait l'approbation de tout Chinois de la classe moyenne. Dans certains cas, lorsque le crime a eu pour théâtre une ville, en plus des châtiments infligés suivant l'usage aux personnes, la Justice fait abattre jusqu'aux murs d'enceinte de la cité, ou bien elle en modifie par endroits le tracé, substituant une partie carrée à une ronde, ou déplaçant une porte ou encore la bouchant. Si le crime se renouvelait dans la même ville, on n'hésiterait pas, dit-on, à tout raser jusqu'au sol et à aller fonder ailleurs une nouvelle cité. De ce châtiment excesssif nous ne saurions pourtant fournir d'exemple certain.

Au-dessus de la responsabilité des voisins, nous passons à celle de l'officier de police aux multiples attributions. Son autorité se trouve souvent limitée à un seul village, d'autres fois elle s'étend sur plusieurs : dans l'un et l'autre cas, intermédiaire entre le magistrat local et la population, cet agent vit sous la menace permanente de désagréments, et cela pour d'innombrables causes ; il peut même être brisé par un magistrat chicaneur pour n'avoir pas adressé de rapport sur une affaire qu'il était sans doute dans l'impossiblité de connaître en temps utile.

Très au-dessus de ce modeste fonctionnaire se place le magistrat du district : celui-ci est certainement en Chine le représentant du gouvernement le plus important auquel la population ait à faire. Pour les gens au-dessous d'eux, ces magistrats ne sont rien moins que des tigres, mais pour les fonctionnaires au-dessus d'eux, ils deviennent des souris. Dans les localités, le magistrat assume seul des fonctions qui devraient être réparties entre six titulaires au moins. Un homme qui est en même temps juge au civil et au criminel, administrateur, officier de police judiciaire et agent du trésor pour l'établissement et la collecte des impôts, ne peut, dans un grand district populeux, suffire à une pareille besogne. Ce cumul de charges ne permet pas au titulaire de s'acquitter convenablement d'aucune d'elles. Beaucoup de magistrats ne s'intéressent à l'affaire en cours que suivant ce qu'ils lui feront rendre à leur profit personnel ; de plus, en présence d'attributions si diverses, ils deviennent facilement la proie de leurs secrétaires et autres employés subalternes : avec les meilleures intentions, ils sont exposés sans cesse à commettre des erreurs dont on ne manquera pas de les rendre responsables. Le magistrat du district, comme en Chine tout autre agent du Gouvernement, est supposé connaître tous les incidents qui se passent dans sa juridiction et jouir d'un flair illimité pour empêcher ce qui devrait être empêché. Afin de lui faciliter sa tâche ainsi que celle des agents de police, chaque ville, chaque village est divisé en groupements de dix familles. Sur chaque porte on fixe une tablette indiquant le nom du chef de famille et le nombre de membres que celle-ci comprend ; ce système permet de fixer rapidement les responsabilités. Dès qu'un étranger suspect apparaît dans le district, le premier habitant qui l'aperçoit s'empresse de le signaler à son chef de « dizaine » ; celui-ci en avise immédiatement l'agent de police par l'intermédiaire duquel le magistrat est mis au courant et peut ainsi prendre aussitôt des mesures « pour saisir rigoureusement et punir sévèrement ». Par ce simple procédé, tous les crimes locaux, non imputables à des « étrangers ayant l'air suspect », mais à des gens de la localité sont découverts sur le champ, parfois même avant qu'ils n'aient été perpétrés, et ainsi la moralité des habitants se maintient de siècle en siècle.

Il est évident qu'un pareil système administratif ne peut rendre efficacement que dans des conditions sociales où la résidence est, d'habitude, permanente. Et même en Chine, où plus que nulle part ailleurs cette permanence existe, le procédé du groupement par dizaines de familles n'est le plus souvent qu'une simple fiction légale. Il arrive parfois que, dans une ville où l'on n'avait jamais rien vu de pareil, l'on aperçoit un beau jour, fixée à chaque porte, la tablette réglementaire avec les noms des dix familles : c'est un signe infaillible que le magistrat du district va venir faire son inspection. Dans certaines régions, ces planchettes ne se montrent qu'en hiver, période pendant laquelle les mauvais sujets sont plus nombreux et plus agressifs. Mais, pour autant que je sache, ce système n'est plus qu'une réminiscence théorique du passé, et, à l'examiner de près, il n'a probablement que les apparences d'une mesure de police. Pratiquement on ne s'y conforme guère et, dans certaines provinces tout au moins, l'on peut parcourir des milliers de milles et ne pas rencontrer de tablettes posées à leur place dans plus de 1 % des villages traversés.

Signalons en passant que le système des « dizaines » se rattache étroitement au recensement, ou du moins à ce que l'on décore ici de ce titre. Si chaque tablette de famille, constamment tenue à jour, indiquait exactement le nombre des membres présents ; si chaque administration locale en possédait le double ; si, chez tout magistrat de district, il existait un relevé numérique du contenu de ces listes, l'on pourrait procéder facilement à un recensement de la population entière de l'Empire, car le tout doit être égal à la somme des parties. Mais les tablettes sont inexistantes, et lorsque l'autorité supérieure réclame au magistrat local les totaux qui devraient les représenter, ni lui, ni aucun des agents à la merci desquels il se trouve, ne cherche à fournir des renseignements précis, ce qui d'ailleurs serait en l'espèce très difficile. La concussion ne peut s'exercer à aucun degré dans un recensement, et c'est précisément pour ce motif qu'un recensement exact demeurera toujours en Chine une pure fiction. Même dans les pays d'Occident les plus éclairés, l'idée qu'un recensement est l'avant-coureur de nouvelles taxes paraît indéracinable ; or, en Chine, la suspicion qu'il provoque a tant de force que, pour cette seule raison, un relevé numérique de tous les habitants devient irréalisable : il faudrait pour cela que partout et toujours les tablettes fussent scrupuleusement tenues à jour.

Il arrive constamment qu'un magistrat local, coupable de toutes sortes de fautes professionnelles pour lesquelles il n'encourt aucun blâme — parfois c'est la protection d'amis influents qui lui vaut l'impunité, à moins qu'il ne se tire lui-même d'affaire au moyen de pots de vin habilement distribués —, n'en perde pas moins sa situation à cause de quelque histoire survenue dans sa juridiction et qu'il n'a pas pu ou su arrêter.

Il est inutile de montrer en détail comment agit le système de la responsabilité à tous les échelons de la hiérarchie gouvernementale. Presque chaque numéro de la *Gazette de Pékin* en fournit de nombreux exemples. Il y a quelques années un soldat vola dans son poste trente boîtes de cartouches à lui remises en consigne. Il les vendit à un ouvrier des mines d'étain qui, supposant qu'elles étaient un excédent de munitions, crut pouvoir s'en rendre acquéreur sans inconvénient. Le soldat reçut cent coups de bambou, fut envoyé aux frontières et condamné aux travaux forcés. Le sous-officier, chef du poste, tenu pour responsable, reçut quatre-vingts coups de bambou avant son renvoi de l'armée, mais on lui permit de racheter son congé à prix d'argent. L'acquéreur, sorti indemne de l'affaire, n'en reçut pas moins, pour le principe, quarante coups appliqués avec un bambou léger. Le lieutenant de service fut cassé afin qu'il pût passer en jugement comme complice du vol ; mais très prudemment, il

FEMMES CHINOISES COUSANT ET FAISANT DE LA DENTELLE.

disparut auparavant. Quant au Conseil compétent, il dut fixer la punition à infliger au général commandant pour son manque de surveillance. Ainsi aucun anneau de la chaîne hiérarchique ne peut se soustraire à sa responsabilité, alors même qu'il plaiderait son ignorance ou l'impossiblité dans laquelle il se trouva d'empêcher le crime.

Les Rapports annuels que publie la *Gazette de Pékin* sur les inondations nous fournissent des exemples encore plus caractéristiques de cet esprit de responsabilité. Dans la vallée du Yung-ting (province de Chili) les eaux descendirent en trombe des montagnes pendant l'été de 1888. Le personnel officiel se rendit immédiatement sur les lieux ; il semble même avoir risqué sa vie en s'obstinant dans une entreprise manifestement au-dessus des forces humaines. Mais de pareilles considérations n'arrêtèrent pas Li Hung-Chang : il réclama la destitution immédiate de ces fonctionnaires qui durent rendre leurs boutons ou accepter la disgrâce sans changement de résidence (mode très prisé d'exprimer le mécontentement impérial). Le gouverneur général terminait son Rapport en priant, selon l'usage que son propre nom fût envoyé au Conseil des Punitions, lequel fixerait la peine qu'il méritait pour sa complicité dans l'affaire. Depuis lors, la Chine a supporté bien des inondations, et chaque fois Pékin a reçu un Mémoire analogue : l'Empereur ordonne toujours au Conseil de « prendre note ». Dans le même ordre d'idées, la faillite des digues établies pour ramener le Fleuve Jaune dans son ancien lit provoqua la dégradation et le bannissement d'un grand nombre de fonctionnaires, depuis le gouverneur général de la province de Honan jusqu'au plus modeste de ses sous-ordres.

La théorie de la responsabilité s'exerce avec une admirable continuité qui peut atteindre le Fils du Ciel lui-même. On a vu souvent l'Empereur confesser ses erreurs dans les édits impériaux, assumant pour lui seul le blâme à propos d'inondations, de famines, de mouvements révolutionnaires et implorant la clémence céleste. Sa responsabilité vis-à-vis du Ciel est aussi réelle que celle des fonctionnaires du gouvernement envers lui. Si l'Empereur perd son trône, c'est parce qu'il a déjà perdu le « Décret du Ciel » présumé transféré à quiconque est capable de rester maître de l'Empire.

Cet aspect de la doctrine chinoise de la responsabilité, qui répugne tant aux idéals occidentaux, se retrouve dans une autre coutume orientale, celle d'exterminer une famille entière pour le crime de l'un de ses membres. Beaucoup de cas de ce genre se sont produits pendant la révolte des T'aipyings et, plus récemment, la famille du chef de clan Yacoub Beg, fauteur et chef du mouvement des Mahométans au Turkestan, en fournit un autre exemple. Cependant ces atrocités ne se commettent pas seulement dans les cas de troubles flagrants. En 1873, un Chinois fut accusé d'avoir violé la tombe d'un membre de la famille impériale et ouvert le cercueil pour en retirer certains ornements d'or, d'argent et de jade déposés près du défunt. La famille entière du coupable comprenant quatre générations, depuis l'aïeul âgé de 90 ans jusqu'à un bébé, petite fille de quelques mois seulement, fut exterminée. Ainsi onze personnes périrent pour le crime d'une seule, bien qu'on n'eût apporté aucune preuve de la complicité de l'une d'elles, et sans qu'on eût même démontré que l'un des membres avait eu vent de l'affaire.

La théorie de la responsabilité et la manière dont elle se pratique ont été souvent données comme l'une des causes de la durée des Institutions chinoises. Ce système forge, sur chaque membre de la société, des chaînes de fer dont il lui est impossible de se dégager. Il viole sans cesse tout principe de justice en punissant les fonctionnaires de tous grades, ainsi que les individus privés, pour des faits dans lesquels ils n'eurent aucune part et que très probablement ils ignoraient, comme le prouve l'exemple que nous venons de citer. Telle est la cause efficiente de la falsification systématique des documents officiels pratiquée par tous les fonctionnaires, quel que soit leur rang. Si un agent de l'Etat doit être tenu pour responsable de crimes qui ont échappé à sa surveillance ou dont il fut avisé trop tard pour en prévenir l'exécution, il tâchera d'étouffer l'affaire afin de se garer lui-même. Voilà ce qui se passe à chaque instant et dans tous les services du Gouvernement, au plus parfait mépris de la justice, car il ne serait pas dans la nature humaine de présenter des comptes rendus véridiques sur les événements, du moment que l'auteur de ces comptes rendus est exposé, comme conséquence, à se voir lui-même puni sévèrement et injustement. L'abus de pareilles pratiques, si souvent signalé, suffirait seul à expliquer en grande partie la mauvaise administration de la justice en Chine.

Toute personne qui étudie cette nation a pu constater un autre mal découlant du statut organique des fonctionnaires. Les traitements des agents de l'Etat sont si ridiculement faibles qu'ils ne suffiraient pas toujours à payer les frais du yamen pendant une seule journée. En plus de cela, ces malheureux sont passibles de tant d'amendes qu'ils touchent rarement le montant nominal de leurs allocations, attendu qu'ils devraient les reverser immédiatement pour se libérer des amendes. L'exaction, la concussion, les pots de vin deviennent une nécessité inéluctable, puisque le magistrat ne dispose d'aucun autre moyen d'assurer son existence.

Toutefois, après nous être bien convaincus des violations flagrantes du droit qu'implique la doctrine chinoise de la responsabilité, nous nous devons de ne pas en méconnaître les mérites.

Dans les pays d'Occident où chaque inculpé est présumé innocent jusqu'à preuve de sa culpabilité, il devient extrêmement difficile de faire peser *a priori* une responsabilité sur quelqu'un en particulier. Un pont sur lequel passe un train bondé de monde se rompt sous la charge, et toutes les enquêtes n'arriveront pas à déterminer qui est responsable de l'accident. Un bâtiment à étages multiples s'écrase ensevelissant un grand nombre de personnes ; l'architecte mis en cause se retranche derrière la médiocrité des ressources mises à sa disposition, et jamais plus il n'est question de sanctions. Si un cuirassé chavire en mer, si une bataille est perdue faute de préparation suffisante, ou parce qu'elle a été livrée dans de mauvaises conditions, des discours éloquents exposent les défauts du système de gouvernement susceptible de provoquer de pareils désastres, mais personne n'est puni. Les Chinois sont très en retard sur nous dans leur façon de com-

prendre la justice, cependant ne gagnerions-nous pas beaucoup
à leur emprunter leur vieille théorie que « chacun est responsable de ses actes » : nos corps politiques y trouveraient de
la sécurité.

L'influence qu'exerce ce dogme des Célestes dans leurs
rapports avec les étrangers est de grande importance. Elle
agit sur le « boy » entre les mains duquel tout repose au logis,
qui répond de la présence des cuillers, fourchettes et objets
de curiosité, sur l'intendant qui a la charge générale de vos
affaires, n'admettant pas que vous soyez dupé par un autre
que lui-même, sur le « compradore », détenteur de grands pouvoirs, mais personnellement responsable de la moindre parcelle
de votre propriété, comme des centaines de coolies qui sont
sous ses ordres. Les hôteliers ne brillent en Chine par
aucune vertu professionnelle particulière ; ils sont surtout
totalement dépourvus de considération pour les voyageurs
étrangers. Nous avons pourtant entendu parler d'un aubergiste chinois qui courut après un étranger pour lui rapporter
une boîte de sardines vide qu'il considérait comme un objet
de valeur oublié par mégarde : il se savait responsable, diffé-
rant en cela de ses collègues américains qui notifient froide-
ment à leurs hôtes que « le propriétaire ne répond pas des
bottines déposées dans le couloir pour être cirées ».

Demeurer responsable du caractère, de la conduite et des
dettes des personnes recommandées ou présentées par vous
est une obligation sociale reconnue de tous les Célestes et
qu'il est bon que les étrangers en affaires avec eux accen-
tuent encore. Le fait qu'un chef, quelle que soit sa situation,
est « responsable » de tout acte d'omission ou commission
de la part de chacun de ses subordonnés exerce sur les mail-
lons de la chaîne une tension bienfaisante que, d'instinct,
les étrangers n'ont cessé d'apprécier pendant toute l'histoire
de leurs rapports avec les Chinois. Il est traditonnel de rappeler l'aventure d'un premier « compradore » employé dans une
maison de banque à une époque déjà ancienne, lequel fut
appelé à fournir des explications parce que le « boy » avait laissé
un moustique s'insinuer à l'intérieur du moustiquaire de l'administrateur de l'établissement ! Si les Célestes s'aperçoivent

qu'un étranger ignore la responsabilité qui incombe à ses employés, ils ne sont pas longs à en profiter et trouveront mille moyens de se rendre désagréables !

Parmi les nombreuses et admirables qualités des Chinois, nous n'aurions garde d'oublier leur respect inné de la loi. Que cette particularité de leur caractère soit l'effet ou la cause de leurs institutions, nous l'ignorons. Mais ce que nous savons, c'est que les Chinois sont, par nature et par éducation, un peuple observateur de la loi. On a déjà souligné ce trait à propos de la patience, cette vertu également nationale, mais il faut que nous le mentionnions tout spécialement, car il touche de très près aux théories chinoises de la responsabilité mutuelle. En Chine, tout homme, toute femme, tout enfant est directement responsable envers quelqu'un, et personne ne perd de vue un seul instant ce fait important. Un homme aura beau « aller loin et voler haut », il ne pourra s'échapper, et il le sait bien. Quand même il réussirait à disparaître, sa famille, elle, n'échapperait pas. Cette certitude ne transforme certainement pas un homme mauvais en un bon sujet, mais cela l'empêche parfois d'être pire.

Une preuve du respect des Chinois pour la loi et pour tout ce qui y touche, c'est qu'il arrive souvent que des lettrés distingués aient si peur en présence du magistrat du district qu'ils n'osent ouvrir la bouche devant lui à moins d'y être formellement invités et alors même qu'ils ne sont pas mis en cause. Nous savons en effet que, dans une certaine circonscription, un savant de cette classe fut pris d'une crise qui ressemblait fort à de l'épilepsie au moment où il allait témoigner devant la justice. Transporté aussitôt chez lui, il succomba peu de temps après.

Comparez ce respect inné des Chinois pour la loi à l'esprit qui se manifeste souvent — et par des gens dont les antécédents ne feraient pas prévoir une pareille attitude — là où s'épanouissent les institutions républicaines. On brave tranquillement la discipline du collège, les ordonnances municipales, les lois de l'Etat comme si de revendiquer la liberté personnelle correspondait à l'un des plus grands besoins de l'homme, alors qu'en réalité cette liberté représente l'un des princi-

paux dangers de l'époque actuelle. L'on considère avec raison
comme l'une des plus sérieuses accusations portées contre
la gestion des affaires publiques en Chine ce fait que, non
seulement chacun est de connivence dans des actes d'improbité
qu'il serait de son devoir d'empêcher et de dévoiler, mais
encore que les collectivités officielles et privées sont consti-
tuées de telle sorte que chacun est obligé de participer à ces
actes coupables. Cependant est-il moins honteux que dans les
pays chrétiens des hommes bien élevés, cultivés, de même
que ceux qui ne le sont guère, foulent tranquillement aux
pieds leurs lois nationales ? Ne dirait-on pas vraiment qu'une
loi est d'autant plus respectée qu'on l'enfreint plus souvent ?
Comment expliquer ou défendre ces nombreuses prescrip-
tions légales qui ne furent jamais ni rapportées, ni mises en
vigueur et qui n'ont d'autre résultat que de provoquer par
leur présence insolite puisque non agissante, le mépris du
Code tout entier ? Quelle raison invoquer pour expliquer
l'augmentation alarmante de la criminalité dans les pays
d'Occident pendant ces trois dernières décades ? Comment
justifier cette indifférence manifeste à l'égard du caractère
sacré de la vie humaine qui semble aujourd'hui l'apanage
de quelques nations occidentales ? Inutile de dogmatiser sur
des questions qui, dans l'espèce, dépassent la portée des
statistiques. Cependant nous devons finalement reconnaître
que la vie humaine jouit d'une sécurité plus grande dans une
ville chinoise que dans une cité américaine, à Pékin qu'à
New-York. Nous estimons qu'un étranger parcourra avec
moins de dangers l'intérieur de la Chine qu'un Chinois, les
Etats-Unis. Il faut se rappeler que les Célestes, pris dans leur
ensemble, sont tout aussi ignorants et remplis de préjugés
que n'importe quels autres émigrants installés en Amérique.
Ils représentent — l'histoire contemporaine n'en fournit
que trop d'exemples — du matériel idéal pour faire de la
populace, et ce qui nous surprend, c'est que ces explosions
de xénophobie ne soient pas plus fréquentes et qu'elles
n'aient pas été plus meurtrières pour les étrangers.

Les Chinois admettent à l'égal d'un dogme que le Ciel
se laisse influencer par les actes et par la pensée des êtres

humains. De ce principe découle l'efficacité de la mutilation de soi-même en faveur de ses parents, dont nous
avons déjà parlé à propos de la piété filiale. Nous ne
prétendons pas défendre cette croyance, cependant certains
faits semblent intervenir en sa faveur ainsi que nous
allons le montrer. La situation géographique et l'étendue
des 18 Provinces présentent quelque analogie avec la vaste
région des Etats-Unis qui s'étend à l'Est des Montagnes
Rocheuses. Les variations extrêmes et fantaisistes du climat
dans le grand Continent américain sont, ainsi que le disait
la petite Marjorie Fleming de sa table de multiplication,
« plus que ne peut supporter l'être humain ». Hawthorne
consigna son impression à ce sujet en déclarant : « Ce n'est
pas un climat, mais une carte d'échantillons de climats ».
Comparez la température de Boston, New-York ou Chicago
avec celle des villes chinoises situées à la même latitude.
Nous ne voulons pas dire que la Chine soit exempte de ces
écarts énormes de température qui caractérisent le climat des
Etats-Unis, car sous le parallèle de Pékin, le thermomètre
présente une amplitude de variations qui s'étend jusqu'à
100° F., ce qui fournit une diversité de températures de nature
à satisfaire le plus difficile des mortels.

Mais en Chine ces alternances de chaud et de froid ne se
succèdent pas avec l'étonnante fantaisie que l'on remarque
dans la grande République américaine ; elles procèdent
avec ordre et méthode comme il convient à tout ce qui
évolue dans un pays ancien et patriarcal. L'almanach
impérial est l'interprète officiel de la triple harmonie existant en Chine entre le Ciel, la Terre et l'Homme. Ce document auguste est-il également digne de confiance dans toutes
les régions du vaste domaine de l'Empereur, nous l'ignorons, mais dans celles qui nous sont familières, les indications
climatologiques de cet almanach ne sont pas à dédaigner.
Au point marqué pour « l'installation du printemps », le
printemps apparaît exactement. A différentes reprises, nous
avons constaté que le jour indiqué pour « l'installation de
l'automne » marquait un changement dans la température,
et que les chaleurs estivales ne revenaient plus. Au lieu de per-

mettre au gel de venir à l'impromptu dévaster les récoltes n'importe quel mois de l'année — et tel est trop souvent le cas dans nos pays démocratiques — le calendrier chinois fixe l'un de ses 24 « termes » comme « venue de la gelée ». Il y a quelques années, ce « terme » tombait le 23 octobre. Jusqu'à la veille, on n'avait pas vu la moindre gelée, mais le matin du 23, le sol était couvert d'une belle couche de gelée blanche, et il en fut de même les jours suivants. Nous avons pu vérifier, au cours de bien des années, ces curieuses coïncidences et jamais le décalage ne dépassa les trois jours classiques de glace.

En Chine, l'on peut faire entendre raison à la nature vivante aussi bien qu'à la nature inanimée. Depuis quelques années nous remarquions qu'à un certain jour, au début du printemps, les châssis des fenêtres s'ornaient de quelques mouches, alors que pendant plusieurs mois ces désagréables insectes étaient demeurés invisibles. Nous nous sommes tournés aussitôt du côté du calendrier impérial avec une confiance justifiée et nous y apprîmes que ce jour particulier était bien celui prévu pour « la sortie des insectes ».

L'on a observé que le sang des races de langue anglaise est infesté d'une sorte de virus qui porte les gens à ne tolérer aucune règle, à s'insurger contre toute menace de contrainte. « Nos rudes ancêtres, » déclare l'Anglais Blackstone, « tenaient pour indigne de la condition d'homme libre de paraître exécuter ou d'exécuter un acte quelconque au moment prescrit ». N'était ce trait de nos vaillants aïeux, la doctrine de la liberté individuelle et des droits de l'homme aurait pu attendre longtemps avant de se voir revendiquée en ce monde.

Mais aujourd'hui que ces droits sont assez bien établis, ne devrions-nous pas insister plus judicieusement sur l'importance de subordonner la volonté individuelle au bien public et sur celle de montrer plus de respectueuse déférence devant la majesté de la Loi ? Les Chinois pourraient à ce point de vue nous en remontrer.

CHAPITRE XXIV

MÉFIANCE DU CHINOIS

Nul n'oserait contester que sans un certain degré de confiance mutuelle il serait impossible aux humains de vivre dans une société organisée, et principalement dans une comunauté sociale aussi fortement organisée et aussi complexe que celle de la Chine. Tout en posant ceci comme axiome, il n'en est pas moins nécessaire de porter notre attention sur une série de phénomènes qui, bien que paraissant en désaccord avec notre théorie, sont cependant très réels pour ceux qui connaissent cette nation. Les Chinois vivent en perpétuelle méfiance les uns des autres, travers qui n'est du reste aucunement spécial aux Célestes ; tous les Orientaux en sont également atteints, quoique les manifestations s'en soient sans nul doute modifiées ici en raison des institutions de l'Empire. Cette question touche de près au problème de la responsabilité mutuelle que nous avons déjà discuté. L'on admettra que rien n'exalte davantage la méfiance envers autrui que le danger de se voir tenu pour responsable de quelque chose qui ne vous concerne pas, mais dont les conséquences peuvent être des plus sérieuses pour vous.

Dès le premier abord cet état de méfiance chronique se manifeste à l'étranger par les hautes murailles qui encerclent toutes les villes de l'Empire. En langue chinoise notre mot *ville* s'exprime par un mot signifiant *ville entourée de murs*, fait aussi significatif que celui qui veut qu'en latin un seul mot exprime *armée* et *manœuvre militaire* (exercitus). Les lois de l'Empire imposent à toute cité un mur d'enceinte d'une hauteur déterminée. Comme bien d'autres, cette disposition légale est pratiquement fort négligée. Que de villes dont les murailles tombent en ruines faute d'entretien et dont la sauvegarde matérielle n'existe plus ! Nous pourrions citer une ville qui, après avoir été prise et occupée pendant plusieurs mois par les Taïpings et dont les murs furent complètement détruits, ne se décida à relever son enceinte que dix ans après la fin de la révolte. Parfois se contente-t-on d'un simple rempart en torchis, obstacle insuffisant même pour les chiens qui savent le franchir aisément. Mais il faut reconnaître que la véritable cause de cet état de choses n'est autre que la pauvreté du pays. A chaque menace de troubles on s'empresse de réparer quelque peu les murs, et les dépenses qui en résultent fournissent au Gouvernement un moyen commode de faire payer les amendes à des fonctionnaires qui se sont trop effrontément enrichis et en trop peu de temps.

Mais, en somme, ce qui est à la base de ces nombreuses murailles, c'est la *méfiance* du Gouvernement à l'égard de son peuple. En théorie, l'Empereur peut bien être le Père de son peuple, et ses sujets s'appeler « fonctionnaires de Père et Mère », tout le monde comprend cependant que ceci n'est que pure phraséologie et que les véritables relations du Trône avec ses sujets sont celles des enfants avec un beau-père. L'Histoire entière de la Chine est jalonnée par des récits de rébellions que l'on aurait vraisemblablement pu étouffer dans l'œuf si le Gouvernement avait pu ou voulu agir en temps utile. Peut-être ne le désire-t-il pas, peut-être aussi en est-il empêché. Entre temps le peuple se soulève avec une sage lenteur, les fonctionnaires se retirent tranquillement à l'intérieur de ces forteresses comme la tortue se terre dans sa carapace ou le hérisson sous ses piquants, et l'émeute est abandonnée aux bons soins des troupes qui l'étouffent en prenant leur temps. Les fières murailles qui entourent les propriétés, dans les villes chinoises comme en tout pays d'Orient, montrent assez clairement cet esprit de méfiance. Si un étranger se trouve parfois embarrassé pour savoir comment parler à un Céleste de villes telles que Londres ou New-York, sans lui laisser entendre que ce sont des « villes entourées de murailles », il n'est pas moins difficile de faire comprendre aux Chinois qui s'intéressent à ces questions, qu'il existe dans les pays d'Occident beaucoup de propriétés n'ayant même pas de clôtures. Le Chinois en concluera, de façon absolument gratuite d'ailleurs, que chez de pareils peuples il n'existe ni mauvais sujets ni voleurs.

En général, la population rurale vit entassée dans des villages, petites villes en miniature, qui nous montrent une fois de plus l'état permanent de méfiance de la mentalité chinoise. Chacun tient à se protéger, non contre un ennemi du dehors, mais contre ses propres concitoyens. Quelques régions montagneuses font seules exception à cette règle de l'habitat chinois, là où le sol est si aride qu'il ne peut nourrir qu'une ou deux familles ; les gens sont si pauvres qu'ils ne redoutent plus les voleurs. Dans la province de Setchouen ainsi que Mr. Baber en a fait la remarque, « le fermier et son personnel de culture vivent invariablement dans des fermes au milieu même de la propriété et il existe plutôt une tendance à disséminer ces installations agricoles qu'à les rassembler en une agglomération villageoise ». Le baron de Richthofen expliquait cette dérogation à la règle générale en disant que les perspectives de paix étaient plus grandes dans cette province que dans les autres : mais ces espérances furent cruellement déçues, surtout lors de la révolte des Taïpings. La région n'en avait pas moins connu auparavant une longue période de calme et de prospérité.

Les conditions que la vie sociale impose à la femme fournissent une illustration des plus significatives de la méfiance chinoise ou plutôt orientale. Le cas est suffisamment connu de tout le monde et il faudrait un chapitre entier pour traiter ce sujet. Dès qu'elle atteint l'âge de puberté, la fille, affirme-t-on, est aussi « dangereuse que du sel introduit en contrebande ». Fiancée, on la tient en tutelle plus sévèrement encore qu'auparavant. L'incident le plus banal, le plus innocent, soulève aussitôt des cancans malveillants, et un axiome social nous rappelle que la porte d'une veuve est le centre d'attraction de tous les scandales. Tandis que les femmes chinoises jouissent d'une liberté infiniment plus large que leurs sœurs de Turquie ou des Indes [1], le respect que professent les Chinois à leur égard est loin d'aller de pair. Une ignorance presque universelle chez les femmes, une sujétion rigoureuse, la polygamie et le concubinage ne préparent guère les hommes à ces sentiments de respect pour la femme qui demeurent l'une des plus belles caractéristiques de la civilisation occidentale. Le langage populaire est riche d'expressions ne permettant aucun doute sur la façon dont les Chinois considèrent généralement la femme : elles condensent et résument une longue expérience. On parle de la femme comme d'un être naturellement mesquin, aux vues étroites, sur lequel on ne peut jamais compter ; soi-disant incarnation parfaite de la jalousie, la femme se voit stigmatisée par le dicton populaire : « il est impossible d'être plus jaloux qu'une femme » et le mot chinois « jaloux » suggère — et prétend suggérer — une autre expression de même consonnance qui signifie « corrompu ».

Les vers suivants, traduits d'une vieille poésie chinoise, résument admirablement cette théorie :

> La bouche du serpent dans le bambou vert,
> Le dard du frelon jaune ;
> Léger est le mal qu'ils peuvent faire ;
> Bien plus venimeux est le cœur de la femme.

La structure même de la langue chinoise — et ce fait a souvent attiré l'attention des observateurs étrangers — illustre parfois ces vues avec une impartialité toute inconsciente. Un sinologue très expert, ayant un jour à répondre à une question que nous lui posions, examina avec le plus grand soin 135 caractères chinois d'usage courant s'écrivant avec le radical qui signifie « femme ». Il découvrit que 14 d'entr'eux exprimaient quelque chose de « bon », « d'adroit » et autres qualités du même genre. Parmi les 121 restants, 35

---

1. L'existence de cette liberté ne doit pas être jugée d'après des constatations superficielles. Une dame qui avait longtemps résidé à Delhi (Indes), puis en Chine, dans la capitale de la province de Shamsi, remarquait qu'on apercevait moins de femmes chinoises dans les rues de cette ville que de femmes indiennes dans celles de Delhi. Cette constatation n'infirme du reste nullement nos dires.

signifiaient quelque chose de mauvais, et les 86 derniers n'exprimaient rien de saillant ; mais parmi les 35 mauvais, quelques-uns correspondaient aux mots les plus honteux de la langue. Le radical « femme » combiné avec celui de « bouclier » signifie « trompeur, vil, traître, égoïste » et trois fois répété il implique l'idée de « concubinage, adultère, séduction et intrigue ».

Deux raisons, assure-t-on, entretiennent la méfiance réciproque chez les Célestes : que ce soit parce qu'ils ne se connaissent pas les uns les autres, ou parce qu'ils se connaissent bien. Le Chinois estime que chacune d'elles justifie sa méfiance et il agit en conséquence. Alors que les Chinois sont portés par une tendance naturelle à s'amalgamer, tels des atomes dans une réaction chimique, il est facile de constater par des investigations judicieuses poursuivies au bon moment, qu'ils ne se fient aucunement les uns aux autres aussi implicitement que pourraient le faire croire leurs dons innés pour l'association. Les membres d'une même famille sont constamment les victimes d'une suspicion réciproque, et cela du fait des femmes qui entrent comme épouses dans la maison ; en tant que belles-sœurs, elles sont à même d'agir et elles s'acharnent souvent à fomenter la jalousie en persuadant à leurs maris qu'ils n'ont pas une juste part dans la répartition des fruits du labeur commun.

Nous ne saurions nous étendre, faute de place, sur cet aspect de la vie domestique. Observons maintenant ce qui se passe entre gens qui ne sont unis par aucun des liens complexes de la famille chinoise. Les domestiques vivent généralement, les uns vis-à-vis des autres, sur le pied de ce qu'on pourrait appeler une neutralité armée, à moins qu'ils n'aient été introduits dans la maison par quelqu'un qui assume la responsabilité de toute la domesticité. Si l'un d'eux commet une faute et qu'elle soit découverte, il ne se demandera pas comment le maître s'en est aperçu, il se dira simplement : Qui donc a rapporté contre moi ? Alors même qu'il sait pertinemment que l'on a des preuves de sa culpabilité, sa première pensée sera de montrer qu'un des autres domestiques lui en voulait. Nous avons vu une femme chinoise changer de couleur et, furieuse, quitter la pièce parce qu'elle entendait parler très haut dans la cour et qu'elle supposait que la discussion devait être à son sujet ; il ne s'agissait pourtant que de tiges de millet achetées comme combustible et l'acquéreur se plaignait au vendeur du prix trop élevé de sa marchandise.

C'est par ce genre de suspicion que s'avive le feu des querelles, qui éclate très souvent lors du brusque renvoi d'un domestique. Celui-ci soupçonne tout le monde — il n'aurait jamais l'idée de s'en prendre à lui-même —, convaincu que quelqu'un l'a desservi, il insiste pour savoir ce qu'on lui reproche, tout en n'ignorant pas qu'il existe une demi-douzaine de raisons dont chacune d'elles justifierait son renvoi immédiat. Mais la « face » doit être sauvée et il faut donner satisfaction à sa nature soupçonneuse. De pareils incidents se passent aussi bien dans le logis du Chinois que dans un intérieur étranger, quoique à un degré différent, car tout domestique sait parfaitement jusqu'où peut aller l'indulgence de l'étranger avec lequel il ira bien plus loin qu'il ne se le permettrait devant un maître chinois. C'est pour cette raison que tant d'étrangers supportent à leur service des indigènes qu'ils auraient dû congédier depuis longtemps, et qu'ils auraient congédié, n'était la crainte de les mettre à la porte. Ils savent qu'à entrer dans cette voie, ils agiteraient un nid de frelons et le drame aurait pour protagoniste le domestique accusé et « déshonoré » ; or ils n'ont pas le courage de faire grève pour recouvrer leur liberté de peur de retomber, en cas d'échec, dans une condition encore pire.

On raconte qu'une ville autrichienne, assiégée au Moyen-Age par les Turcs, était sur le point de succomber lorsque, au moment même où l'ennemi livrait l'assaut, une jeune fille fit transporter sur la brèche un certain nombre de ruches d'abeilles qu'elle lâcha sur les assaillants : ceux-ci durent se retirer précipitamment et la ville fut sauvée. La tactique des Chinois ressemble souvent à celle de la jeune Autrichienne et elle réussit fréquemment, car ce genre de désagrément est tel, ainsi que le déclarait un professeur de latin, à propos d'un orage, qu'on aime bien mieux l'affronter *per alium* que *per se*. En pareil cas, les Chinois se bornent à fermer les yeux et à prétendre qu'ils ne voient rien, mais un étranger ne saura pas se plier aussi facilement à cette méthode d'agir.

Lorsque nos enfants sont d'âge à se mêler au monde et à y évoluer pour leur propre compte, nous estimons utile de les mettre fortement en garde contre les inconnus. Pareille précaution est inutile en Chine, les enfants sucent la méfiance avec le lait maternel. Un vieux proverbe affirme qu'un homme ne devrait jamais pénétrer seul dans un temple et que deux hommes ne devraient pas regarder ensemble dans un puits. Et pourquoi, demandons-nous surpris, un homme ne franchirait-il pas seul le seuil de la cour d'un temple ? — Parce que le prêtre pourrait profiter de l'occasion et le faire disparaître ! Quant au puits, si l'un des curieux doit de l'argent à son compère ou bien s'il possède quelque chose qui fasse envie à ce dernier, celui-ci ne pourrait-il pas le pousser au fond du puits ?

Un autre exemple de cette suspicion réciproque se retrouve dans les affaires les plus ordinaires de la vie courante. En Occident, il existe une liberté, une absence de contrainte qui font totalement défaut en Chine. Nous trouvons tout naturel de faire une chose de la façon la plus simple, car celle-ci nous semble, de ce fait même, la meilleure. En Chine cependant il existe d'autres facteurs, tout différents, dont il faut tenir compte. Cette remarque est d'application générale, mais elle s'adresse plus spécialement à deux éléments qui constituent la trame et la chaîne de l'existence de la plupart des Chinois : l'argent et la nourriture. Un Céleste admettra très difficilement qu'une somme d'argent, confiée à un tiers pour être distribuée à plusieurs autres personnes, ait été répartie correctement car, pour ce qui est de lui, il n'a jamais vu de division de ce genre se faire intégralement et, par contre, une vieille expérience lui a appris combien facilement de pareilles opérations se caractérisent par des extorsions. De même, il est assez difficile de charger un Chinois de remettre à d'autres indigènes des provisions alimentaires : les intéressés auront toujours l'arrière-pensée que le mandataire en retient une bonne partie à son profit. Il est possible qu'en pareil cas les individus lésés ne manifestent pas ouvertement leur mécontentement, mais le soupçon existe quand même dans leur esprit. En vérité, seul un étranger pourrait soulever une pareille question, attendu que les Chinois sont bien résignés d'avance à cet état de choses et ne s'en étonnent pas.

Dans les hôtelleries chinoises, les garçons ont l'habitude, en sortant de la chambre d'un client qui vient de régler sa note, d'énumérer à voix très haute les divers articles de la dépense, et cela non pas pour clamer à tous les échos l'opulence de leurs clients, ainsi que quelques voyageurs le supposent à tort, mais pour faire entendre aux camarades qu'il n'a rien soustrait du pourboire auquel tous croient avoir également droit.

L'on a très fréquemment fait allusion à la solidarité sociale des Chinois. En certains cas, la famille entière ou tout le clan semble vouloir se mêler des affaires particulières de l'un de ses membres. Mais en pareille occurrence, pour peu que la raison l'emporte, une personne portant un autre nom aura bien soin de s'abstenir, de peur de se brûler les doigts. En effet, si l'on en croit un vieux proverbe chinois, il est difficile de donner un conseil à quelqu'un dont le nom de famille est différent du vôtre. Pourquoi donc cet homme prétend-il se mêler de mes affaires ? Il *doit* avoir à cela une raison qui certainement n'est pas avouable. Si cette méfiance s'exerce entre voisins et amis de longue date, combien encore plus applicable sera-t-elle à des gens qui ne sont véritablement que des étrangers et n'ont pas de relations suivies avec les personnes auxquels ils s'adressent.

Le caractère chinois exprimant « au dehors » possède une signification, une portée dont l'étranger n'arrive qu'à la longue à saisir l'étendue. On se méfie instinctivement du « Barbare » parce qu'il arrive d'un pays « au dehors », mais le même sentiment existe à l'égard du villageois qui vient d'un village « au dehors ». Et cette méfiance s'exaspère si l'on ne peut savoir d'où sort l'étranger et pourquoi il est là. « Qui sait quelle drogue cet inconnu cache dans sa gourde ? » Telle sera l'inévitable question posée par le Chinois prudent à propos d'un nouveau venu.

S'il arrive à un voyageur égaré de tomber dans un village le soir, et surtout à une heure tardive, il s'apercevra qu'aucun habitant ne daigne se déranger, même jusqu'au pas de sa porte, pour lui indiquer son chemin. L'auteur de ce livre s'est trouvé pris un jour de la sorte et il dut errer pendant des heures. Il eut beau offrir les plus mirifiques récompenses à qui voudrait lui servir de guide, les nombreux Chinois auxquels il s'adressa ne l'écoutèrent même pas.

Dans les écoles chinoises, les élèves récitent leurs leçons à tue-tête — ainsi le veut l'usage — au grand dommage de leurs cordes vocales. L'étranger, pris dans un tel vacarme, croit devenir fou : ancienne coutume, dit-on. Or, un motif tout autre en maintient la pratique : sans cette méthode de récitation le professeur soupçonnerait ses écoliers de ne pas consacrer au travail leur entière attention. Et c'est également pour que ceux-ci ne jettent pas un coup d'œil furtif sur le livre que le maître tient à la main qu'ils doivent lui tourner le dos pendant qu'ils récitent !

Les diverses formes de civilisation n'ont pas toutes interprété de la même façon les lois naturelles de l'hospitalité envers les étrangers. Salomon a laissé quelques maximes à ce sujet et les précautions qu'il indique ne prennent leur véritable signification que lorsque l'on s'est trouvé soi-même en contact avec les Orientaux ; cependant les Chinois ont poussé la prudence jusqu'à un point difficile à dépasser. Un professeur indigène qu'un étranger avait chargé de recueillir des ballades et des maximes à l'usage des enfants entendit un jour un petit garçon chanter une chanson idiote qu'il ne connaissait pas ; il demanda au gamin de lui en répéter les paroles, mais à cette invite l'enfant terrifié disparut et on ne le revit plus : il incarnait un produit typique de l'ambiance chinoise. Si un homme atteint de folie s'enfuit de son logis et que ses amis battent les environs pour avoir de ses nouvelles, ils savent parfaitement le peu de chance qu'ils ont de retrouver ses traces, car les gens qu'ils interrogeront à ce sujet, craignant de s'attirer des ennuis, répondront uniformément qu'ils ignorent tout de l'affaire.

Il en est de même — nous le savons par notre propre expérience — lorsque un Chinois étranger essaye de retrouver, loin de chez lui, un homme bien connu dans son pays. Dans un cas de ce genre, un Céleste qui d'après les apparences, devait être natif d'une province voisine demande son chemin pour se rendre au village où habite une personne qu'il cherche. A son arrivée et à sa très grande surprise, la population entière lui affirme qu'un tel n'est pas connu chez eux et qu'on n'a même jamais entendu prononcer son nom. Ce gros mensonge ne résultait pas d'une entente préalable entre les habitants, mais chacun l'avait immédiatement adopté, guidé par ce même instinct infaillible qui pousse le chien de la prairie à se terrer dès qu'il aperçoit un objet qui ne lui est pas familier.

Par notre propre expérience nous savons également que lorsque un Chinois essaye de trouver loin de chez lui un indigène bien connu dans son propre pays, les faibles différences de dialectes sont le meilleur indicateur de la région d'où l'on arrive. Un concitoyen qui rencontre des camarades sera questionné par eux sur sa demeure, sur la distance qu'il y a de celle-ci à un grand nombre d'autres endroits, comme pour s'assurer qu'il ne les trompe pas. Dans le même ordre d'idées, des étudiants ne se contentent pas de s'informer auprès d'un lettré gradué de l'époque de ses « débuts », il est très probable que celui-ci sera questionné contradictoirement sur le sujet donné aux examens et sur la façon dont il le traita. De cette manière toutes les supercheries se découvrent, et elles ne sont pas rares. Qu'un homme ne se risque pas à revendiquer pour son pays d'origine un district où la prononciation diffère de celle du sien, même très légèrement, son langage le trahirait immédiatement. Non seulement un étranger trouvera difficilement le fil conducteur jusqu'à la demeure de l'individu qu'il recherche, parce que la possibilité qu'il peut avoir à traiter des affaires avec lui éveillera les soupçons des voisins, mais cette méfiance — nous l'avons constaté bien souvent — sera partagée par tous les habitants du village sans exception. Un jour, l'auteur de ce livre expédia quelques Célestes à la recherche de plusieurs Chinois qui avaient été longtemps en traitement dans un hôpital étranger. Ils ne purent en retrouver qu'un petit nombre, En cours d'expédition l'un de ces envoyés réussit à approcher un paysan, mais celui-ci donna simplement son surnom — c'était celui d'un clan important — et se refusa obstinément à faire connaitre son nom. Dans une autre circonstance, les habitants d'un village que cherchaient les courriers, se retirèrent avec persistance devant eux — tels un *ignis fatuus* — jusqu'à disparaître entièrement. Il est pourtant prouvé qu'à un certain moment ceux-ci ne furent éloignés de ce village que d'un mille ou deux, et dans le cas précédent l'envoyé qui ne pouvait trouver l'homme qu'il cherchait n'était plus cependant qu'à cinquante mètres de son logis lorsqu'il renonça à le découvrir.

L'auteur de ce livre est en relations avec un Chinois d'un certain âge qui a pour voisin un indigène très à son aise ; tous deux faisaient autrefois partie de l'une de ces sociétés secrètes si communes en Chine. En lui parlant de son voisin, dont la demeure se trouvait à peu de distance de la sienne, l'auteur comprit que les deux Célestes, après avoir grandi ensemble et passé plus de soixante ans à proximité l'un de l'autre, ne se voyaient jamais maintenant. « Pourquoi donc ? — Mais parce que cet homme devient vieux et qu'il ne sort presque plus. — Pourquoi n'allez-vous pas chez lui ? Vous causeriez ensemble de vos jeunes années ? » L'interlocuteur sourit d'un sourire conscient de supériorité et, secouant la tête : « Oh, répondit il, nous sommes en assez bons termes, mais il est riche et moi je suis pauvre ; si je m'aventurais à aller jusqu'à lui, le public jaserait, les gens diraient : Pourquoi y va-t-il ? »

Les Chinois reconnaissent inconsciemment à quel point ils se méfient les uns des autres : la preuve nous en est fournie par la répugnance qu'ils éprouvent à se trouver, ne fût-ce qu'un instant, seuls dans une pièce. Si par hasard le cas se produit, le visiteur manifestera quelque inquiétude, il arpentera fiévreusement la chambre comme pour dire : « Ne me soupçonnez pas ! Je ne vous ai rien pris ! Vous le voyez, tout est en place ! » Un phénomène du même genre se remarque lorsqu'un Chinois rend visite à un étranger.

Rien n'excitera de plus violents soupçons chez le Céleste

que la mort d'un homme décédé dans des circonstances qui peuvent, sous certains rapports, sembler étranges. La mort d'une toute jeune femme nous en offre un exemple typique. Bien que ses parents — nous l'avons déjà fait observer — se trouvent dans l'impossiblité de protéger leur enfant mariée tant qu'elle est vivante, ils deviennent jusqu'à un certain point les maîtres de la situation dès qu'elle a passé de vie à trépas, pourvu que quelque détail touchant sa fin puisse prêter à soupçon. S'il y a eu suicide, les parents renoncent à l'attitude proverbiale de la tête baissée ; ils la relèvent au contraire, et virtuellement ils imposent leurs conditions. Le refus d'arriver à un compromis en pareille circonstance occasionnerait un procès long et vexatoire dont la cause première serait le désir de vengeance de la part des parents de la défunte, mais dont le résultat essentiel consisterait à leur conserver la « face ».

Un vieux dicton chinois affirme que lorsqu'on marche dans un verger où poussent des poires, il est bon de ne pas toucher à son bonnet et que si l'on traverse des couches de melons, ce n'est pas le moment de lacer ses chaussures. Ces sages aphorismes généralisent une vérité incontestable. Dans la vie sociale chinoise, il est strictement nécessaire d'avancer à pas comptés et l'on ne saurait en cela prendre trop de précautions. C'est la raison pour laquelle le langage des Célestes fourmille de récitences à des moments que nous jugeons mal choisis. Ils savent mieux que nous que la plus petite étincelle peut allumer un incendie qui dévastera des milliers d'hectares.

La vie commerciale des Chinois illustre leur méfiance réciproque de différentes façons. Ni l'acheteur, ni le vendeur ne se fient l'un à l'autre, aussi chacun d'eux estime-t-il de son intérêt de remettre, pour un certain laps de temps, ses affaires entre les mains d'un tiers lequel demeurera rigoureusement neutre, attendu que son propre pourcentage de commission ne sera réalisé que par la conclusion de l'affaire. Aucune transaction n'est valable avant que « l'argent du marché » ait été payé. Si l'opération est d'importance, une convention écrite devient nécessaire, car « les paroles sont vaines tandis que le tracé à la plume est définitif ».

Les conditions chaotiques du marché de l'argent proviennent pour une grosse part de l'indéracinable méfiance pro-
fessée par les maisons de change à l'endroit de leurs clients,
méfiance que ceux-ci nourrissent également contre ces officines ;
et il existe à cela, de part et d'autre, d'excellentes raisons.
Tout dollar entaillé dans le Sud de la Chine, toute pièce
d'argent coupée *(chopped)* dans n'importe quelle partie de
l'Empire, témoignent de la nature méfiante de ce grand peuple
commercial. Pour aussi ardents qu'ils soient à trafiquer,
les Célestes le sont encore plus dans leur répugnance à traiter
une affaire. Le fait qu'un client — étranger ou chinois peu
importe — désire vendre de l'argent à la tombée du jour,
prête par cela même au soupçon, et il se pourra fort bien
que tous les changeurs successivement mis en cause s'accordent à conseiller d'attendre au lendemain.

Le système bancaire chinois, très développé, paraît extrêmement compliqué et nous savons par Marco Polo que l'emploi du billet de banque remonte à une époque très ancienne.
Mais ce papier n'a pas cours dans tous les coins de l'Empire
indistinctement, son rayon de circulation est très limité.
Les banquiers de deux villes, distantes l'une de l'autre de
dix milles, refuseront réciproquement leurs banknotes, et
cela pour une excellente raison.

Le taux élevé de l'intérêt — il varie en Chine de 24 à 36 %
et même davantage — est le meilleur indice d'un manque de
confiance mutuelle. En effet, la plus grande partie de ce taux
usuraire ne représente pas le paiement pour l'argent prêté,
mais une assurance contre le risque considéré comme très
grand. L'on ignore presque complètement les formes de pla-
cement si courantes dans les pays d'Occident, et l'on peut
attribuer ce fait autant au manque général de confiance
entre individus qu'à l'insuffisant développement des ressources
de l'Empire. « Les affaires de ce monde dépendent de la
confiance », et c'est pour cette raison qu'une grosse partie
des affaires en Chine sera, longtemps encore, désaxée, au grand
détriment des intérêts du peuple.

Il y a quelques années, un journal chinois publiait un article
sur les conditions morales et matérielles de la colonie chi-

noise à New-York : nous y trouvons un nouvel exemple de la méfiance commerciale des Célestes. L'organisation qui existe là-bas doit se retrouver très sensiblement la même dans les autres villes où les Jaunes sont établis. Ces colonies possèdent une organisation municipale spéciale, dirigée par un comité de 12 membres pris parmi les notables. Un coffre-fort contient les papiers et les fonds de la municipalité et, pour en garantir l'inviolabilité, il est fermé par douze gros cadenas disposés sur un rang en ordre parfait, qui remplacent les serrures savantes et compliquées en usage dans les banques de New-York. Chacun des membres conserve par devers lui la clef de l'un des cadenas, de sorte que le coffre ne peut être ouvert qu'avec le concours des douze conseillers. La mort inopinée de l'un de ces éminents personnages provoqua dernièrement un grand embarras dans les affaires municipales : impossible de retrouver la clef que le défunt avait en consigne, mais eût-on mis la main dessus, personne n'aurait risqué de s'en servir dans la crainte superstitieuse que le disparu ne fût jaloux de son successeur et ne le supprimât par le même mal qui venait de l'enlever lui-même. Il fallut procéder à une élection spéciale afin de pourvoir à cette vacance et, alors seulement, le Conseil, étant au complet, put ouvrir la caisse et régler les frais des funérailles. Voilà un menu incident qui met en relief quelques traits du caractère chinois : capacité d'organisation, habileté commerciale, méfiance mutuelle, crédulité illimitée et mépris tacite des hommes d'Occident, de leurs institutions et de leurs inventions.

Le Gouvernement chinois nous offre, dans sa structure, de nombreux exemples des conséquences du manque de confiance. Les eunuques en constituent un cas des plus frappants, essentiellement asiatique ; on suppose qu'ils existent en Chine depuis des temps très anciens. Sous la dernière dynastie, les Mandchous traitèrent cette catégorie dangereuse d'individus avec infiniment d'habileté, lui enlevant peu à peu ce pouvoir de faire le mal, pouvoir dont ils usèrent si brutalement aux siècles passés.

La méfiance dont nous parlons se démontre également par

le fait que des éléments aussi hétérogènes que conquérants et vaincus — Mandchous et Chinois — ont dû s'amalgamer dans la haute hiérarchie des administrations de l'État, et ce qui prouve à quel point elle existe, c'est la singulière organisation par laquelle le Président de l'un des six Conseils peut être vice-Président de l'un des cinq autres. L'équilibre de la machinerie de l'État a été assuré grâce à ces freins et ces contrepoids.

Les personnes qui connaissent bien les dessous de l'administration chinoise assurent que cette méfiance mutuelle, dont nous avons déjà constaté de nombreuses manifestations, caractérise la vie officielle aussi bien que la vie sociale des Célestes : il ne pourrait du reste en être autrement. Étant donnée la nature du Jaune, les fonctionnaires chinois ne peuvent que professer une méfiance jalouse à l'égard de leurs subordonnés, puisque c'est de ce côté que se trouvent en puissance les rivaux qui les expulseront. D'autre part, les agents de rang inférieur ne se méfient pas moins de leurs supérieurs, car c'est d'en haut que plane sur eux la menace constante d'un déplacement ou d'une disgrâce inopinée. On a, semble-t-il, les meilleures raisons de croire que du haut en bas de cette hiérarchie, chacun est plus ou moins jaloux de la grande et puissante classe des lettrés : en réalité, le fonctionnaire se méfie de tout le monde. Ce que l'on sait des nombreuses sectes mi-politiques dont l'action sournoise mine les bases mêmes de l'Empire atteste bien cet état d'esprit. Un magistrat de district fera irruption dans la réunion annuelle d'une société de tempérance bien connue, telle que la Tsaï-li, qui se borne à interdire l'opium, le vin et le tabac ; il passera tous les plats du festin à peine commencé à la troupe vorace « des loups et des tigres » de son yamen, et cela, non parce qu'il est prouvé que la Tsaï-li poursuit de noirs desseins, mais simplement parce que, depuis longtemps, l'on suppose en haut lieu qu'il doit en être ainsi. Toute société secrète, celle-ci par conséquent, est en principe capable de trahison. Cette suspicion, généralisée, résout toute la question ; aussi, chaque fois que l'occasion s'en présente, le Gouvernement intervient, s'empare des chefs qu'il bannit ou extermine, et ses soupçons se trouvent ainsi apaisés pour un certain temps.

Il est clair qu'un principe aussi actif que celui que nous examinons dans ce chapitre doit contribuer . fortement à renforcer le conservatisme inné que nous avons déjà étudié et empêcher que les Chinois s'adaptent à ce qui est nouveau. Le recensement exigé de temps à autre par le Gouvernement ne se fait pas assez fréquemment pour devenir familier aux Chinois, même de nom ; il excite toujours la méfiance, on le soupçonne de cacher quelque but inconnu. Pareil soupçon est-il fondé ? Un incident qui eut pour théâtre un village voisin de celui que nous habitons va nous l'apprendre. Deux frères y vivaient ensemble ; à l'annonce d'un nouveau recensement, l'un d'eux s'imagina que ce dénombrement aurait pour conséquence certaine une émigration obligatoire. En pareille occurrence la coutume veut que l'aîné demeure au logis pour veiller sur les tombes des ancêtres, mais le plus jeune, prévoyant son départ prochain, s'empressa de se soustraire aux fatigues d'un long voyage et de faire échec au Gouvernement en se suicidant.

C'est ce mélange de méfiance et de conservatisme qui place les jeunes Célestes élevés aux États-Unis dans une situation tellement pénible le jour où ils rentrent dans leur patrie, et qui continuera longtemps encore à mettre obstacle à l'introduction de réformes urgentes. Il y a plus de trente ans, alors qu'on démontrait à un homme d'État distingué de Pékin l'importance qu'il y aurait à émettre de la menue monnaie d'argent, celui-ci répondit très justement : « Si l'on tentait de changer la monnaie de l'Empire, les gens supposeraient aussitôt que le Gouvernement doit en retirer quelque avantage et cela ne marcherait pas ! »

Les exploitations minières sont invariablement soumises aux obstructions les plus diverses alors que, bien administrées, elles seraient pour le pays une source inépuisable de revenus. Mais avec le « dragon de terre » sous le sol, le péculat et la suspicion au-dessus, l'on ne peut encore escompter dans cette question qu'un acheminement plus ou moins lent vers les progrès les plus rudimentaires. Quelque importants, quelque évidents qu'en soient les avantages, il est presque impossible d'innover alors que la méfiance qui règne partout regarde toute nouveauté d'un mauvais œil. Feu le Dr. Nevius, qui fit tant pour acclimater en Chine les arbres fruitiers étrangers, se vit réduit, malgré les profits énormes que donnait cette culture, à lutter constamment contre la méfiance, et un homme moins patient, moins philanthrope, eût tout abandonné de guerre lasse. Lorsque des bénéfices sont solidement assurés, cet état d'esprit disparaît naturellement peu à peu. Mais on le retrouve invariablement au début de toute enquête : il suffit de rappeler les investigations dont furent chargées les Douanes Impériales maritimes à propos de l'élevage des vers à soie ou de la culture du thé. Comment ceux que ces questions intéressent directement pourraient-ils croire, au mépris de l'expérience accumulée au cours des siècles, que ces enquêtes ne cachent pas quelque nouvel impôt, et qu'elles n'ont d'autre but que d'augmenter les profits, comme conséquence des méthodes de travail perfectionnées ? Qui a jamais entendu parler de pareille chose ? Qui pourrait y croire à l'entendre dire ?

Il nous reste à examiner cette question dans ses contingences avec les étrangers. La profonde méfiance que le Chinois éprouve à l'égard de nous tous s'accompagne souvent — et provient peut-être en grande partie — d'une croyance bien enracinée que les étrangers peuvent sans difficulté obtenir des fins qui semblent presque impossibles à réaliser. Si un étranger se promène dans un endroit où sa présence ne fut que rarement signalée, on en déduit qu'il vient examiner le *fêng-shui* du district. S'il surveille un cours d'eau, il est en train d'y vérifier l'existence de métaux précieux. Il est supposé pouvoir faire pénétrer son regard sous terre jusqu'à une certaine profondeur et le fixer sur ce que le sous-sol renferme de plus intéressant à emporter. S'il s'enrôle dans une société de secours en temps de famine, l'on ne doute pas un instant qu'il n'ait l'intention d'enlever une grande partie de la population du district pour la transporter en terre étrangère. C'est grâce à de telles croyances dans le *fêng-shui*

que la présence d'étrangers le long des remparts d'une ville
chinoise provoqua si souvent des troubles, et que la hauteur
imposée aux bâtiments des « Barbares » est rigoureusement
réglementée, avec autant de soin que l'on fixe l'emplacement
d'une borne frontière de l'Empire. La croyance dans l'unité
de la nature semble absolument manquer aux Célestes.
Mr. Baber rapporte une légende du Setchouen d'après laquelle
l'opium pousse à la surface d'une certaine colline et le charbon
à l'intérieur. Mais ceci n'est pas un simple racontar de gens
ignares, car le professeur Pumpelly déclare qu'à Pékin un
haut fonctionnaire lui a dit la même chose et qu'il invoqua
cet argument pour faire entendre que l'exploitation trop inten-
sive des mines de charbon pouvait être nuisible, attendu
que l'on ignorait comment « poussait ce minéral » ! L'ancien
homme d'État Wen Hsiang, après avoir lu l'ouvrage du
Dr. Martin, « Evidences of Christianity », aurait, dit-on,
répondu à quelqu'un qui lui demandait ses impressions, qu'il
était disposé à accepter la partie scientifique de ce livre,
mais que la partie religieuse où il est dit que la terre tourne
autour du soleil lui paraissait vraiment inacceptable.

La mentalité chinoise, dans son état actuel de développement, ne comprend pas la question de la pénétration étrangère en Chine. En apercevant un jour le baron de Richthofen
se promener dans la campagne, à l'aventure et sans objectif
précis, les gens du Setchouen s'imaginèrent qu'il avait dû
prendre la fuite après une bataille désastreuse. Plus d'un
Chinois qui, à la longue, arriva à ne connaître que trop bien
l'étranger barbare fut saisi d'une secrète épouvante quand
il le rencontra pour la première fois, surtout lorsque ce dernier était de haute taille. Bien des femmes chinoises sont
convaincues qu'à pénétrer dans la maison d'un étranger le
charme fatal agit, et qu'elles vont être ensorcelées ; mais,
si elles cèdent et y entrent malgré leur répugnance, pour rien
an monde elles ne poseraient les pieds sur le perron, ni ne se
regarderaient dans une glace, persuadées que ce faisant
elles compromettraient leur sécurité.

Il y a quelques années, un jeune étudiant chinois, habitant
une province de l'intérieur dans laquelle les étrangers sont

pour ainsi dire inconnus, fut engagé, non sans difficulté, à se rendre chez l'auteur de ce livre afin d'aider un nouvel arrivé dans l'étude de la langue chinoise. Après y être demeuré quelques semaines, il se souvint brusquement que sa mère avait grand besoin de ses soins filiaux ; il s'en alla, promettant de revenir : on ne le revit plus. Pendant tout son séjour chez l'étranger, cet astucieux disciple de Confucius n'avala jamais une gorgée du thé que lui apportaient très régulièrement les domestiques indigènes, il ne prit aucun repas dans la maison, de crainte d'absorber quelque stupéfiant mêlé aux aliments. Si on lui offrait une enveloppe de fabrication étrangère pour y glisser la lettre dans laquelle il assurait à sa mère que, jusqu'à ce jour, il était sain de corps et d'esprit, et qu'on lui montrât la façon de la fermer en l'humectant légèrement avec la langue, il demandait aimablement à l'un des autres professeurs de fermer lui-même l'enveloppe sous le prétexte qu'il n'en avait pas l'habitude. Sa présence d'esprit ne se démentit jamais.

C'est cette même mentalité qui jette le discrédit sur les livres chinois imprimés par les étrangers. Une croyance très répandue veut qu'ils soient empoisonnés, et l'odeur laissée par l'encre d'imprimerie est souvent identifiée avec celle de la soi-disant « drogue troublante » incorporée dans le volume. Parfois l'on entend affirmer qu'il suffit de lire l'un de ces ouvrages pour devenir aussitôt l'esclave des étrangers.

Ce fut à un point de vue légèrement différent que se plaça un garçonnet dont nous avons entendu parler et qui, après avoir lu quelques pages de l'un d'eux, le jeta par terre, terrifié, et courut dire à ses amis que si quelqu'un lisait ce livre et prononçait ensuite un mensonge, il irait certainement en enfer ! Quelques colporteurs se sont vus parfois dans l'impossibilité de faire accepter de ces brochures, non pas, ainsi qu'on pourrait se le figurer, parce que l'on désapprouvait leur contenu, — que personne ne connaissait du reste, et qui n'intéressait personne, — mais parce que l'on craignait, en l'acceptant, de s'exposer à une sorte de chantage, procédé qui n'est que trop familier aux Chinois.

Une panique peut également s'ensuivre si un étranger

essaye de noter par écrit les noms des enfants, précaution très utile au moment où une école entre en vacances. Sans doute, la méthode d'enseigner à écrire en lettres latines les caractères chinois explique-t-elle l'origine de ces soupçons, Pourquoi un « Barbare » veut-il apprendre aux petits Chinois une orthographe que leurs amis ne pourront pas déchiffrer ? Toutes les explications du monde ne feront pas comprendre la simple vérité à un vieux Céleste méfiant, qui trouve que ce qui était bon pour les générations précédentes doit être assez bon pour ses enfants, et très supérieur aux inventions de quelque étranger dont on ignore les antécédents. L'on pourrait presque aller jusqu'à dire que tout ce que propose un étranger fournit matière à des objections, et souvent pour l'unique raison que c'est lui qui le propose. Le trait national d'une « flexible inflexibilité » poussera probablement votre ami chinois à vous affirmer dans des termes dont l'extrême amabilité ne laisse cependant aucun doute sur le fond de sa pensée, que votre proposition est à la fois très admirable et très absurde.

Les Chinois n'apprécient nullement l'ironie, lorsque cette arme est maniée par les étrangers. Un « Barbare » dont la connaissance de la langue chinoise n'était pas à la hauteur de l'usage qu'il voulait en faire, s'emporta un jour à propos de quelque peccadille d'omission ou de commission de la part d'un de ses serviteurs et, dans son indignation, il traita le Jaune de « blagueur ». Celui-ci ne cessait de retourner dans sa tête le qualificatif qu'il croyait être une insulte, et, à la première occasion, demanda à une dame qu'il savait très au courant de la langue chinoise ce que signifiait le mot affreux qu'on lui avait appliqué ! Les mandarins qui firent saisir les gravures sur bois de la traduction, par Mr. Thom, des Fables d'Ésope, se trouvaient dans les mêmes dispositions d'esprit que le domestique de Pékin. Ils estimaient certainement que les paroles prêtées aux oies, aux tigres, aux renards et aux lions devaient sous-entendre quelque mystérieuse signification dont le germe ne pouvait être plus sûrement détruit qu'en supprimant l'ouvrage lui-même.

Quelques-uns des mobiles les plus persistants de la méfiance chinoise envers les étrangers se manifestent à propos des hôpitaux et des dispensaires, répandus aujourd'hui en grand nombre sur une si grande partie de la Chine. Parmi la foule de malades indigènes, il s'en rencontre certes beaucoup qui témoignent une foi implicite et une confiance touchante dans la bonne volonté et l'habileté de nos docteurs. Mais nombreux sont également les hospitalisés dont nous ne pouvons apprécier les véritables sentiments qu'à l'aide d'observations attentives, et qui continuent à croire aux rumeurs les plus extravagantes telles que celles qui ont trait au remède radical de l'extraction des yeux et du cœur, ou au penchant irrésistible du chirurgien à faire de ses malades de la chair à pâté, et enfin — détail encore plus affreux — à l'enlèvement des enfants pour les enfermer dans les caves des étrangers ! Après avoir été à même d'apprécier pendant une ou deux années les bienfaits de ces institutions hospitalières, l'on pourrait croire que d'aussi absurdes rumeurs se dissiperont comme le vent disperse la brume ; il n'en est rien, elles continuent à s'épanouir côte à côte avec des milliers et des milliers de merveilleux traitements, de même que la moisissure prospère en plein mois d'août dans les endroits chauds et humides.

L'histoire entière de la Chine dans ses rapports avec les puissances étrangères n'est qu'une série de suspicions et d'équivoques de la part des Célestes ; disons aussi que celles-ci ne furent pas sans commettre de lourdes fautes. Le récit en serait fastidieux à reprendre, mais les diplomates qui ont parfois la tâche ingrate de conduire des négociations avec Pékin, pourraient faire leur profit des leçons du passé. Pourtant, des personnes privées étant souvent forcées de faire en Chine de la diplomatie pour leur propre compte, il est bon de savoir comment s'y prendre en pareil cas. Nous allons en donner un excellent exemple. Il s'agissait de la location de certains locaux dans une ville de l'intérieur, location à laquelle s'opposait, sous divers prétextes, un fonctionnaire de la localité. L'étranger se rendit lui-même à l'entrevue préparée à cet effet, revêtu de la robe chinoise et muni de tout ce qu'il faut pour écrire. Après les paroles protocolaires, il ouvrit lentement son écritoire, prépara son papier, vérifia sa plume, examina l'encre avec une attention extrême. Le fonctionnaire indigène observait cette manœuvre avec le plus vif intérêt et la plus grande curiosité. « Que faites-vous donc ? » demanda-t-il enfin. L'étranger répondit qu'il mettait en ordre son matériel à écrire, « cela seulement et rien de plus ». — « Matériel à écrire ! Pourquoi faire ? — Mais pour noter vos réponses ! » Aussitôt le fonctionnaire d'affirmer qu'il était inutile d'en venir à cette extrémité, *que les locaux lui seraient loués !* Comment ce magistrat pouvait-il savoir par quelles mains passerait le mystérieux document dont il lui était impossible de connaître le contenu ? Il valait mieux ne rien risquer.

La Chine est le pays des rumeurs extravagantes, rumeurs d'un caractère à vous remplir souvent d'épouvante. Pendant quelques années des bruits si étranges circulaient parmi les Chinois de Singapour que, dès la tombée du jour, les coolies refusaient de passer par une certaine rue, se croyant menacés d'y avoir la tête mystérieusement tranchée. L'Empire n'est probablement jamais à l'abri de ces phases de terreur, et pour ceux qu'elles concernent, ces terreurs sont aussi réelles que celles de la Révolution française pour les Parisiens de 1793.

Une crédulité sans bornes, une suspicion réciproque constituent un excellent terrain pour que ces désolantes rumeurs s'épanouissent et prospèrent. Lorsqu'elles se rapportent à des étrangers, une longue et douloureuse expérience a montré qu'on ne saurait les négliger ; il faut les combattre dès l'origine. Aucune d'elles ne pourrait causer de torts sérieux si les fonctionnaires locaux avaient à cœur de les étouffer. Mais lorsqu'on les laisse se développer librement, elles explosent et aboutissent à des atrocités telles que les massacres de Tien-tsin. Toutes les parties de la Chine sont également propices à leur développement ; à peine existe-t-il une province où des rumeurs de ce genre n'aient pas éclaté sous une forme quelconque.

Pour mettre définitivement fin à un pareil état de choses, l'élément *temps* est aussi nécessaire que pour la formation

d'une couche géologique. La meilleure manière d'empêcher
qu'elles ne se renouvellent, c'est de convaincre les Chinois
par d'irréfutables leçons de choses, que les étrangers souhaitent sincèrement le bien de la Chine. Cette simple proposition une fois bien établie, alors, pour la première
fois, il sera vrai que « entre les quatre mers tous les hommes sont frères ».

CHAPITRE XXV

DUPLICITÉ DU CHINOIS

L'idéogramme chinois que l'on traduit généralement par
« sincérité » est composé des radicaux « homme » et
« paroles ». Sa signification est toute conventionnelle. C'est la
dernière des Cinq Vertus Constantes énumérées par les
Chinois et, de l'avis de beaucoup de personnes fortement
documentées sur la mentalité des Jaunes, c'est bien elle qui
réunit dans le Céleste Empire le moins de fidèles pratiquants.
De même tout étranger qui connaît les autochtones approuvera les observations du Professeur Kidd, lequel, après avoir
parlé de la doctrine des Chinois touchant la sincérité, continue en ces termes : « Mais si l'on avait choisi une vertu
comme caractéristique nationale, non seulement pour la
narguer en ne la pratiquant pas, mais encore afin de former
le contraste le plus frappant avec les mœurs courantes, il
est certain qu'aucun autre ne se prêtait mieux que la sincérité
à jouer ce rôle d'antithèse. Le caractère public et privé des
Célestes est tellement en contradiction avec la véritable
sincérité qu'un ennemi ne pourrait trouver mieux que de la
choisir pour mettre ironiquement en parallèle la conduite
des Chinois et leurs prétentions à la vertu. Le mensonge,
la duplicité, le manque de sincérité et un accommodement
obséquieux avec les circonstances favorables à leurs desseins
sont des traits nationaux qui sautent aux yeux ». Jusqu'à
quel point ce verdict est justifié par les faits, nous serons
sans doute mieux à même d'en décider lorsque nous aurons
examiné en détail les éléments de la cause.

Tous les savants compétents s'accordent à reconnaître que le Chinois d'aujourd'hui ne diffère guère de son ancêtre de l'antiquité. Très certainement l'étalon des Chinois applicable à ce que l'on nomme sincérité n'est pas le même que celui des nations occidentales. Le savant qui étudie attentivement les Classiques chinois pourra en lisant entre les lignes, découvrir la conduite tortueuse, l'équivoque et le mensonge, bien que les auteurs ne se laissent pas aller à s'exprimer de façon explicite. Il trouvera aussi l'opinion chinoise sur la franchise occidentale condensée en une phrase lapidaire : « La franchise qui ne respecte pas les règles de la bienséance devient de la grossièreté. » L'incident survenu entre Confucius et Ju-peï, tel que le rapportent les « Analectes », ne frappe pas un Confucianiste, tandis qu'il s'en dégage une haute signification pour un Occidental. Voici le passage d'après la traduction de Legge : « Ju-peï désira rencontrer Confucius, mais celui-ci s'y refusa sous prétexte qu'il était malade. Au moment où le messager se retirait et franchissait la porte du philosophe, ce dernier s'assit devant son clavecin et se mit à chanter de façon à ce que Ju-peï pût l'entendre du dehors. » Confucius voulait éviter l'obligation désagréable de déclarer à l'intéressé lui-même que son caractère n'était pas tel qu'il pût éprouver le désir de le rencontrer, et il employa ce moyen détourné, bien chinois, de le lui faire comprendre.

Mencius suivit l'exemple de son Maître. Se trouvant de passage dans un certain royaume, il fut invité à la Cour, mais espérant que le roi lui ferait l'honneur de venir le voir en premier, il prétendit être malade, et le jour suivant, pour bien montrer que ce n'était qu'un prétexte, il alla faire d'autres visites. L'officier auprès duquel Mencius passa la soirée eut une longue conversation avec le Sage quant aux mérites d'un pareil procédé, mais la discussion porta exclusivement sur des questions de bienséance et de précédents, et l'on se garda d'examiner s'il est moral de mentir parce que cela vous arrange. Rien ne permet de supposer que les personnes intéressées envisagèrent même un instant ce point de vue, pas plus que ne le fera, sans doute, le professeur qui, aujourd'hui, commente à ses élèves ce passage des « Analectes ».

Il est certain que les anciens Chinois se trouvaient en avance sur leurs contemporains de certains autres pays quant à l'instinct qui les portait à conserver les Annales du passé. Leurs histoires, quoique prolixes, témoignent de grandes qualités d'observation. Quelques écrivains occidentaux professent la plus grande admiration pour ces récits auxquels ils accordent une confiance illimitée. Le Dr J. Singer, de l'Université de Vienne, écrit à ce propos (cet Essai a été traduit et publié dans la *Revue chinoise,* juillet 1888) : « La critique scientifique a reconnu depuis longtemps avec force preuves à l'appui, à quel point l'on peut ajouter foi aux vieux documents chinois. Richthofen, par exemple, le plus ancien et le plus ardent parmi les explorateurs de la Chine, discute les éléments étonnamment contradictoires qui constituent le caractère des Chinois, en tant que peuple ; il montre le contraste qui existe entre la rigoureuse exactitude de leurs récits historiques, entre leur volonté d'acquérir une connaissance précise des faits sur toutes les questions touchant aux statistiques et la licence — approuvée de tous — avec laquelle ils mentent et dissimulent, licence qui affecte partout en Chine les rapports sociaux et les négociations diplomatiques. Mais l'exactitude historique peut revêtir deux aspects bien différents : la narration chronologique des événements, ou bien l'explication des faits par l'analyse des caractères des hommes et des mobiles qui les font agir. Les critiques qui ont soumis ces écrits à une étude serrée reconnaissent qu'alors que dans le premier cas ceux-ci sont incontestablement très en avance sur l'époque probable de leur rédaction, ils ne donnent en rien l'impression de la conscience scrupuleuse que leur suppose le Dr. Singer. Sans vouloir émettre une opinion personnelle qui ne serait pas suffisamment fondée, nous ferons simplement remarquer qu'on arrive ainsi à la singulière conclusion qu'une nation qui s'abandonne — tout le monde le reconnaît — à une véritable débauche de mensonges peut en même temps fournir des générations successives d'historiens tous respectueux de la vérité ! Les mêmes passions qui dénaturent l'histoire des autres nations n'agissent-elles donc pas en Chine ? Les mêmes causes ne produisent-elles pas chez les Chinois les mêmes effets que dans le reste du monde ?

L'on ne doit pas perdre de vue que non seulement l'enseignement du Confucianisme laisse infiniment à désirer au point de vue de la question traitée en ce moment, mais que la manière d'agir du grand Maître lui-même n'est pas telle que l'on puisse vanter sa fidélité historique. Le Dr. Legge, qui néglige assez volontiers « certaines accusations formulées d'après des incidents sans importance de la carrière du Sage », attache au contraire un grand prix à la façon dont Confucius met en œuvre ses matériaux dans les « Annales du Printemps et de l'Automne », ouvrage qui contient l'histoire du royaume de Lu pendant une période de 242 années, jusqu'aux deux dernières de la vie de Confucius. Nous citerons quelques extraits de la conférence sur le Confucianisme par le Dr. Legge, publiée dans son livre « Les religions de la Chine » : « Mencius considérait le *Ch'un Ch'iu* (Annales du Printemps et de l'Automne) comme l'œuvre capitale du Maître, et il affirmait que lorsqu'elle parut, les ministres rebelles et les fils oublieux de leurs devoirs envers leurs parents furent frappés de terreur. L'auteur lui-même avait cette impression et prétendait que les hommes le connaîtraient, que quelques-uns même le condamneraient, d'après cet écrit. Était-ce de sa part comme un pressentiment lorsqu'il parlait ainsi d'hommes qui le condamneraient pour son *Ch'un Ch'iu* ? Or, ces Annales sont étonnamment pauvres, non seulement pauvres de faits et d'idées, mais la pensée en est évasive et trompeuse. « Le *Ch'un Ch'iu* », affirme Kung Yang qui le commente et le complète un siècle plus tard, « dissimule la vérité par égard pour les personnes haut placées, pour les parents et pour les hommes de valeur ». Et j'ai moi-même montré dans le cinquième volume de mes « Classiques chinois » que cette « dissimulation » équivaut à elle seule à nos trois mots anglais : ignorer, dissimuler, dénaturer. Commer alors juger cette œuvre ?... Je souhaiterais vivement pouvoir trancher le nœud en mettant en doute l'authenticité, et, par suite, la véracité de « Printemps et Automne » tel qu'il est parvenu jusqu'à nous ; mais la série de témoignages qui prouvent que

Confucius en fut l'auteur vers la fin de sa vie, sont très solides. Et si un savant étranger usait d'une méthode aussi violente que celle de nier l'authenticiié du livre, pour ne pas être forcé d'accuser le philosophe de manquer à la vérité historique, il pourrait être certain que les gouverneurs et les érudits chinois n'éprouveraient aucune sympathie pour lui et ne compatiraient pas à ses inquiétudes philosophiques. Dans ses entretiens avec ses disciples, Confucius insistait sur la nécessité de la sincérité ; cependant, son *Ch'un Ch'iu* a poussé ses compatriotes à dissimuler la vérité à eux-mêmes et à autrui chaque fois qu'ils la jugeaient susceptible de nuire à la réputation de l'Empire ou de ses sages. »

Nous venons de voir que les lettrés occidentaux les plus portés à revendiquer en faveur des Chinois l'habitude de dire la vérité dans leurs Histoires, semblent assez disposés à admettre qu'en Chine la vérité n'existe que dans ces livres d'histoire. Il est, bien entendu, impossible de prouver que tout Céleste ment, et nous ne le voudrions pas, alors même que notre affirmation pourrait s'appuyer sur des preuves indiscutables. Mais les Chinois eux-mêmes se chargent de nous en fournir le meilleur témoignage lorsque leur conscience s'éveille et qu'ils dirigent leur attention sur cette question. On entend souvent des Célestes dire de leur race ce que le Maître de l'Ile de la Mer du Sud affirmait de la sienne : « Dès que nous ouvrons la bouche, un mensonge est né ! » Pourtant, à notre avis, les Chinois ne mentent pas par simple amour du mensonge, comme le supposent quelques personnes, mais plutôt aux fins d'obtenir certains avantages qu'ils croient ne pouvoir se procurer que par ce moyen. « Incapables de dire la vérité, » déclare Mr. Baber, « ils sont également incapables d'y croire. » Un de nos amis reçut un jour la visite d'un jeune Chinois qui désirait ajouter à son vocabulaire étranger l'expression : *vous mentez*. On lui apprit la phrase avec la recommandation expresse de ne jamais s'en servir vis-à-vis d'un étranger sous peine de se voir violemment houspillé. Cette observation le surprit, car dans sa pensée pareille apostrophe devait être aussi inoffensive que l'expression courante : Vous voulez m'attraper ! Mr. Cooke, correspondant du *Times* de Londres dans le Céleste Empire, en 1857, parlant de l'horreur qu'ont les Occidentaux d'être traités de menteurs fait la remarque suivante : « Si vous dites la même chose à un Chinois, celui-ci ne se trouvera nullement insulté, vilipendé. Il ne nie pas le fait, mais répond simplement : « Je n'*oserais* mentir à Votre Excellence ! » Dire à un Chinois : « Vous avez l'habitude de mentir et, en ce moment même, vous préparez un mensonge » n'a pas pour lui plus d'importance que si vous dites à un Anglais : « Vous êtes un incorrigible faiseur de calembours ! En ce moment même vous en avez un sur les lèvres ! »

Le langage courant des Chinois est si peu sincère — bien qu'il ne s'élève pas toujours jusqu'au mensonge — que, le plus souvent, il ne permet pas de discerner la vérité. En Chine, il est, à la lettre, à peu près impossible d'obtenir un renseignement exact sur un fait précis. Même lorsqu'une personne prétend recourir à vos bons offices — comme en cas d'un procès — et désire vous confier entièrement son affaire, il est très probable que, subséquemment, vous découvrirez certaines particularités importantes qui furent passées sous silence en raison de l'instinct qui pousse les Chinois à tergiverser, et non par préméditation, puisque l'intéressé sera seul à y perdre. La vérité entière n'apparaît que plus tard. Quiconque connaît les Chinois n'aura pas le sentiment qu'il possède à fond une question parce qu'on lui aura dit *tout* ; il notera les détails entendus pour les combiner avec d'autres et finalement, il réunira quelques Chinois dans lesquels il a confiance pour en discuter. Ceci fait, il procèdera à des enquêtes sur les faits allégués et vérifiera quelle peut être la véritable portée de chacun d'eux.

Un manque de sincérité, ajouté à la méfiance dont nous avons déjà parlé, explique qu'un Céleste discourra souvent pendant des heures sans rien dire. Une des principales raisons pour lesquelles les étrangers trouvent ces gens incompréhensibles provient de leur manque de sincérité. Nous ne savons jamais pertinemment où ils veulent en venir, nous avons toujours le sentiment qu'ils ont encore quelque chose de par derrière la tête. C'est pour cela que lorsqu'un Chinois vient à vous et chuchote mystérieusement à votre oreille quelques mots au sujet d'un autre Chinois auquel vous vous intéressez beaucoup, vous éprouverez probablement une sorte de sensation désagréable au creux de l'estomac. Vous vous demandez anxieusement si votre interlocuteur dit la vérité, ou bien si le caractère de celui dont il parle a changé. L'on n'est jamais assuré qu'un ultimatum chinois soit le mot de la fin. Cette proposition, si facilement énoncée, contient en elle-même le germe de multiples anxiétés pour le commerçant, le voyageur et le diplomate.

Tout Chinois, ignorant ou instruit, est par nature une sorte de seiche qui distille une quantité de liquide noirâtre dans lequel il peut se cacher avec la plus grande sécurité. Si au cours d'un voyage l'on vous demande de bien vouloir contribuer aux frais de déplacement d'un individu dépourvu d'argent, qui espère faire une nouvelle dupe, votre interprète ne répondra pas comme vous répondriez vous-même : « Vos dépenses ne me regardent aucunement : Allez-vous-en ! » Il affectera au contraire un sourire enfantin et doucereux, insinuera que l'argent que vous-même recevez suffit à peine à vos propres dépenses, et qu'ainsi vous serez privé de contribuer aux frais de votre compagnon de route. Nous avons rarement entendu un portier dire à une foule chinoise ce que clamerait un collègue étranger : « Vous ne *pouvez pas* entrer ici ! » Il se contentera de la prévenir que si elle pénètre dans l'immeuble, elle sera mordue par un gros dogue.

Peu de Chinois ont une conscience scrupuleuse quand il s'agit de faire honneur à un engagement. Et cette caractéristique a toujours les mêmes causes : leur talent de mal interpréter et leur mépris du temps. Du reste, quel que soit le véritable motif de leur défaillance devant un engagement, il est intéressant d'examiner la variété infinie des prétextes qu'ils peuvent mettre en avant pour la justifier. En général, les Chinois ressemblent à l'homme qui, accusé d'avoir manqué à sa promesse, répondit que cela n'avait aucune importance, attendu qu'il pouvait en faire une autre tout aussi bonne. Réprimandé s'il commet une faute, le Céleste se montre prodigue de regrets pour le passé et plein de promesses pour l'avenir. Il reconnaît entièrement ses torts — trop entièrement — car rien ne manque à ses aveux sauf la sincérité.

Un professeur chinois rédigeait des commentaires sur quelques vieux aphorismes. Après avoir émis de belles réflexions sur la sagesse de ses pères, il ajouta une note dans laquelle il déclarait que l'on ne devait jamais opposer une fin de non recevoir brutale à une demande, mais plutôt y accéder pour la forme, tout en n'ayant pas l'intention d'y donner suite. « Renvoyez le solliciteur à demain, puis à après-demain : ainsi vous réconfortez son âme » ! Autant que nous en sachions, c'est généralement sur ce principe que se règlent les Chinois lorsqu'on les invite à rembourser une dette. Personne ne compte rentrer dans ses fonds à la première réclamation, aussi n'éprouve-t-on aucune déception de ce premier échec. Le débiteur affirme qu'il remboursera la prochaine fois et, lors de cette prochaine fois, il renvoie à la suivante.

Les Chinois manifestent également leur manque complet de sincérité dans leur attitude envers les enfants auxquels, sans le savoir, ils enseignent par l'exemple à n'être pas sincères. Avant même qu'il puisse parler, alors qu'il ne peut attacher aux mots qu'une vague signification, l'enfant s'entend dire que s'il ne fait pas ce qu'on lui ordonne, il sera saisi par un monstre terrifiant caché dans la manche d'une grande personne. L'étranger joue souvent le rôle de ce monstre terrible et cela suffirait pour expliquer les vilains mots dont, à chaque instant, nous nous entendons gratifier. Pourquoi des gens auprès desquels on nous fait passer pour des épouvantails quand ils sont jeunes, ne nous hueraient-ils pas dans les rues dès qu'ils sont devenus assez grands pour s'apercevoir que nous ne sommes pas dangereux, mais seulement ridicules?

Le voiturier exaspéré par les gamins qui hurlent après l'étranger installé dans son véhicule leur crie qu'il va en saisir quelques-uns pour les attacher derrière sa voiture et les emporter. Le batelier, en butte aux mêmes vociérations, se contente de les menacer d'eau bouillante. Les expressions : je vais te battre ! je vais te tuer ! ne sont pour les enfants chinois que de simples ellipses grammaticales pour laisser entendre : Allez-vous bientôt finir !

La langue chinoise comprend tout un vocabulaire de mots indispensables à qui désire passer pour une personne « polie », mots par lesquels tout ce qui concerne celui qui parle est traité avec dérision et mépris alors que tout ce qui se rapporte à la personne à laquelle on s'adresse est honorable et beau. Le Chinois « poli » fera quelque allusion à sa femme, s'il est poussé à cette extrémité de parler d'elle, en la traitant « d'épine ennuyeuse » ou en lui appliquant quelque autre qualificatif en style fleuri, tandis qu'un esprit rustique qui s'efforce de saisir la substance de la « politesse » sans pouvoir en retenir les expressions protocolaires, gratifiera peut-être la compagne de ses joies et de ses peines de « femme puante ». Un des récits populaires souligne assez exactement ce trait de l'étiquette chinoise : on y voit un homme allant faire une visite revêtu de ses plus belles robes ; il est assis dans la salle de réception et attend son hôte. Un rat qui prenait ses ébats sur les poutres du plafond, tout en insinuant son nez dans une jatte d'huile déposée là pour plus de sûreté, est pris de peur à l'arrivée du visiteur et du même coup renverse le vase ; l'huile se répand sur l'invité dont les habits sont inondés et perdus par l'avalanche du liquide gluant. Au moment où sa rage atteint son paroxysme, arrive le maître de céans. Les salutations s'échangent cérémonieusement suivant les rites consacrés, après quoi le visiteur se mit en devoir d'expliquer la situation. « Lorsque je pénétrai dans votre honorable maison, dit-il, et que je pris place sous votre honorable poutre, je terrifiai par inadvertance un rat qui s'enfuit en renversant votre honorable jatte d'huile sur mes pauvres vêtements, et telle est la raison de ma piteuse apparence en votre honorable présence. »

Il va sans dire que bien peu d'étrangers savent être aimables suivant le protocole chinois. Une longue pratique est nécessaire, lorsqu'on se met à table, pour saluer avec cordialité une foule de Célestes, puis leur dire aimablement : « Asseyez-vous, s'il vous plaît, et mangez » ; ou bien encore pour porter une tasse de thé à ses lèvres en lui faisant décrire un élégant demi-cercle et prononcer en même temps avec la gravité requise ces paroles : « S'il vous plaît, buvez tous. » Non moins

QUATRE GÉNÉRATIONS.

réelle est la difficulté morale de s'écrier au moment voulu :
« *K'o-t'ou ! K'o-t'ou !* » mot qui, selon le cas, exprime : « je peux,
je dois, je pourrais, je devrais vous faire une prosternation » ;
ou bien de dire avec à-propos : « Je devrais être battu ! Je
devrais être tué ! » entendant par là que l'on a péché contre
quelque règle de l'étiquette ; ou bien encore de s'arrêter brusquement au cours d'une promenade à cheval et de proposer à
un piéton : « *Je* vais descendre et *vous* allez monter sur ma
bête ! » sans le moindre souci de savoir dans quelle direction le
vous devait aller ou de l'absurdité du procédé. Et cependant, le
plus rustre, le moins cultivé des Chinois lancera souvent une
amabilité dans des termes et avec un air qui arrachent l'admiration à l'Occidental le plus indifférent : ce dernier payant
ainsi l'inconscient tribut de celui qui ne peut pas à celui qui
peut. Ces menues cérémonies, que nous sommes à même
d'observer à chaque instant, sont d'inévitables contributions
de la part des individus à la société en général, afin d'éviter
les froissements, et celui qui refuse de les acquitter se verra
puni d'une façon qui pour être détournée n'en sera pas moins
réelle. C'est ainsi qu'au voiturier négligeant de laisser tomber
sa natte et de descendre de son siège lorsqu'il demande son
chemin, on indiquera la mauvaise direction, après quoi on
le couvrira d'injures.

Savoir ce que prescrit l'étiquette lorsque les Orientaux
vous offrent un présent est une véritable science en pays
chinois. Il ne faut pas accepter certains cadeaux, ni en refuser
d'autres d'une manière absolue ; aussi, plus que probablement,
si le malheureux étranger est abandonné à lui-même et livré
à son propre jugement, fera-t-il infailliblement le geste à
côté. En général l'on doit se méfier des présents, surtout lorsque
rien ne semble les justifier. Tels sont les cadeaux offerts à
l'occasion de la naissance d'un fils ; ils évoquent très justement le classique *Timeo Danaos* : « Je crains les Grecs, *même*
lorsqu'ils apportent des présents » ! Il y a toujours quelque
chose qui se cache derrière de pareilles générosités, et ainsi
que le dit un proverbe familier chinois à propos d'un rat
tirant une pelle, « le bout le plus grand est celui qui est
derrière » ou, en d'autres termes, « ce qui est (virtuellement)

exigé en retour est bien plus que ce que l'on vous donne ».

Nombreux sont les étrangers qui firent en Chine l'expérience du peu de sincérité de ces offres. Nous-même n'avons que trop bien connu les détails du cas suivant : un village offrit une représentation théâtrale à quelques étrangers en témoignage de respectueuse considération : il était sous-entendu que ceux-ci reconnaîtraient le bon procédé par des festins appropriés. Mais lorsque les Occidentaux eurent définitivement décliné cet honneur, on leur proposa de consacrer les fonds prévus pour la fête, ou plutôt une petite partie de cette somme, à la construction d'un édifice d'utilité publique ; le projet fut même réalisé dans un premier village. L'affaire était à peine réglée que onze autres villages, subitement pris d'une belle gratitude pour les secours donnés en temps de famine et pour l'assistance médicale, envoyèrent des députations et offrirent à leur tour à nos amis des représentations théâtrales, alors qu'ils savaient fort bien que de pareilles propositions seraient invariablement déclinées. Les députations villageoises reçurent chacune communication des refus avec une égale surprise agrémentée de tristesse ; chacune proposa d'affecter les fonds à l'édifice public dont il vient d'être question ; puis l'affaire en resta là ; plus jamais il n'y fut fait allusion !

Les étrangers ne sont pas seuls à se voir assaillis de pareille façon. Des Chinois riches auxquels par malchance il arrive tout à coup quelque chose d'heureux, reçoivent de temps à autre la visite de voisins porteurs de cadeaux insignifiants comme marque de congratulation, des joujoux par exemple à la naissance d'un enfant. Ces cadeaux n'ont pas la moindre valeur, ce qui n'empêche qu'il faut les reconnaître par un festin — réponse invariable et toujours bien accueillie par les Célestes. C'est en des occasions de ce genre que le moins expert dans les affaires chinoises apprécie l'exactitude d'un de leurs aphorismes : « Lorsque l'on mange ce qui vous appartient, on mange jusqu'à ce que les larmes vous viennent, mais quand on mange la nourriture des autres, l'on mange jusqu'à en ruisseler de sueur. » Il arrive fréquemment que dans de pareilles conditions, l'hôte doive se contraindre à conserver un air très aimable alors que la rage le dévore, mais sa rage ne pourrait se manifester sans qu'il perdît sa « face », accident plus funeste encore que la disparition des victuailles.

Cette politesse toute superficielle nous explique et justifie une multitude d'expressions classées sous la rubrique générale « propos en l'air ». Le décorum extérieur avec lequel les étrangers sont traités par les Chinois à leur service, et surtout dans les grandes villes, n'est en grande partie qu'un vernis superficiel ; l'on s'en aperçoit sans peine dans le contraste que présente la façon d'agir de certaines personnes en public et en privé. L'on assure qu'un professeur chinois qui possède jusqu'aux nuances les plus subtiles des convenances et dont la tenue est irréprochable dans la maison de son maître étranger, ne se gênera pas pour éviter de le saluer quand il le rencontrera dans les rues de Pékin : s'il faisait mine de le reconnaître en pareille circonstance ne serait-ce pas admettre publiquement que le savant chinois est en quelque sorte redevable à l'étranger du bol de riz dont il se voit gratifié dans son logis ? or, pour aussi notoire que soit le fait, il ne faut pas le laisser deviner, surtout en public. Des Chinois pénétrant en nombre dans une salle où se trouve un étranger, s'empresseront souvent d'aller s'incliner tour à tour devant leurs compatriotes présents et ignoreront l'étranger. Un professeur indigène n'hésitera pas à combler d'éloges un élève étranger, à s'extasier sur la finesse de son oreille et la perfection de sa prononciation qui lui permettront de posséder bientôt la langue chinoise à fond, alors qu'au même instant les fautes comiques du malheureux font très probablement l'objet des plaisanteries du maître et de ses compagnons. De façon générale, soyez certain que le professeur dont c'est la tâche est bien la dernière personne qui vous apprendra correctement la langue chinoise.

L'une des façons par laquelle se manifeste cette politesse si conventionnelle et si creuse, consiste à offrir ses services pour accomplir quelque chose que d'autres ne veulent pas faire, alors que celui qui se met ainsi en avant sait fort bien qu'il ne réussira pas davantage, mais il aura ainsi assuré sa

« face ». De même si des difficultés surgissent au moment de régler une note d'auberge, votre voiturier s'avancera parfois pour servir d'arbitre et offrir de solder lui-même la différence en suspens, ce qu'il fait en la retirant simplement de votre bourse. Si par hasard il règle lui-même, soyez certain qu'il vous présentera sa note, et si on lui rappelle qu'il avait offert de prendre ce débours à sa charge, il vous répondra : « Croyez-vous que l'homme qui assiste à des funérailles entende être mis aussi dans le cercueil ! »

En dépit des apparences contraires, la véritable modestie se rencontre souvent en Chine, mais il n'y a pas de doute que la fausse modestie est de pratique courante chez les hommes comme chez les femmes. L'on entend dire fréquemment, à propos d'une affaire désagréable, que personne ne peut se permettre d'en donner les détails, ni de prononcer certains mots, etc., alors que nul n'ignore que toutes ces délicatesses sont de pure forme et voilent la répugnance que chacun éprouve à exprimer une opinion. Les mêmes personnes qui font parade de ces soi-disant scrupules n'hésiteront pas à user des expressions les plus grossières dès qu'elles y seront poussées par la colère.

La fausse modestie marche de pair avec la fausse sympathie, laquelle consiste à n'avoir sur les lèvres que des paroles vides ; mais en cela les Chinois sont excusables jusqu'à un certain point, attendu que leur nature ne leur permet pas de ressentir une sympathie véritable ou durable à l'égard du prochain. Cependant une sympathie banale n'est pas aussi répugnante au bon goût que cette moquerie de tout sentiment sincère qui va jusqu'à contempler la mort avec une allégresse manifeste. Mr. Baber cite un coolie de Setchouen qui s'arrêta pour rire aux éclats devant deux chiens alors que ceux-ci dévoraient un cadavre sur le chemin de halage. Mr. Meadows raconte que son professeur de chinois riait à s'en tenir les côtes en assistant à l'agonie de l'un de ses meilleurs camarades. L'on ne saurait prétendre expliquer les étranges exhibitions auxquelles se livrent parfois des parents au moment de la mort d'enfants qu'ils aimaient, par cet argument qu'une profonde douleur arrête toute manifestation extérieure de chagrin, attendu qu'il y a une grande différence entre l'affliction silencieuse et cette grossière parodie d'un sentiment naturel, laquelle offense les instincts les plus intimes de l'homme.

Ainsi que nous avons eu l'occasion de le rappeler, les étrangers entretiennent depuis plusieurs siècles des relations commerciales avec les Chinois, et nous devons reconnaître qu'il existe de nombreux et solides témoignages de l'honnêteté en affaires des commerçants indigènes. Sans entrer dans des généralités qui manqueraient d'exactitude, on peut affirmer cependant que ces témoignages s'appuient sur un certain fonds de vérité. Nous rappellerons celui de Mr. Cameron, Administrateur de la Banque de Hongkong et de Shanghaï, qui, en faisant ses adieux, prononça les paroles suivantes : « J'ai fait allusion à la haute situation commerciale de la Colonie étrangère ; les Chinois ne nous le cèdent en rien sous ce rapport ; je ne connais pas au monde de gens plus dignes de foi que les négociants et les banquiers chinois. Naturellement il y a des exceptions, mais pour montrer le bien-fondé de mon affirmation, je peux dire que pendant ces vingt-cinq dernières années, la Banque a traité de très grosses affaires avec les Chinois de Shanghaï ; elles se sont élevées, je crois bien, à des centaines de millions de taels et nous n'avons jamais encore rencontré un Chinois ayant commis une indélicatesse. » Cette belle déclaration appelle un commentaire. A Hongkong, trois ans après le départ de Mr. Cameron, un compradore chinois de la même Banque engagea celle-ci dans des affaires si malheureuses que l'on dut parer au déficit en prélevant un million de dollars sur les bénéfices de l'exercice.

Existe-t-il une différence essentielle entre les affaires chinoises, lorsqu'elles se font en gros ou en détail ? Nous n'avons pas le moyen de le savoir. Mais, sans vouloir porter atteinte à la valeur des témoignages déjà cités, on peut très légitimement se demander si une grande partie des résultats observés ne doit pas être attribuée à l'admirable système de responsabilité mutuelle déjà décrit, système que les nations occidentales feraient bien d'imiter. Il est tout naturel que les

étrangers en relations d'affaires avec les Chinois profitent
dans la plus large mesure de toutes les sauvegardes commerciales dont ils peuvent disposer, et les résultats obtenus dans
ces conditions font le plus grand honneur à la bonne foi des
Chinois. Toutefois, après avoir reconnu ces faits, il n'en reste
pas moins exact, ainsi que le prouve une longue série de
témoignages espacés sur de nombreuses années, que le commerce en Chine est l'exemple le plus colossal du manque
national de sincérité.

Une personne très bien documentée a écrit un intéressant
essai sur le procédé à l'aide duquel deux Chinois réussissent
à se duper réciproquement. Les rapports entre deux individus
de cette espèce sont généralement pareils à ceux de Joseph
avec Laban ou, ainsi que le dit un dicton chinois, c'est « la
brosse de fer rencontrant la bassine en cuivre ».

Un proverbe populaire dit que si l'on veut perdre un jeune
homme, on n'a qu'à le mettre dans le commerce. De faux
poids, de fausses mesures, de la fausse monnaie et de fausses
marchandises, tels sont les phénomènes dont vous avez à
souffrir en Chine. Même dans les grands établissements
annonçant pompeusement que là on trouve des « marchandises vraies, des prix réels, jamais deux prix différents, »
l'état des choses ne correspond nullement à ces alléchantes
déclarations.

Nous ne voulons certes pas dire que l'honnêteté ne se rencontre pas en Chine, nous prétendons simplement, pour
autant que nous pouvons avoir confiance dans notre propre
expérience et dans nos observations personnelles, qu'il est
impossible de la trouver quelque part avec certitude. Comment cela se pourrait-il avec un peuple si peu respectueux de
la vérité ? Un étudiant bien habillé n'a pas honte d'affirmer
à l'étranger qui lui pose une question, qu'il ne sait pas lire ;
puis, lorsqu'on lui tend un livre qu'il demande à voir, il
s'éclipsera furtivement sans avoir payé les trois pièces de
monnaie, prix de l'ouvrage. De pareils procédés ne lui
inspirent aucune honte ; il éprouve au contraire un tressaille-
ment de satisfaction à la pensée qu'il vient de mettre dedans
un stupide étranger, assez niais pour se fier à quelqu'un qu'il

ne connaissait pas ! Très souvent vous verrez un Céleste remettre à un étranger pour l'achat qu'il vient de faire, une somme d'argent inférieure au prix convenu en alléguant qu'il n'a pas d'autre monnaie. Et si on lui fait remarquer qu'il a une pièce dans son oreille, il s'en défait à contre-cœur avec le sentiment qu'il vient d'être frustré. De même un homme qui aura passé une demi-journée à essayer d'obtenir quelque chose sans avoir à en payer le montant, sous prétexte qu'il est totalement démuni d'argent, finira par exhiber un cordon de mille sapèques qu'il vous tendra en vous demandant mélancoliquement d'en extraire la somme qui vous est due. Mais si l'on ajoute foi à ses premiers dires et qu'il arrive à emporter un objet sans bourse délier, il s'en va le cœur débordant de joie, fier de son coup comme quelqu'un qui aurait tué un serpent.

La solidarité de la société chinoise se manifeste aussi dans l'habitude constante des Célestes d'emprunter quelque chose à un parent sans le lui annoncer d'avance. Les objets ainsi « empruntés » sont immédiatement mis en gage, et si les propriétaires veulent rentrer dans leur bien, force leur est de le dégager eux-mêmes. L'on surprit un jour un jeune élève d'une école de la mission en train de voler de l'argent à la dame chargée des chambres des étudiants. Pris sur le fait, il expliqua en sanglotant que, dans sa maison, il avait toujours eu l'habitude de voler sa mère et que la dame étrangère étant pour lui comme une mère, il s'était tout naturellement laissé entraîner à la voler aussi !

Bien que l'on trouve dans les pays occidentaux un grand nombre des mêmes maux qui, en Chine, sautent aux yeux, il est de la plus grande importance de préciser certains points essentiels de contraste. L'un d'eux a déjà été mentionné, c'est ce manque de sincérité auquel on doit toujours s'attendre de la part d'un Céleste, même s'il se rencontre quelques exceptions. Nous en avons déjà cité des exemples, mais on en trouverait en nombre infini.

Un homme possédant toutes les connaissances voulues devrait écrire une étude sur la théorie et la pratique chinoises des « squeezes » (extorsions), mœurs qui s'étendent depuis l'empereur sur son trône jusqu'au plus pauvre des mendiants de l'Empire. Avec cette sagacité pratique qui les distingue, les Chinois ont poussé ce système jusqu'à un tel point de perfection que l'on ne peut pas plus échapper à ses tentacules que l'on ne saurait se soustraire à la pression atmosphérique. Tout déshonnêtes et démoralisants que soient ces procédés, il n'est pas aisé de trouver le moyen d'en débarrasser l'Empire, à moins de le réorganiser de fond en comble.

Un pareil état de choses, et les traits caractéristiques des Chinois qui en ont déterminé l'évolution, ont pour conséquence qu'il sera toujours très difficile à un étranger d'avoir à faire aux Chinois d'une manière pratique et sur une grande échelle, et de conserver quand même une réputation — si on a la chance de l'avoir — « d'homme supérieur ». Un proverbe courant, qu'il est facile de vérifier soi-même, dit que les voituriers, les bateliers, les aubergistes, les coolies, etc., méritent tous d'être mis à mort, non pour une offense spécifique, mais en général par principe. Les rapports entre les étrangers et ces catégories de gens et de bien d'autres encore du même acabit, sont assez singuliers, car l'on sait partout que les étrangers se résigneront à être les victimes d'une infinité de supercheries plutôt que de courir le risque de provoquer un éclat en public ; ils n'ont aucun goût pour de pareilles altercations parce qu'ils n'en possèdent pas la manière. Cependant c'est par ce procédé brutal que l'atmosphère sociale retrouve finalement son équilibre lorsqu'il y a infraction, plus ou moins patente, à l'étiquette de la part d'un Chinois envers un autre Chinois.

Il est rare l'homme qui n'a pas un côté faible auquel un Chinois ne puisse s'attaquer si l'envie lui en prend. N'être pas trop méfiant, pas trop confiant non plus, quelle illustration du juste milieu ! Si l'on manifeste pour le manque de sincérité la légitime réprobation que nous inspire ce vice, les Chinois, juges très sagaces de la nature humaine, nous blâmeront de n'avoir pas su maîtriser « notre mauvaise humeur », tandis que si nous nous cantonnons dans l'attitude placide d'un Bouddha absorbé dans son Nirvana — attitude qui n'est guère facile à certains tempéraments — nous passons alors pour des gens propres à subir indéfiniment toutes les exactions. Comme il était bien de pure race ce Chinois employé au service d'un étranger : apercevant dans la rue un colporteur qui vendait des figurines en terre glaise, très habilement modelées et représentant des étrangers dans leurs costumes nationaux, il s'approcha et, après les avoir examinées, dit au marchand : « Ah ! vous jouez avec ces joujoux en terre ! Mes jouets à moi sont en chair et en os ! »

Autant qu'on peut en juger, le Gouvernement chinois semble réaliser en grand ce trait national dont nous venons de parler. Sans nous y arrêter plus longuement, il suffira de rappeler qu'on en trouve d'innombrables exemples dans l'histoire des relations extérieures de la Chine, et l'on pourrait ajouter, dans tout ce que l'on connaît des relations des fonctionnaires chinois avec leurs administrés. Rien ne confirme nos dires de façon plus suggestive que les proclamations débordantes de sentiments vertueux, régulièrement lancées à des époques fixes par des agents de tout grade de l'administration impériale : leur phraséologie est d'une élégance raffinée et s'attaque aux sujets les plus divers. Rien n'y manque, sauf la sincérité, car ces beaux commandements ne sont pas destinés à être mis en vigueur. Le public sait à quoi s'en tenir : c'est un point sur lequel la Chine ne se fait pas d'illusions. La vie et les papiers d'un homme d'État chinois fourmillent des sentiments les plus beaux et des actes les plus bas. Un ministre fait tomber dix mille têtes pendant qu'il cite un passage de Mencius sur le caractère sacré de la vie humaine. Il empoche l'argent qui lui est alloué pour réparer une digue et laisse ainsi inonder une province, mais il déplore les terrains que les eaux ont enlevés à la culture. Il signe un traité qu'il déclare secrètement n'apporter que des déceptions à son pays, et en même temps il pérore contre le crime du parjure. Sans doute existe-t-il des fonctionnaires à l'âme droite, éprise de vérité, mais il est difficile de les découvrir : comment ceux-ci pourraient-ils du reste accomplir tout le bien qu'ils ont à cœur ? Lorsque nous comparons les conditions dans lesquelles vivent ceux qui furent en mesure de pénétrer jusqu'à l'essence des Classiques chinois avec les enseignements de ces mêmes Classiques, nous constatons à quel point ceux-ci ont été incapables d'élever la société jusqu'à leurs hauts idéals.

Combien avez-vous connu de Chinois susceptibles de vous inspirer une confiance implicite ? Il est bien entendu que cette question vise seulement les autochtones qui ne subirent d'autre influence que celle de l'éducation chinoise courante. Les réponses varieront d'après les personnes que vous interrogerez, suivant leur expérience personnelle et l'étalon qu'elles appliquent au caractère chinois. La plupart des étrangers répondront sans doute : « Très peu » ; « six ou huit », « une douzaine », selon le cas ; parfois « un grand nombre, plus que je ne peux me rappeler » ; mais tout porte à croire que rares sont les observateurs intelligents et perspicaces qui pourront nous faire cette dernière réponse.

Il est toujours prudent d'observer ce qu'un peuple entend par *chose toute naturelle* et d'agir en conséquence. Ainsi que nous l'avons vu, la méfiance réciproque constitue l'un des facteurs essentiels de la vie sociale chinoise : pour un Céleste, c'est chose toute naturelle qu'il ne faut pas avoir confiance dans ses concitoyens et chacun en connaît parfaitement les raisons. Voilà l'état de choses qui rend l'avenir de la Chine rempli d'incertitudes. Dans son ensemble, la classe dirigeante n'est pas la meilleure, mais la pire. Un Taotaï, d'esprit très fin, faisait remarquer à un étranger que « les fonctionnaires impériaux sont des hommes néfastes que l'on devrait étrangler sans exception ; mais pareille hécatombe ne servirait à rien car leurs successeurs seraient aussi mauvais que nous ! » Ainsi que le dit un adage chinois, le serpent connaît son propre trou et, fait significatif, la classe officielle est tenue en excessive méfiance par les gens au-dessous d'elle, la classe mercantile. Celle-ci sait très bien que toute soi-disant réforme ne sera jamais qu'une écorce superficielle et que bientôt elle s'écaillera. Un maçon chinois passera beaucoup de temps à fignoler les enduits extérieurs des cheminées qu'il a mal construites avec du mortier insuffisamment gâché, et dont il verra sans surprise les conduites fumer et crever à la première occaison. Que de choses en Chine ressemblent aux cheminées !

L'Empire possède suffisamment de richesses pour développer ses ressources, si seulement la confiance régnait, confiance sans laquelle le timide capital ne sort pas de sa cachette. Il se trouve assez d'instruction, assez de talents dans la population pour parer à tous les besoins. Mais, tant que n'existera pas une confiance mutuelle, basée sur la loyauté des buts poursuivis, tous ces dons ne suffiront pas à régénérer l'Empire.

Il y a quelques années, un Chinois intelligent vint nous consulter sur ce qu'il fallait faire pour secourir un district en passe de manquer d'eau. Les puits, très nombreux, étaient tous contruits à la manière chinoise, et, par conséquent, de rendement très précaire : on maçonne le parement briqueté par le haut et celui-ci doit descendre par son propre poids dans le trou graduellement approfondi à mesure que le maçon travaille en haut. Mais on a souvent à creuser dans un terrain peu consistant qui s'affaisse pendant le travail, enfouissant la maçonnerie et aveuglant entièrement la source. Il en sera de même de toute mesure prise pour guérir les maux qui rongent la Chine depuis si longtemps, car personne n'a la volonté de pénétrer jusqu'aux racines du mal, jusqu'au caractère même de la nation. Tout traitement superficiel n'aura d'autre effet que d'enfouir une quantité de matériel excellent dans un abîme de désespoir.

CHAPITRE XXVI

POLYTHÉISME, PANTHÉISME, ATHÉISME

Le Confucianisme, en tant que système de pensée, compte parmi les réalisations les plus remarquables de l'intelligence humaine. Pourtant le lecteur d'Occident ne saurait échapper à l'impression que la substance des « Classiques » de Confucius est parfois bien maigre. Or, ce n'est pas en les lisant seulement que nous sommes le plus frappés par ce que sont, et ont été, en réalité, les « Classiques » chinois, mais bien en en observant les conséquences, les effets. Voici la race chinoise, la plus vaste communauté d'êtres humains sur le globe, avec une histoire qui remonte dans le passé aussi loin que les annales de toute autre nation dont nous ayons conservé la trace ou le souvenir ; seule, elle a toujours maintenu l'intégrité de sa nationalité, jamais on ne put la chasser du pays qu'elle occupa dès ses origines, et elle vit encore de la même existence que dans l'antiquité la plus reculée. Quelle est l'explication de ce fait unique dans l'Histoire ? Par quels moyens cette nuée d'êtres humains dont on ne peut supputer le nombre, qui a toujours habité les mêmes plaines depuis l'aube de l'Histoire, a-t-elle été gouvernée, et comment se fait-il qu'elle semble toujours une exception à la loi universelle, à cette loi qui veut la décadence et la fin des nations ?

Ceux qui ont entrepris la tâche de débrouiller le mystère s'accordent à reconnaître à ce fait une seule et même cause. Alors que les autres nations étaient esclaves de la force physique, les Chinois n'ont jamais dépendu que de leurs forces morales. Tout homme qui étudie l'Histoire, tout observateur familiarisé avec les mystères de la nature humaine, ressent une impression de profond respect devant ce frein merveilleux que la morale chinoise imposa à la race jaune depuis les temps les plus reculés jusqu'à nos jours. « On n'évaluera jamais trop haut », dit le Dr. Williams, « l'influence qu'exerça Confucius par sa conception de l'étudiant idéal et l'impulsion pour le bien que cette conception n'a cessé d'exercer sur sa race. L'influence immense dans la suite des temps de ce caractère ainsi dépeint démontre l'élévation de pensée du philosophe, et la conscience nationale reconnaît, aujourd'hui comme par le passé, la beauté de ce portrait. » « Les enseignements du Confucianisme en ce qui touche aux devoirs de l'homme », déclare de son côté le Dr. Legge, « sont admirables, tout en n'étant pas parfaits. Quant aux trois derniers des quatre sujets que Confucius se plaisait à traiter — les lettres, l'éthique, le dévouement et la véracité — ses paroles sont d'accord avec la Loi et avec l'Évangile : un monde ordonné par ces principes serait très beau. »

Les ouvrages classiques chinois sont purs de tout ce qui pourrait rabaisser l'esprit du lecteur — caractéristique très importante maintes fois signalée — et offrent ainsi un contraste frappant avec les littératures des Indes, de la Grèce et de Rome. « Aucun peuple, ancien ou moderne, » affirme Mr. Meadows, « n'a possédé des Livres sacrés aussi complètement exempts de tout tableau licencieux, de toute expression offensante que ceux des Chinois. Il n'existe pas dans tous ces Livres sacrés et dans leurs annotations une seule phrase qui ne puisse être lue à haute voix dans n'importe quelle réunion familiale anglaise. Encore une fois, les autres pays non chrétiens n'ont-ils pas toujours associé l'idolâtrie aux sacrifices humains et à la déification du vice, le tout accompagné de rites licencieux et d'orgies ? Rien de pareil en Chine. »

Rendre l'Empereur directement et personnellement responsable vis-à-vis du Ciel quant à la qualité de son gouvernement, exalter le peuple jusqu'au point de le considérer comme d'une plus grande importance que ses dirigeants, enseigner que les hommes vertueux et les plus capables devraient être appelés à diriger l'État et que leurs directives doivent être basées sur la vertu, établir une doctrine qui embrasse les cinq relations des hommes les uns avec les autres, ainsi qu'une théorie d'après laquelle personne ne devrait faire à autrui ce qu'il ne voudrait pas qu'on lui fît, tous ces points dominent le niveau général de la pensée chinoise — tels les grands pics au-dessus des montagnes — et, depuis longtemps, ils retiennent l'attention des observateurs. En terminant ce que nous avons à dire des Chinois, nous tenons à insister sur la perfection morale du système de Confucius, car c'est seulement en plaçant celle-ci sous son véritable jour que nous pouvons espérer arriver à une juste compréhension du peuple chinois. Cette perfection a exalté au plus haut point la capacité des Célestes à subir l'influence des forces morales. L'usage des Classiques dans les examens d'admission à tous les emplois publics — usage respecté depuis des siècles — a merveilleusement unifié les intelligences du Monde jaune, et leur enseignement qui fait que tout candidat à la poursuite d'un diplôme et d'une place officielle souhaite avant toute chose la stabilité du gouvernement parce que, seul, il lui assurera une carrière fructueuse, est vraisemblablement l'un des principaux facteurs de la perpétuation de la nation chinoise jusqu'à ce jour.

Les Chinois ont-ils jamais eu la notion d'un seul Dieu ? Ce point est d'intérêt capital. Les savants qui ont appliqué une critique rigoureuse à l'étude des Classiques nous assurent que beaucoup de doctes personnages penchent pour l'affirmative. D'autres érudits dont l'indépendance de jugement ne saurait être mise en doute, le nient formellement. Si les Chinois ont jamais reconnu le vrai Dieu, cette croyance s'est certainement, et depuis longtemps, perdue. A nos yeux la question offre moins d'intérêt pratique que ne le prétendent certaines personnes, et pour nos fins présentes, on peut la négliger complètement. Ce qui nous importe aujourd'hui n'est pas un problème historique, mais une simple question pratique, à savoir : quelle est la relation existant entre les Chinois et leurs dieux ?

Dans certains cas nous retrouvons assez facilement la trace des phases par lesquelles les héros et les grands hommes de l'Antiquité, après avoir été d'abord honorés, furent commémorés et finalement vénérés. L'on peut dire de tous les dieux de la Chine qu'ils ont été primitivement de simples mortels, puisqu'ils disparurent de ce monde suivant le rite ordinaire, et il est permis d'affirmer, par le culte qui entoure les ancêtres que, dans un certain sens, tous les morts de la Chine sont devenus des dieux. Avec le consentement de l'Empereur on édifie constamment des temples à la mémoire d'hommes qui, de leur vivant, se distinguèrent de diverses manières. Nul ne peut assurer que l'un d'eux ne s'élèvera pas, dans la lente évolution des siècles, jusqu'au premier rang des divinités nationales. Les Chinois, en tant que nation, sont polythéistes.

C'est un pur truisme de dire que l'homme est instinctivement porté vers le culte de la nature. Le sentiment confus qu'il existe des forces irrésistibles et cachées nous pousse à les personnifier, et nous incite à des actes extérieurs d'adoration, basés sur l'idée que ces forces ne sont pas insensibles à notre culte. Aussi trouve-t-on quantité de temples consacrés aux divinités du vent, du tonnerre, etc. A Pékin, il y en a en l'honneur du soleil et de la lune dont le culte va de pair avec celui de l'Empereur ; mais, dans certaines régions, le culte du soleil n'est, chez la plupart des gens, qu'un acte religieux routinier, pratiqué à une certaine date du second mois, laquelle passe pour correspondre au « jour de sa naissance ». De très bonne heure les villageois courent vers l'est à la rencontre de l'astre qui se lève, et le soir ils vont à l'Occident pour lui faire escorte au moment de son coucher. Puis le culte du soleil est remisé jusqu'à l'année suivante.

Le culte de la nature se manifeste presque toujours par la vénération des arbres. Cette coutume est si répandue que, dans le Nord-Ouest de Honan, l'on rencontre parfois des centaines d'arbres de toutes dimensions, à chacun desquels est suspendue une petite bannière indiquant que là habite un esprit. Si un beau tronc antique s'élève auprès d'une misérable chaumière, l'on est moralement certain que le propriétaire n'ose pas abattre son arbre en raison de la divinité qui en a fait sa demeure.

D'après une croyance assez répandue, l'Empereur jouit seul du privilège d'adorer le Ciel. Les curieuses et très intéressantes cérémonies qui se déroulent dans le temple du Ciel sont évidemment uniques en leur genre. Mais ce serait certes une bien grande surprise pour les habitants de la Chine si on leur disait qu'ils ne vénèrent pas et qu'ils ne doivent pas vénérer eux-mêmes le Ciel et la Terre. Dans le mur de façade qui fait face au Sud, les maisons ont souvent à l'intérieur un petit autel nommé, dans quelques régions, sanctuaire du Ciel et de la Terre. Des multitudes de Chinois vous diront que leur seul acte religieux — en dehors du culte des ancêtres — consiste à se prosterner, les 1er et 15 de chaque mois, ou, dans certains districts, au nouvel an seulement, et à faire une offrande au Ciel et à la Terre. L'on ne prononce aucune prière puis, au bout de quelque temps, l'offrande est enlevée et mangée, comme dans bien d'autres cas. Que vénère donc le peuple en pareille circonstance ? D'aucuns affirment qu'il adore « le Ciel » ou « le vieillard du Ciel » ; et cette dernière appellation laisse à penser que les Chinois ont la perception objective d'une déité personnifiée. Mais lorsque l'on constate que cette « personne » supposée se trouve souvent appariée à une autre appelée « grand'mère la Terre » la déduction perd de sa valeur. Dans quelques régions il est d'usage d'offrir un culte à ce « Vieillard du Ciel » le 19e jour de la 6e lune, jour de sa naissance. Mais à un peuple qui assigne un « jour de naissance » au soleil, il est superflu de demander qui fut le père du « Vieillard du Ciel », ni quand ce dernier est né : en pareille matière il n'y a pas d'indigène qui ait une opinion. Le Chinois ordinaire ne comprend pas que de pareilles questions aient une importance pratique. Il accepte la tradition comme il la trouve et ne songe jamais à pousser ses recherches plus loin, pas plus que sur tout autre point. Nous avons rarement rencontré un Céleste qui eût une doctrine intelligible sur les antécédents ou les attributs du « Vieillard du Ciel », sauf en ce qu'il est supposé régler le temps et par suite la moisson. Bien que l'emploi de ce vocable soit extrêmement répandu en Chine, aucun temple, à notre connaissance du moins, n'a été élevé à ce « Vieillard », il n'en existe aucune représentation graphique ou autre, et il n'est l'objet d'aucun culte distinct de celui qui s'adresse « au Ciel et à la Terre ». Il y a là un curieux problème dont la solution est encore à trouver.

Dans les Classiques chinois le mot *Ciel* s'emploie souvent pour suggérer l'idée de personnalité et de volonté ; mais souvent aussi l'usage qui en est fait ne suggère que fort peu de l'une et de l'autre, et lorsque nous lisons dans un commentaire que le « Ciel est un principe » nous avons l'impression que le vague de ce mot atteint son maximum. A cette ambiguïté qui existe dans les ouvrages consacrés, correspond dans la vie courante une imprécision de sens encore plus flagrante. Si vous demandez à un autochtone qui vient d'adorer le Ciel ce qu'il entend par « Ciel », il répondra le plus souvent que c'est l'étendue bleue que nous apercevons au-dessus de nos têtes. Son culte concorde donc avec celui de l'homme qui vénère les forces de la nature prises individuellement ou dans leur collectivité. En d'autres termes on peut le qualifier de panthéiste. Cette absence de toute conception précise de personnalité est un défaut grave qui vicie le culte chinois du « Ciel ».

Au polythéisme et au panthéisme des classes inférieures de la Chine correspond, dans la classe élevée, une incrédulité qui semble du pur athéisme. D'après les témoignages des savants les plus autorisés en la matière, d'après les nombreuses indications recueillies au jour le jour dans la vie courante du peuple, et conformément à des « probabilités dues aux antécédents », nous n'éprouvons aucune difficulté à conclure qu'il n'y eut jamais sur cette terre un groupe d'individus instruits et cultivés aussi complètement agnostique et athée que les disciples de Confucius [1].

L'expression « probabilités dues aux antécédents » se rapporte à l'influence bien connue exercée sur les *literari* de la Chine par les commentateurs matérialistes de la dynastie

---

1. M. Meadows a constaté que tout confucianiste conséquent avec ses principes devrait être un simple athée ; mais la nature humaine est peu soucieuse de demeurer logique avec elle-même et beaucoup de Confucianistes croient en leurs dieux, ou tout au moins se l'imaginent.

des Sung. L'autorité de Chu-Hsi, le savant interprète des Classiques chinois, fut si puissante que l'on considéra long-temps comme une hérésie la simple suggestion de mettre en doute l'une de ses vues, ce qui eut pour effet de charger les enseignements des Classiques d'une interprétation non seulement matérialiste, mais pour autant que nous nous en rendons compte, tout à fait athéiste.

Après être sorti des défilés de Shansi et de Shensi, le Fleuve Jaune débouche dans la plaine, et il continue librement sa route vers la mer pendant des centaines de milles. Au cours des siècles, il changea souvent de lit et partout sur son chemin il semait la ruine, laissant derrière lui des déserts de sable. Assez semblable à ce fléau de la nature fut le courant matérialiste introduit dans la pensée chinoise par les com-mentateurs de la dynastie des Sung ; s'épandant sans obs-tacles pendant sept siècles, il laissa derrière lui un désert moral d'athéisme qui étouffa la vie spirituelle de la nation. Le Taoïsme a dégénéré en un système d'incantations contre les mauvais esprits ; il a largement emprunté au Bouddhisme pour suppléer à ses propres imperfections. Le Bouddhisme fut lui-même introduit pour pourvoir à ces besoins de l'âme inhérents à la nature humaine, et pour la satisfaction desquels le Confucianisme ne faisait rien ou presque rien. Chacune de ces formes de doctrine s'est modifiée grandement au contact des autres. Tout système d'organisation qui offre une méthode de pratiquer la vertu sera soutenu par les esprits disposés à amasser dans ce monde quelques mérites, et pour lesquels cette voie semble aussi bonne qu'une autre. N'im-porte quelle divinité, pour peu qu'elle semble pouvoir exercer une favorable influence dans une direction donnée, sera cultivée, tout comme l'homme qui a besoin d'un nouveau parapluie s'en va l'acheter dans un magasin où il sait trouver cette marchandise. Il ne viendra pas plus à l'esprit d'un Chinois de s'enquérir des antécédents de la divinité vénérée qu'à un Anglais ayant besoin d'un parapluie de s'informer de l'origine de ces objets de première nécessité et de la date de leur première apparition.

On entend parfois discuter savamment sur le nombre de

Bouddhistes et de Taoïstes qui vivent en Chine. A notre avis c'est absolument comme si des gens s'amusaient à comparer le nombre d'individus utilisant dans le Royaume-Uni des clous de dix pence avec celui des personnes se nourrissant de haricots verts. Quiconque veut se servir d'un clou de dix pence tâche de s'en procurer, et il est à présumer que les friands de haricots verts ne se privent pas de ce légume s'ils ont les moyens d'en acheter. Le cas des deux « doctrines » les plus éminentes de la Chine est identique. Tout Chinois désirant recourir à l'assistance d'un prêtre bouddhiste, et à même de payer ses services, ira trouver ce prêtre et deviendra ainsi lui-même un « Bouddhiste ». L'affaire se traitera de façon analogue si le Céleste veut avoir auprès de lui un religieux Taoïste ; il le fera venir et deviendra un « Taoïste. » Le même individu sera donc tout à la fois un Confucianiste, un Bouddhiste et un Taoïste, et cela sans éprouver le moindre sentiment de ridicule. Le Bouddhisme a absorbé le Taoïsme, lequel a fait de même à l'égard du Confucianisme, mais finalement celui-ci a dévoré à la fois Bouddhisme et Taoïsme et ainsi les « trois religions sont une ».

Les rapports que les Chinois entretiennent, dans la pratique, avec leurs « trois religions » peuvent se comparer à ceux d'un Anglo-Saxon avec les matériaux dont sa langue est composée : « Saxon, Normand et Danois, sommes-nous ! » Mais alors même qu'il nous serait impossible de préciser nos lointaines origines, la proportion de sang Saxon ou Normand qui coule dans nos veines n'influerait aucunement sur le choix de nos mots. Ce choix sera déterminé par nos habitudes intellectuelles et par l'usage que nous voulons faire de ces mots. L'étudiant fera de larges emprunts à la langue latine avec un généreux mélange d'expressions normandes, tandis que le fermier se servira la plupart du temps de simples termes saxons. Mais dans l'un et l'autre cas, le Saxon demeure l'élément fondamental auquel sont venus seulement s'ajouter des mots d'une autre origine. En Chine, le Confucianisme est la base ; tous les Célestes sont des Confucianistes, de même que tous les Anglais sont des Saxons. Jusqu'à quel point idées, phraséologie et pratiques bouddhiques et taoïstes peuvent être superposées sur cette base, sera déterminé par les circonstances. Mais pour les Chinois, il n'y a pas plus d'inconvenance ou de contradiction dans la combinaison des « trois religions » qu'il n'en existe, à notre avis, dans l'introduction de mot d'origines ethniques diverses dans une même phrase.

Il est toujours difficile de faire entendre à un Chinois que deux formes différentes de croyances s'excluent réciproquement. Il ne connaît rien à la logique des contraires et il s'en soucie encore moins. Un instinct aiguisé lui a appris l'art de concilier des propositions inconciliables dans leur essence, en affirmant imperturbablement chacune d'elles, sans tenir le moindre compte de leurs rapports réciproques. Il se trouve ainsi préparé par sa gymnastique intellectuelle à supporter la fusion des formes de croyances les plus incongrues, comme se mélangent des fluides par endosmose et par exosmose. Il a poussé « l'hospitalité intellectuelle » jusqu'à tuer toute logique, mais il ne le sait pas, et il ne peut le comprendre quand on veut le lui démontrer.

Cette union, en quelque sorte mécanique, des croyances, a eu deux résultats dignes de remarque. Le premier, c'est la violence exercée contre l'instinct de l'ordre, instinct particulièrement vivace chez les Chinois. On le retrouve très visible dans la machine gouvernementale : celle-ci comprend un échelonnement compliqué de fonctionnaires dont la hiérarchie savante est soigneusement graduée depuis le premier jusqu'au neuvième rang, chacun marqué d'immuables caractéristiques et cantonné dans ses propres limitations administratives. On pouvait espérer rencontrer une ordonnance analogue dans le Panthéon chinois, mais il n'en est rien. C'est en vain que l'on demande à un Céleste quelle est la divinité supposée la plus grande, de « l'Empereur aux perles » ou de Bouddha. Même dans le temple consacré « à tous les dieux », rien ne règle l'ordre des préséances divines, tout y est laissé à l'arbitraire et à l'accidentel, rien n'y est fixe, permanent. Le monde spirituel des Chinois ne connaît aucune gradation d'autorité ; la confusion y règne en souveraine, et elle est si absolue que, transportée dans le monde social, elle équivaudrait à l'anarchie. Cet état de choses se manifeste de façon plus évidente encore dans la « Salle des trois Religions », où sont exposées, voisinant dans une intime harmonie, les images de Confucius, de Bouddha et de Lao-tseu. La place d'honneur est au centre, et Confucius semblerait tout indiqué pour l'occuper et, à son défaut — puisqu'il n'a jamais revendiqué une déification posthume — son collègue Lao-tseu. Il y a tout lieu de croire que cette question de préséance provoqua jadis des discussions acrimonieuses, mais d'après ce que nous avons entendu dire, la question fut toujours tranchée en faveur de Bouddha, bien que divinité d'origine étrangère !

Une autre conséquence très significative de cet amalgame de croyances, c'est l'avilissement de la nature morale de l'homme jusqu'au niveau le plus bas qui ait été atteint dans chacune de ces croyances. Loi morale de tout point conforme à celle qui veut qu'une monnaie de mauvais aloi chasse la monnaie saine Les maximes de Confucius en dépit de l'élévation de leurs pensée, se sont montrées également impuissantes à prémunir les Confucianistes contre la peur des lutins et des diables dont le Taoïsme est si prodigue. L'on a souvent fait la remarque — et cela avec toutes les apparences de la vérité — qu'il n'existe pas une autre nation civilisée aussi esclave que les Chinois de la superstition et de la crédulité. Des marchands cossus, des savants lettrés, n'ont pas honte d'être aperçus, pendant les deux jours du mois consacrés à ce rite, en train d'adorer le renard, la belette, le hérisson, le serpent et le rat : on honore ces bêtes sur des placards imprimés où elles sont qualifiées de « Leurs Excellences », et on leur prête une action importante sur la vie humaine.

L'époque n'est pas si lointaine où l'un des hommes d'Etat les plus éminents de la Chine tombait à genoux devant un serpent d'eau qu'un pur croyant s'était plu à considérer comme une incarnation du Dieu des inondations, celui-ci supposé d'abord incarner un fonctionnaire d'une dynastie antérieure, auquel la légende attribuait un pouvoir merveilleux sur les rivières en mal de débordements. Cette coutume d'adorer, à chaque inondation, un serpent prétendu dieu semble générale en Chine. Dans les districts situés à une certaine distance du fleuve, tout vulgaire serpent de terre passera sans discussion pour un dieu ; si les eaux baissent, l'on donnera parfois de grandes représentations théâtrales en l'honneur du Dieu qui accorda ce bienfait à la région et, à cet effet, le serpent est placé sur un plateau dans un temple ou exposé sur une place publique. Magistrats du district, fonctionnaires de tout ordre vont tous les jours se prosterner et brûler de l'encens devant cette divinité. Le dieu d'un fleuve est généralement considéré comme le dieu de la pluie dans le bassin entier de ce cours d'eau ; pourtant, déjà à une petite distance du fleuve, le dieu de la guerre, Kuang Ti, évincera très probablement son collègue aquatique dans ce culte particulier, et parfois aussi l'un et l'autre se verront supplantés par la « Déesse de la Miséricorde » Tout ce chassé-croisé divin ne choque en rien la mentalité chinoise, car le Céleste jouit d'un esprit affranchi de toute idée préconçue quant à l'unité de la Nature, et il lui est très difficile d'apprécier l'absurdité, même lorsqu'on la lui démontre de façon irréfutable.

Ces prières pour la pluie ne doivent pas retenir pourtant seules notre attention, il existe encore dans cet ordre de choses un fait curieux et des plus significatifs. Dans un célèbre roman sur la Chine, *Travels to the West*, l'un des principaux protagonistes du récit était primitivement un singe éclos d'une pierre et qu'une lente évolution développait en un homme. Dans certains endroits, cet être imaginaire est adoré comme le dieu de la pluie à l'exclusion du dieu du fleuve et du dieu de la guerre. Rien ne saurait mettre mieux en évidence l'absence totale en Chine d'une ligne de démarcation entre la réalité et la fiction. La mentalité occidentale maintient en corrélation étroite les causes et les effets. Quelles peuvent être les intuitions de cause à effet dans un cerveau chinois qui adresse des prières à un singe hypothétique pour qu'il fasse tomber de la pluie ? Nous nous reconnaissons incapable de formuler une opinion à ce sujet.

Le Panthéon chinois étant composé d'éléments essentiel-

lement hétérogènes, il est intéressant de rechercher comment
les Célestes traitent leurs Divinités. Nous répondrons simplement : ils leur rendent un culte et ils les négligent. L'occasion
nous est parfois donnée d'avoir sous les yeux des devis de
ce que dépense par an toute la nation pour achats d'encens,
de papiers de culte, etc. De pareilles évaluations ont naturellement pour point de départ les faits apparents dans un
district particulier pris pour unité, et dont on étend le résultat à toutes les autres parties de l'Empire par une simple
opération arithmétique. Rien de plus précaire que ce fantôme
de statistique, aussi vain que le recensement d'une nuée de
moustiques qui fut exécuté un jour par un individu ; celui-ci
se mit à « compter ces insectes jusqu'à épuisement de ses
forces », puis par une extrapolation hardie, il évalua le total.

Sur bien peu de questions intéressant la Chine prise dans
son ensemble, pouvons-nous énoncer une affirmation en toute
sécurité. Le culte pratiqué dans les temples démontre pleinement cette vérité. Lorsqu'il débarque à Canton, le voyageur, apercevant des nuages de fumée qui proviennent des
continuelles offrandes aux divinités populaires, en concluera
que les Chinois sont le peuple le plus idolâtre qu'il y ait au
monde. Mais que ce voyageur se garde donc d'un jugement
précipité et qu'il commence d'abord par visiter d'autres
régions aux extrémités de l'Empire : il y trouvera des quantités de temples négligés qui ne reçoivent la visite des fidèles
que le 1ᵉʳ et le 15 de chaque lune, si tant est qu'ils la reçoivent
alors ou même au jour de l'an, époque cependant où domine
chez les Chinois l'instinct de la vénération. Il rencontrera par
centaines de mille des temples dont l'origine se perd dans la nuit
des temps, que l'on répare parfois, mais dont personne ne peut
indiquer l'affectation et pour lesquels les gens n'éprouvent
aucun respect. Il traversera des centaines de milles carrés de
territoires populeux sur lesquels on ne trouve pour ainsi dire
pas un seul prêtre taoïste ou bouddhiste. Dans ces régions, il
constatera généralement l'absence totale de femmes dans les
sanctuaires ; les enfants grandissent sans l'ombre d'instruction religieuse, personne ne leur apprend à se rendre les dieux
propices. Or, dans d'autres parties de la Chine, le tableau

change du tout au tout : les rites extérieurs de l'idolâtrie s'entremêlent aux moindres détails de la vie quotidienne.

Les forces religieuses de la société chinoise peuvent se comparer aux forces volcaniques qui firent un jour surgir des eaux les îles Hawaï. Dans le groupe septentrional de cet archipel, ainsi que dans la partie occidentale, les volcans sont éteints depuis des siècles, des cratères recouverts aujourd'hui d'une végétation luxuriante rappellent seuls les foyers d'antan. Mais dans le groupe Sud-ouest, le feu souterrain manifeste encore de temps à autre son activité et continue à ébranler les îles par des ondes sismiques. Dans certaines des plus vieilles parties de la Chine, le culte du temple est négligé et dans quelques provinces qui, à l'époque la plus glorieuse de l'Empire n'étaient encore que des zones barbares et incultes, l'idolâtrie y est en plein épanouissement. Mais, si nous en jugions seulement d'après les apparences, nous risquerions d'être induits en erreur. A de pareilles indications superficielles nous pourrions attribuer une valeur que rien ne justifie et, avant de formuler des conclusions sûres, la question exige des données plus complètes que celles recueillies jusqu'à ce jour.

« Vénérer les dieux, mais s'en tenir à distance ! » ainsi parlait Confucius. Rien d'étonnant dès lors à ce que ses disciples estiment aujourd'hui qu'un *oubli respectueux* est le traitement qui convient le mieux aux divinités multiples et incongrues du Panthéon national. Comparés aux Mongols et aux Japonais, les Chinois nous paraissent plutôt dégagés de toute attirance religieuse. Il est courant de lire sur les portes des temples ces mots classiques : « Vénérez les dieux comme s'ils étaient présents ». L'instinct populaire apprécie à sa juste valeur l'incertitude des mots : *comme si*, il les a incorporés dans les dictons courants qui expriment très exactement l'état d'esprit du peuple :

> Vénérez les dieux comme s'ils arrivaient,
> Mais que vous ne le fassiez pas, c'est tout pareil !
> Adorez les dieux comme s'ils étaient là,
> Négligez-les, ils s'en moquent !

A un degré au-dessus du respectueux abandon des dieux se trouve la *vénération cérémonielle*, laquelle consiste à accomplir machinalement certains rites traditionnels, d'une certaine façon, et avec l'unique pensée d'obtenir ainsi certains profits d'ordre matériel.

L'idée de solennité dans les actes religieux paraît étrangère à la mentalité chinoise ; nous dirons qu'un simple décorum y préside. Tout le culte des divinités se résume — à notre connaissance — dans une routine cérémonielle ou plus exactement dans une question d'échanges : tant de culte pour tant d'avantages. Lorsque l'on parle du « Vieillard du ciel » comme d'un être réel et qu'on affirme la nécessité de le vénérer, la façon uniforme de le représenter sous cet aspect, à l'exclusion de tout autre, fait bien ressortir la nature du culte dont il est l'objet. « Parce que nous recevons de lui notre nourriture et nos vêtements », telle est la réponse du Chinois quand on lui demande pour quelle raison il vient périodiquement se prosterner devant cette « personne ». Même si l'individu ne possède pas d'opinions bien définies sur l'existence réelle d'un pareil être, il ne s'en conforme pas moins au rite consacré. Les anciens agissaient ainsi, et il fait comme eux. Est-ce utile ? Qui sait ?

Un couplet que l'on placarde parfois, dans une pensée plutôt ironique, sur les murs des temples abandonnés, illustre assez bien l'habitude de considérer le cérémonial religieux d'un point de vue tout superficiel :

> Lorsque le temple est sans prêtre, le vent balaye le sol,
> Si l'édifice est sans lumières, la lune sert de lampe.

On vénère les dieux exactement comme l'on prend, dans les pays occidentaux, une police d'assurances, parce que tel est le moyen le plus sûr de réaliser ses fins. « Il vaut mieux croire à l'existence des dieux, affirme un dicton populaire, que de la nier » : en d'autres termes : s'ils n'existent vraiment pas, il n'y aura pas de mal, tandis que s'ils existent, et qu'on les néglige, ils peuvent se fâcher et « en tirer vengeance ». Les dieux sont en effet supposés être mus par les mêmes mobiles que les hommes. Un proverbe assure que celui qui dispose d'une tête de mouton (pour une offrande au temple) obtiendra tout ce qu'il désire, de même que les divinités, telles que « les trois Pures » — qui n'ont rien de spécial à accorder — demeureront toujours pauvres, tandis que la déesse de la miséricorde » et le dieu de la guerre seront enrichis et honorés !

Non seulement les Chinois justifient le culte rendu aux dieux par un raisonnement strictement hypothétique — cela ne peut faire de mal, et cela pourrait faire quelque bien — mais ils vont plus loin encore dans le domaine de l'abstraction région où il est tout à fait impossible à un cerveau occidental de les suivre. Ils disent souvent — et ils paraissent le penser — : « Si vous croyez en eux, alors il y a vraiment des dieux, mais si vous n'y croyez pas, alors il n'y en a pas » ! Cette façon de s'exprimer (on ne saurait l'appeler cette façon de penser) ressemble à celle d'un Chinois qui dirait : « Si vous croyez à l'Empereur, alors il y en a un, mais si vous ne croyez pas à l'Empereur, alors il n'y en a pas ! » Lorsqu'on leur fait remarquer l'analogie de ces deux raisonnements, les Chinois en admettent bien la similitude, mais leur propre dialectique est incapable de s'en apercevoir d'elle-même.

L'on rencontre beaucoup de Chinois pratiquants qui se prosternent à chaque pas et se rendent lentement par des chemins ardus et fatigants à de lointains pèlerinages. Qu'on leur demande la raison de si rudes austérités, et ils répondront que les dieux sont si souvent l'objet d'un culte faux et indigne qu'il appartient aux véritables croyants de démontrer par ces moyens laborieux la sincérité de leur foi. Quel que soit le jugement que l'on porte sur des exemples aussi exceptionnels, nous n'hésitons pas à maintenir que tout ce que nous avons dit sur le manque de sincérité des Chinois dans leurs rapports sociaux, s'applique le plus souvent, et avec plus de force encore, à leurs pratiques religieuses.

A l'exemple de bien d'autres peuples adonnés au paganisme, les Chinois conçurent leurs dieux à leur propre image, et non sans raison, puisque la plupart de ces divinités furent d'abord les simples concitoyens du peuple qui les vénère. Celui qui écrit ces lignes vit un jour placarder une proclamation au nom de la déesse de la miséricorde. Celle-ci informait le monde que l'assemblée divine de l'Olympe Jaune venait de déclarer que l'humanité se vautrait dans la corruption. « L'Empereur perlé » apprenant cette décision, s'irrita et, sur un ton péremptoire, il injuria tous les dieux inférieurs dont les exhortations n'avaient pas réussi à réformer les hommes ! Les êtres vivants sont supposés être entourés d'une nuée d'esprits, puissants pour accomplir le mal, mais se laissant facilement corrompre par les offrandes, la flatterie et susceptibles même d'être trompés. Un Chinois cherche à tirer profit de l'homme avec lequel il fait un marché et il ne désire pas moins profiter, — s'il le peut — du dieu avec lequel il traite une affaire — dans l'espèce, la divinité à laquelle il adresse ses prières. Peut-être achète-t-il la félicité en versant son obole pour la restauration d'un temple, mais très probablement sa souscription de 250 pièces sera-t-elle inscrite pour 1000 : le dieu devra se contenter de l'argent qu'il aura trouvé. Pendant les réparations de l'édifice un bout de papier rouge sera peut-être collé sur les yeux de chaque divinité afin qu'aucune d'elles ne puisse se rendre compte du désordre qui l'entoure, désordre tenu pour très irrespectueux. Si le temple est situé aux abords d'un village et que les voleurs l'utilisent trop souvent pour procéder au partage de leurs rapines, l'on murera parfois la porte presque jusqu'en haut, et le dieu communiquera comme il le pourra avec le reste de l'univers.

La divinité de la cuisine qui, en fin d'année, monte au Ciel pour y présenter son rapport sur la conduite de la famille, mais dont les lèvres sont barbouillées de sucre glutineux afin de ne pouvoir raconter les mauvaises actions qu'elle a vues, est un exemple typique du Chinois qui prétend duper les Puissances célestes. De même, l'on donne parfois à un garçon un nom de fille pour faire croire aux esprits inintelligents qu'il est du sexe féminin et lui assurer une longue vie. Mr. Baber cite un massacre d'enfants du sexe féminin, perpétré à Szechuan, et dont on apaise subséquemment les esprits au moyen d'argent faux que l'on brûle afin qu'il leur soit transmis pour leurs dépenses. Au contraire de la plupart des autres sanctuaires, les temples consacrés à la divinité de la fécondité sont très

fréquentés par les femmes. Dans certains d'entr'eux l'on aperçoit de nombreuses statuettes en terre d'enfants mâles ;
quelques-unes de ces effigies grossières reposent sur les bras
de la déesse patronne, les autres sont rangées en bon ordre
comme des marchandises à l'étalage d'un magasin. Lorsqu'elles visitent ces temples, les femmes chinoises ont l'habitude de briser l'emblème du sexe de l'enfant et de le manger
afin de s'assurer la naissance d'un fils. Le grand nombre de
figurines de ce genre exposées dans le temple a pour but de
faciliter aux dévotes l'opération suivante : chacune d'elles
doit dérober subrepticement une statuette ; à l'emporter au
vu et su de toutes les assistantes, l'effet escompté du larcin
serait détruit. Si l'enfant désiré vient au monde, la mère
montrera sa gratitude à la déesse en envoyant au temple
deux figurines en remplacement de celle qu'elle vola. Les
marins chinois s'imaginent que les typhons tant redoutés
dans les mers de Chine sont provoqués par des esprits malins
qui guettent les jonques à leur passage dans les eaux dangereuses pour s'en emparer. Aussi les matelots ont-ils toujours
avec eux une jonque en papier faite sur le modèle de leur
bateau et qui en reproduit jusqu'aux moindres détails, puis
lorsque la tempête fait rage, ils lancent cette image dans la
mer afin d'induire en erreur les esprits irrités, leur faire
croire qu'ils ont entre les mains le navire qu'ils désirent et
permettre au véritable de s'échapper.

Lorsqu'une épidémie grave, telle que le choléra, se répand,
il est d'usage, dans beaucoup de parties de la Chine, de célé-
brer au commencement de la 6ᵉ ou de la 7ᵉ lune, une fête
de nouvel An : le dieu de l'épidémie sera, de la sorte, induit
en erreur, et très étonné de découvrir qu'il a mal calculé
l'époque de l'année où il doit se montrer ; il se retirera aussitôt
et la maladie avec lui. Cette pratique est si bien entrée dans
les mœurs que l'expression « second mois de l'automne » est
devenue la périphrase pour « jamais ». Les Chinois ont encore
recours à beaucoup d'autres stratagèmes afin de tromper les
dieux : ainsi, un homme rampe sous la table où sont déposées
les offrandes et passe sa tête dans un trou rond pratiqué
au centre. Le dieu croira que cet homme veut sincèrement

lui en faire le sacrifice et il agira, sans doute, en conséquence pour manifester sa satisfaction. Puis l'homme retirera vite sa tête et jouira quand même d'une félicité bien gagnée.

Nous apprîmes un jour qu'un village s'était décidé à enlever les dieux d'un temple pour faire de ce temple une école : les habitants espéraient couvrir à peu près complètement les frais de cette opération avec l'argent qu'on récupèrerait dans les cœurs des anciens dieux. Mais le paysan, à l'esprit simpliste, ne connaît rien aux méthodes des divinités chinoises et aux procédés sournois de ceux qui les fabriquent, si bien qu'au lieu du métal précieux escompté on ne trouva que de l'étain ! Il est très certain que les prêtres cachent parfois leurs trésors dans les statues de leurs dieux, mais nombreux aussi sont les temples qui furent pillés et les images sacrées enlevées ou pulvérisées.

Il arrive fréquemment aux divinités chinoises de se voir violemment prises à partie par des gens qui semblaient devoir être leurs fidèles les plus fervents. Nous avons entendu raconter l'histoire d'un magistrat appelé à juger une affaire, dans laquelle un prêtre se trouvait mêlé, et, de ce fait, le Bouddha du temple lui-même. Le dieu fut sommé de comparaître par devant le juge et de s'agenouiller, ce que ne put faire la statue ; celle-ci fut en conséquence condamnée à recevoir 500 coups de rotin qui la réduisirent en poussière, et le dieu fut condamné par défaut.

Presque chaque année le dieu de la pluie reçoit d'innombrables pétitions pour qu'il abreuve d'ondées bienfaisantes un sol tellement desséché qu'on ne peut ni le labourer, ni l'ensemencer. Après une assez longue période de prières sans résultat, les habitants se décident ordinairement à administrer une sévère correction au dieu de la guerre : on traîne son image hors du temple et on la dépose dans un endroit particulièrement surchauffé afin qu'il puisse se rendre compte par lui-même, et non simplement par ouï-dire, de l'état des terres.

On raconte que les habitants d'une grande ville, après avoir été très éprouvés par une grave épidémie, se figurèrent que le mal devait provenir de l'influence maléfique d'une divinité particulière du district. Réuni en troupe comme s'il allait avoir à faire à un matamore, le peuple attaque la statue et la réduit en poudre. Nous ne saurions affirmer l'exactitude de ce récit, mais l'histoire circule partout et paraît en justifier ainsi la véracité. Du reste, la mésaventure du dieu n'a rien d'incompatible avec les notions des Chinois sur les divinités et sur les esprits.

Après avoir réfléchi aux faits sur lesquels nous venons d'attirer l'attention du lecteur, bien des personnes, peu au courant du caractère des Célestes, pourraient en conclure que ceux-ci n'ont en réalité aucune religion. Quelques auteurs ont même exprimé cette opinion de façon très explicite. Dans son ouvrage *The Chinese and their Rebellion*, Mr. Meadows s'élève contre les généralisations par trop catégoriques du P. Huc et il les dénonce en affirmant qu'elles constituent « une calomnie sans fondement contre la vie élevée d'une portion considérable de l'humanité ». Mr. Meadows admet volontiers que les Chinois ne sont pas très impressionnés par les résultats qu'ont amenés des siècles de disputes doctrinales, ni par l'attitude des nations qui acceptent pour credo ces résultats, mais il s'élève formellement contre l'assertion d'après laquelle les Chinois « n'aspirent pas à l'immortalité, n'admirent pas sincèrement ce qui est bon et grand, n'ont pas une dévotion absolue pour ceux qui furent bons et grands, ne sont pas poussés par un désir ardent, par un puissant élan de l'âme à vénérer quelque chose d'auguste et d'élevé ». D'autre part, sir Thomas Wade, auquel une longue pratique de la Chine et des Chinois confère une singulière autorité quand il s'agit de décider si les Célestes ont ou n'ont pas une religion, s'est exprimé récemment en ces termes : « Si l'on demande à la religion de signifier plus qu'une simple éthique, je refuse toute religion à la Chine. Ce peuple a certainement un culte, ou plutôt un mélange de cultes, mais il ne possède aucune croyance ; tout se réduit à une idolâtrie puérile, aux formes infiniment variées, dont il rit lui-même assez volontiers, sans oser les dédaigner ouvertement ».

Il nous paraît inutile d'insister davantage sur cette question à laquelle il est du reste difficile de répondre avec quelque assurance. A notre avis, il existe une méthode pratique de traiter le problème qui servira mieux nos fins qu'une longue discussion abstraite. Le Taoïsme et le Bouddhisme ont marqué les Chinois d'une forte empreinte, mais ce peuple n'est ni Taoïste, ni Bouddhiste, il est Confucianiste : et quels que soient les soustractions ou les apports faits à sa foi par les autres systèmes de pensée, il restera toujours Confucianiste. Nous allons, en terminant, nous efforcer de montrer sous quels rapports le Confucianisme ne répond pas à une religion telle que celle que les Chinois devraient avoir. A cet effet, nous aurons recours à la parole même d'un érudit des plus distingués dans la langue chinoise, et dont les conclusions méritent toute notre attention.

Dans les dernières pages de son livre, « Systematical Digest of the Doctrines of Confucius », le Dr Ernest Faber insiste longuement sur les lacunes et les erreurs du Confucianisme, tout en reconnaissant que cette doctrine renferme des choses excellentes sur les rapports des hommes entre eux, et sur quelques points où apparaissent assez nettement les croyances de la révélation chrétienne. Voici les 24 points qu'il spécifie ; nous les complèterons par de courts commentaires :

> I. — Le Confucianisme ne reconnaît aucune relation de l'homme avec un dieu existant.

> II. — L'on n'y trouve aucune distinction entre l'âme et le corps, pas plus que l'être humain n'y est clairement défini, tant au point de vue physique qu'au point de vue physiologique.

L'absence de toute doctrine claire et précise en ce qui concerne l'âme humaine rend très perplexe l'étranger désireux d'étudier le Confucianisme. Le résultat dernier des conceptions philosophiques du Maître, applicable à la plupart des gens ordinaires, c'est que la classe chinoise moyenne ignore tout de l'âme, sauf dans le sens de vitalité physique. Lorsque l'homme meurt, déclare une Autorité Classique, « son âme s'élève vers le ciel et son être matériel s'enfonce dans la terre ». Mais, d'après une autre théorie plus simple

et plus répandue, entièrement en harmonie avec le maté-
rialisme agnostique du véritable Confucianiste, c'est « l'âme »
ou le souffle qui se disssout dans l'air tandis que la chair
retombe en poussière. Un Chinois s'intéresse difficilement
à la question suivante : Avons-nous trois âmes, une seule,
ou aucune ? Pour lui, le problème n'a pas plus d'intérêt que
celui de savoir quels sont les muscles spéciaux du corps qui produisent le mouvement de l'organe appelé à absorber la nourriture. Tant que son estomac fonctionne normalement, peu
lui importe de quel nom l'anatomiste désigne les fibres mus-
culaires qui assurent ce résultat. De même, aussi longtemps
que le Chinois est préoccupé d'assurer sa subsistance et celle
de sa famille, il ne se souciera aucunement ni de son « âme »
— s'il en a une — ni des âmes de son entourage, à moins qu'on
ne lui démontre d'une façon quelconque que la question
est liée au prix du grain.

> III. — Confucius ne donne aucune explication de la
> sélection naturelle. Pourquoi des hommes
> naissent-ils presque des saints et d'autres,
> des mortels ordinaires ?

> IV. — Le Confucianisme déclare que tous les hommes
> possèdent les aptitudes voulues pour atteindre à
> la perfection morale, mais le contraste de cette
> affirmation avec l'état réel des choses demeure
> inexpliqué.

> V. — Le Confucianisme manque de précision et de
> sérieux lorsqu'il traite de la doctrine du péché,
> car, en dehors de sanctions morales dans la vie
> sociale, il ne fait mention d'aucune autre puni-
> tion pour le péché.

> VI. — Le Confucianisme en général ne possède pas une
> connaissance approfondie du péché et du mal.

> VII. — En conséquence le Confucianisme se trouve dans
> l'impossibilité d'expliquer la mort.

> VIII. — Le Confucianisme ne dispose d'aucun moyen per-
> mettant à la nature humaine de se hausser

UNE ÉCOLE CHRÉTIENNE POUR LES JEUNES CHINOIS.

> jusqu'à l'idéal que chacun de nous porte en lui-même.

IX. — La prière et son pouvoir éthique ne trouvent pas de place dans le système de Confucius.

X. — Bien qu'il soit souvent question de confiance, la véracité (de la parole) qu'elle présuppose n'y est jamais recommandée de façon réelle, bien au contraire.

XI. — La polygamie est admise et tolérée.

XII. — Le polythéisme est également admis.

XIII. — Tout le monde croit à la bonne aventure, au choix des jours, aux présages, aux rêves et autres chimères (phénix, etc.).

XIV. — L'on ne sait pas établir de distinction entre l'éthique d'une part, et le culte extérieur et une forme politique despotique précise de l'autre.

XV. — La position prise par Confucius à l'égard des anciennes institutions reste imprécise et équivoque.

XVI. — Il est absurde de prétendre que certaines mélodies musicales peuvent réagir heureusement sur les mœurs du peuple.

XVII. — L'influence attribuée au bon exemple seul est exagérée, et Confucius lui-même en est la meilleure preuve.

S'il est vrai, ainsi que le revendique la morale de Confucius, que le prince est le navire et le peuple l'océan ; que si la coupe est ronde l'eau qu'elle contient s'étendra en rond, et que si elle est carrée, le liquide présentera un contour carré, — il semble difficile d'expliquer que les grands hommes de la Chine n'aient pas exercé une influence plus forte sur ceux qui étudient leur vie, et modifié leur caractère. Si l'exemple a vraiment la puissance que lui accorde Confucius, comment se fait-il, qu'à l'envisager dans ses résultats, il se montre si médiocrement efficace ? La déification virtuelle de « l'homme supérieur », telle qu'elle se trouve mentionnée

plus loin (XX) s'opère sans l'ombre d'une puissance média-
trice (VIII). Quel que soit le degré de supériorité auquel
il puisse atteindre, le sage est obligé de s'en tenir à donner
de bons conseils. Si l'on ne prend pas son avis, non seulement
il n'y peut rien, mais il s'abstiendra d'en donner d'autre.

Le passage suivant tiré des écrits de Confucius nous a
toujours paru singulièrement suggestif : « Je ne dévoile pas
la vérité à celui qui se présente à moi sans éprouver le
désir de la connaître ; je n'aide personne à sortir d'embarras
qui ne s'explique pas clairement. Lorsque j'ai dévoilé à quelqu'un un coin d'une question, s'il ne peut lui-même découvrir
les trois autres, je ne répète pas ma leçon ». Ces avis ne peuvent
s'adresser qu'à des hommes supérieurs ; pour aussi excellents
qu'ils soient, ils ne renferment aucune vertu prophylactique ;
s'ils n'agissent pas dans ce sens on devra recourir à des
réactifs ! Il est futile de se pencher sur le voyageur garrotté
et mis à mal par des voleurs, de lui adresser un beau discours
sur les avantages de voyager avec des caravanes sûres et de
faire ressortir combien il est peu judicieux de subir de
graves blessures qui lui feront perdre beaucoup de sang et
affaibliront son organisme. L'homme blessé, déjà à demi
mort, n'ignore rien de tout cela et, à dire vrai, il l'a su de tout
temps ; ce qu'il lui faut à cet instant critique ce ne sont
pas des sermons rétrospectifs sur les conséquences qu'il peut
y avoir à violer les lois naturelles, mais plutôt de l'huile,
du vin, un abri tranquille où il essayera de se remettre,
et par dessus tout un ami sage et compatissant. Pour les
individus atteints physiquement, le Confucianisme peut, à
certains moments, faire quelque chose ; pour ceux qui sont
touchés moralement et spirituellement, il ne fait et ne peut
rien faire.

XVIII. — Le système de vie sociale établi par le Confucia-
          nisme, c'est la tyrannie. Les femmes sont des
          esclaves, les enfants ne jouissent d'aucun droit
          dans leurs rapports avec la famille, et les sujets
          de l'Empereur sont placés dans la situation
          d'enfants à l'égard de leurs supérieurs.

XIX. — La piété filiale est poussée à l'excès, au point
d'aboutir à la déification des parents.

XX. — Le résultat net du système de Confucius, tel que
le philosophe le dépeint lui-même, c'est le
culte du génie, c'est-à-dire la déification de
l'homme.

XXI. — A l'exception du culte des ancêtres, culte dépourvu de toute valeur morale, il n'existe
aucune conception nette du dogme de l'immortalité.

XXII. — L'homme espére toutes ses récompenses ici-bas,
ce qui encourage inconsciemment l'égoïsme et,
sinon l'avarice, tout au moins l'ambition.

XXIII. — Le mortel ordinaire ne trouvera dans le Confucianisme aucun réconfort moral, ni dans la vie,
ni dans la mort.

XXIV. — L'histoire de la Chine fait ressortir que le Confucianisme s'est montré incapable de régénérer
le peuple, de l'inciter à une existence plus élevée, à des efforts plus nobles et, dans la vie
pratique, la doctrine du Maître s'est fondue
dans les idées et les pratiques du Chamanisme
et du Bouddhisme.

Nous avons déjà signalé l'étrange enchevêtrement des
diverses croyances qui se professent en Chine. Les Célestes
reconnaissent eux-mêmes que pas plus le Confucianisme que
l'une quelconque de ses co-religions, n'est capable de redres-
ser l'âme du peuple vers des aspirations plus élevées et des
efforts plus nobles. L'une de leurs fables, dont nous ignorons
la paternité littéraire, fait ressortir d'une manière frappante
cette carence.

A en croire le fabuliste, Confucius, Lao-Tseu et Bouddha
se rencontrèrent un jour dans le pays des Immortels et ensemble ils se lamentèrent, car, en ces temps dégénérés, leurs excellentes doctrines ne semblaient faire aucun progrès dans l'Empire du Milieu. La discussion se prolongea et, finalement,

les Sages arrivèrent à la conclusion que bien que ces doctrines soient reconnues en elles-mêmes admirables, la nature humaine est encore trop imparfaite pour s'y conformer sans avoir constamment un modèle devant les yeux. Chacun d'eux revêtirait donc une enveloppe matérielle et descendrait sur la terre pour tâcher de trouver un homme susceptible d'accomplir des fins si nécessaires. Ce plan fut immédiatement exécuté, et alors que, dans la suite des temps, Confucius parcourait la terre, il arriva un jour auprès d'un vieillard vénérable. Celui-ci ne crut pas devoir se lever à l'approche du Sage, mais l'invita à prendre place auprès de lui ; ils entamèrent une conversation sur les doctrines de l'antiquité en examinant à quel degré elles étaient, à cette époque, négligées ou pratiquées. Dans ses paroles, le vieillard témoigna d'une connaissance si approfondie des dogmes anciens et fit preuve d'un jugement si pénétrant que Confucius se retira enchanté de son entretien. Mais lorsque le Maître se leva pour s'en aller, son interlocuteur, encore une fois, ne daigna pas bouger de son siège. Ayant rencontré Lao-Tseu et Bouddha qui avaient complètement échoué dans leurs recherches, Confucius narra son aventure et conseilla à chacun d'eux d'aller rendre visite au philosophe assis et de s'assurer s'il était aussi versé dans leurs doctrines respectives que dans la sienne. Lao-Tseu constata avec une immense joie que le vieillard connaissait les dogmes du Taoïsme presque aussi bien que le fondateur lui-même ; il le jugea un modèle d'éloquence et de ferveur. Comme Confucius, Lao Tseu remarqua avec surprise que, tout en conservant une attitude des plus respectueuses, l'inconnu ne s'était levé de son siège, ni lors de son arrivée, ni au moment de son départ. Enfin Bouddha, à son tour, fut aussi heureux dans ses constatations : le vieillard, toujours assis, fit preuve d'une possession complète du sens secret du Bouddhisme : l'on n'en avait pas rencontré de pareille depuis des siècles.

Lorsque les trois fondateurs de la religion se réunirent à nouveau pour discuter les résultats de leur passage sur terre, ils reconnurent unanimement que l'étonnant vieillard était bien l'homme prédestiné, non seulement pour recommander chacune des « trois religions », mais aussi pour démontrer que

« les trois religions sont vraiment une. » En conséquence,
ils se rendirent ensemble auprès de lui. Chacun expliqua le but
de sa précédente visite et les espoirs sublimes soulevés par la
sagesse de l'inconnu ; tous trois escomptaient bien que, par
son entremise, les trois religions pourraient à nouveau reprendre vie et être pratiquées assidûment. Le vieillard, toujours
assis, les écouta avec attention, puis il répondit :

« Vénérables Sages, votre bonté est haute comme le Ciel
et profonde comme les mers. Votre plan est admirablement
conçu, mais vous avez bien mal choisi l'intermédiaire appelé
à réaliser cette grande réforme. Il est vrai que je connais
bien les Livres de la Raison et de la Loi ainsi que les Classiques ; je crois pénétrer à fond leur unité et leur sublimité,
mais il est une incidence dont vous n'avez pas tenu compte :
sans doute l'ignorez-vous. Je ne suis homme que de la ceinture
jusqu'à la tête ; au-dessous, je suis en pierre. J'excelle à discuter les devoirs des humains dans leurs moindres détails,
mais du fait de ma lamentable constitution, je ne puis jamais
en mettre aucun en pratique ». Confucius, Lao-Tseu et Bouddha poussèrent un profond soupir et disparurent de la terre ;
depuis lors, il ne fut plus jamais tenté d'efforts pour trouver
un mortel capable de démontrer, par sa propre vie, les enseignements des trois religions.

L'on a souvent comparé la situation présente de la Chine
à celle de l'Empire Romain au premier siècle de notre ère.
Que l'état moral de la Chine soit aujourd'hui infiniment plus
élevé que celui de Rome à cette époque, le fait est hors de
doute, mais en Chine, comme en Italie, la foi religieuse est
aujourd'hui en décadence. A la Chine on pourrait appliquer
la remarque de Gibbon sur Rome et dire que, pour les gens
ordinaires, toutes les religions sont vraies, pour les philo-
sophes toutes également fausses et, pour le magistrat, toutes
également utiles. De l'Empereur de Chine, comme de l'Empé-
reur romain, l'on pourrait affirmer qu'il est « à la fois un grand-
prêtre, un athée et un dieu ! » Et voilà où le mélange du Confucianisme avec le polythéisme et le panthéisme a amené la
Chine.

L'on a prétendu, et avec raison, qu'il existe une chose pire que l'athéisme pur, c'est d'être indifférent à la question de savoir si l'athéisme est la Vérité. En Chine, polythéisme et athéisme ne sont que les faces opposées d'un même dé, et la plupart des gens éduqués les tiennent sciemment pour vrais sans trouver entre l'un et l'autre de contradictions flagrantes. La mentalité chinoise professe pour les vérités spirituelles les plus profondes de la nature de l'homme une indifférence absolue, et c'est bien là l'un de ses traits les plus mélancoliques, car elle accepte un corps sans âme, une âme sans spiritualité, une spiritualité sans vie, un cosmos sans cause originelle et un univers sans Dieu.

CHAPITRE XXVII

CONDITIONS GÉNÉRALES DE LA CHINE.
SES BESOINS ACTUELS

Les Classiques de Confucius constituent la charte à l'aide
de laquelle les dirigeants de la Chine se sont efforcés de faire
naviguer le navire de l'Etat. Jamais l'homme n'en a établi
de meilleure, et peut-être n'est-ce pas trop dire, avec feu le
Dr Williams, avec le Dr Legge et d'autres encore, que ses
auteurs ont, en quelque sorte, écrit sous une inspiration
divine. Les Chinois ont-ils gouverné avec succès leur bâtiment, dans quelles eaux ont-ils navigué et dans quelle direction voguent-ils aujourd'hui ? Voilà des questions d'importance capitale maintenant que la Chine entretient des rapports plus intimes avec tant d'Etats Occidentaux, et que
l'avenir, très probablement, lui réserve d'exercer une influence
toujours grandissante.

Il existe, dit-on, six pierres de touche pour juger de la vie
morale d'une Communauté sociale, et chacune d'elles a sa
signification. Lorsque les témoignages qu'elles fournissent
concordent tous, on peut tirer des conclusions certaines
quant au véritable caractère de cette vie morale. Voici ces
six éléments : 1° aptitude innée au travail ; 2° mœurs sociales ;
3° condition de la femme et caractère de la famille ; 4° organisation du Gouvernement ; 5° niveau de l'éducation publique ; 6° réactions pratiques du culte religieux sur la vie que
l'on mène.

En étudiant les différentes caractéristiques du peuple
Jaune, nous avons traité incidemment les six points ci-dessus,

bien que d'une façon incomplète, et les développements qui leur furent donnés ne sont certes pas à la mesure de l'importance de ces questions. Mais lorsque l'on examine le caractère chinois, le champ des investigations est si vaste que l'on se voit bien obligé de négliger complètement certaines matières. Nos six caractéristiques choisies ne sont autre chose que des points de repère à l'aide desquels l'on pourra esquisser un ensemble. Il faudrait en ajouter bien d'autres pour arriver à un tableau complet des Chinois tels qu'ils sont.

Les exemples que fournit notre étude nous ont paru illustrer d'une façon typique les différents traits caractéristiques des Célestes. Ils sont en quelque sorte comme les os d'un squelette qui demandent à être ajustés à leur véritable place avant que l'on puisse juger de la structure entière. Nous ne saurions en négliger aucun, à moins peut-être qu'il ne soit démontré que ce ne sont que des imitations en plâtre. L'on s'est peut-être trompé, dira-t-on, en réajustant ces os, et les plus importants qui pourraient modifier le résultat final, ne sont sans doute pas à leur place véritable : objection de tout point légitime et que nous admettons sans peine. Nous déclarons même une fois de plus, qu'il n'est pas possible de se faire une idée complète des Chinois, d'après certaines de leurs « caractéristiques » seulement, pas plus que l'on n'obtient une idée exacte d'une physionomie humaine d'après des descriptions fragmentaires de ses yeux, de son nez ou de son menton. Mais en même temps, nous rappelons au lecteur que nos jugements n'ont rien de spontané ; ils sont le résultat de longues méditations basées sur une masse d'observations dont la quantité dépasse de beaucoup celles que nous avons citées ; nos critiques sont demeurées discrètes, souvent aurions-nous pu nous montrer plus catégoriques, et cela sans crainte d'être démentis par les faits. Ceux-ci sont aussi patents pour l'homme en mesure de les observer dans leur ambiance naturelle que l'est, pour un voyageur parcourant le Nord de la Chine, l'ouragan de poussière qui remplit les yeux, les oreilles, les narines, d'une poudre presque impalpable, dans une atmosphère chargée d'électricité et sous un ciel tellement sombre qu'il faut parfois allumer une lampe en plein jour.

L'on peut se tromper dans la théorie des causes de ce phénomène tout en ayant raison dans la description que l'on en fait. Mais il existe une différence capitale suivant que les phénomènes observés sont d'ordre physique ou moral : les premiers forcent l'attention de tout être humain, alors que les seconds ne sont perçus que dans des circonstances favorables, par des observateurs dont les facultés ont été éduquées pour ce genre d'études. Or, les phénomènes de la vie chinoise sont d'un caractère contradictoire, et quiconque regarde une seule face du bouclier sans tenir compte de l'autre, formulera très certainement des jugements erronés, tout ne en se rendant jamais compte qu'il s'est trompé. La fusion dans un concept unique de deux points de vue en apparence inconciliables n'est pas toujours facile, mais elle est souvent nécessaire, et surtout en Chine où nous avons tant de peine à voir même un seul côté complètement ; que serait-ce des deux !

Nous connaissons maintenant la haute qualité morale du Confucianisme. Qu'il produise beaucoup d'individus au caractère moral très élevé, nous sommes tout disposé à le croire : ne devrait-on pas en effet s'y attendre d'un système de morale si excellent ? Mais le Confucianisme en produit-il beaucoup de cette trempe et y a t-il tendance à ce qu'ils se multiplient ? Le véritable caractère de tout être humain peut être mis en évidence à l'aide des trois questions suivantes : Quelles relations entretient-il avec lui-même, avec ses semblables, avec l'objet de son culte ? Ces trois points déterminés suffisent pour tracer le cercle. Le lecteur qui a bien voulu nous suivre jusqu'ici connaît déjà les réponses que fournit à ces criterium l'étude des Chinois d'aujourd'hui. Ses relations avec lui-même ainsi qu'avec ses semblables sont marquées par une absence totale de sincérité aggravée d'un manque absolu d'altruisme ; quant à ses rapports avec l'objet de son culte, ils se réduisent à un vague mélange de polythéisme, de panthéisme et d'agnosticisme. Les Chinois ne sont assurément pas dépourvus de capacités intellectuelles ; ils possèdent la patience, des aptitudes innées pour la vie pratique, la bonne humeur, et dans toutes ces qualités, ils excellent. Ce qui leur manque, c'est le caractère et la conscience. Certains fonctionnaires chinois ne peuvent être tentés par aucun appât, ils se refusent à commettre une injustice qui ne serait jamais découverte, parce que « le Ciel sait, la Terre sait, vous savez et je sais ». Cependant combien trouverait-on de Célestes qui demeureraient insensibles à la pression exercée sur eux et ne recommanderaient pas pour tel ou tel emploi un parent qu'ils savent d'une incompétence notoire ? Imaginez les *conséquences domestiques* d'un pareil refus, et ne vous étonnez plus que tout Chinois hésite à en affronter le risque. Mais quels Chinois songeraient jamais à introduire un peu de morale spéculative dans un pareil domaine ? Lorsque l'on constate le rôle joué par le parasitisme et le népotisme dans l'administration de l'Empire, qu'elle soit civile, militaire ou commerciale, est-il surprenant que l'on ne puisse avoir confiance dans des portiers ou des agents de police et être assurés qu'ils accompliront honnêtement leur devoir ?

Celui qui désire acquérir des notions exactes sur la condition morale des Chinois peut se documenter à l'aide des Chinois eux-mêmes. Bien que toujours décidés à couvrir leurs propres fautes et celles de leurs amis, ils font preuve parfois d'une singulière franchise en avouant les points faibles de leur caractère national. Quelques-uns de ces portraits de Chinois par des Chinois nous ont souvent rappelé une conversation sur laquelle Carlyle s'arrête avec complaisance dans son ouvrage, « Vie de Frédéric le Grand ». Ce monarque éprouvait une certaine affection pour son Inspecteur des Écoles, il aimait à causer avec lui. — « Eh bien, M. Sulzer, comment marchent vos écoles ? demanda un jour le Roi. Comment vont nos systèmes d'éducation ? — Pas mal, Majesté, et surtout bien mieux ces dernières années, répondit Sulzer. — Pourquoi donc ces dernières années ? — Voilà, Majesté, nous nous figurions autrefois que les hommes étaient naturellement enclins au mal et, en conséquence, on était excessivement sévère dans nos écoles. Depuis lors, nous avons reconnu que le penchant inné des hommes est plutôt dirigé vers le bien que vers le mal, aussi nos maîtres se montrent-ils moins rudes. — Penchant vers le bien... »

murmura Frédéric en secouant sa vieille tête et souriant tristement. « Hélas, cher Sulzer, je vois que vous ne connaissez rien à cette maudite race humaine. »

La société chinoise présente des ressemblances avec certains coins du paysage national. A petite distance, celui-ci semble beau, attrayant ; si l'on se rapproche, la plus grande partie du sol est pauvre et répugnante et l'air rempli d'odeurs fétides. Aucune reproduction photographique ne rend exactement le pays chinois, bien qu'il ait été décrété que l'objectif est « la justice impitoyable », affirmation fausse, du moins pour la photo chinoise : il y manque la saleté et les mauvaises odeurs.

Le symbole marquant le bonheur se rencontre partout en Chine, mais l'on s'aperçoit vite que le bonheur des Célestes est tout à l'extérieur, et nous croyons pouvoir affirmer, sans le moindre parti-pris, que le home, tel que nous l'entendons, n'existe pas en Chine.

En examinant ce qu'est la société chinoise en théorie et ce qu'elle est en réalité, nous songeons à ces stèles de pierre qui marquent sur les grandes routes de l'Empire les passages des rivières. Ces petits monuments ont pour but de conserver le « souvenir éternel » des hommes qui construisirent et entretinrent les ponts. On en rencontre parfois jusqu'à une demi-douzaine en un même point et à des phases diverses de vétusté. Ces souvenirs des vieilles dynasties, ces témoins de siècles depuis longtemps révolus nous intéressent profondément, mais lorsque nous interrogeons les indigènes pour avoir quelques renseignements sur le pont dont la stèle commémore à perpétuité la construction, chacun d'eux nous répond : « Oh ! ce pont a disparu depuis de nombreuses générations... personne ne sait quand... »

Il y a quelques années, nous voyagions en jonque sur le Grand Canal et des vents contraires nous obligèrent à faire halte. En flânant le long de la berge, nous aperçûmes des paysans très absorbés dans la culture de leurs champs. Par ce beau mois de mai, la campagne était admirable, l'on ne pouvait se lasser du spectacle des vastes étendues de terre travaillées et soignées comme de véritables jardins. Mais en causant avec ces paysans nous apprîmes que l'hiver avait été extrêmement dur dans la région ; pendant l'année précédente, des inondations, puis une longue période de sécheresse ayant détruit les récoltes, la famine fit d'innombrables victimes dans tous les villages et, à ce moment même, beaucoup de gens mouraient encore de faim. Les magistrats distribuaient bien quelques secours, mais insuffisants, sporadiques et fournissant matière à des péculats honteux contre lesquels les malheureux n'avaient aucun recours, aucun remède. Cependant rien de tout cela n'apparaissait aux yeux. Ailleurs l'année avait été bonne et le peuple satisfait. Aucune requête dans la *Gazette de Pékin*, aucun article dans les journaux étrangers publiés en Chine ne signalait ces désastres. Or l'ignorance dans laquelle se trouvait le reste du pays à l'égard de ces faits ne devait certainement pas tendre à modifier ces lamentables réalités. Les gens du district continuèrent à mourir de faim, que la Chine en eût connaissance ou non. Pourquoi nier les faits ? les cacher ne fournirait pas le moyen de se procurer des secours. Tout raisonnement *a priori* sur ce que devraient être les Chinois est une chose, tout examen attentif de ce qu'ils sont en réalité en est une autre !

Nous n'en sommes pas à ignorer que bien des maux qui affligent les communautés chinoises et dont nous avons signalé l'existence, se rencontrent aussi dans les pays occidentaux « nominalement chrétiens ». Peut-être le lecteur a-t-il été surpris de ne pas nous voir insister davantage sur ce fait en comparant systématiquement les uns aux autres les pays d'Orient et d'Occident pour en faire ressortir les analogies et les contrastes. Nous y avions songé, mais il nous fallut y renoncer. L'auteur ne possède qu'une connaissance très limitée et trop insuffisante des pays occidentaux — sauf le sien — pour pouvoir justifier une entreprise qui, pour d'autres raisons d'ailleurs, eût échoué. A chaque lecteur d'établir des comparaisons de sa propre initiative, à mesure qu'il avancera dans la connaissance de la Chine, en ayant soin de se libérer de tout préjugé de race, et en accordant toujours aux Célestes le bénéfice du doute. Et après que cette comparaison aura été faite, nous espérons arriver, pour le moins, à la constatation que tout pays d'Occident a sa face tournée vers les aurores brillantes de l'avenir tandis que la face de la Chine est toujours et partout orientée vers les obscurités d'un passé millénaire. Fait des plus féconds, si c'est un fait, et que nous invitons le lecteur à méditer longuement ; comment en effet est-il survenu ?

Les besoins de la Chine, répétons-le encore, sont en petit nombre : il ne manque à son peuple que le Caractère et la Conscience ; et, à dire vrai, ces deux carences se confondent en une seule, car la Conscience, c'est du Caractère. L'on a dit d'un célèbre facteur de pianos qu'il était comme ses instruments : juste, droit et grand. Rencontre-t-on jamais en Chine de pareils caractères ?

Aux dernières pages de la biographie d'un homme de lettres anglais, mort il y a quelques années, se trouve le passage suivant écrit par sa femme : « Le monde extérieur le jugera comme écrivain, comme prédicateur, comme membre de la société, mais seuls ceux qui vécurent auprès de lui, dans l'intimité de la vie quotidienne, peuvent dire ce qu'il fut comme homme. Il faut jeter un voile sur le véritable roman de sa vie et sur les pages les plus ardentes et les plus admirables de ses lettres privées. Nous ne soulèverons qu'un coin de ce voile en disant que si, dans ses relations humaines les plus nobles et les plus intimes, un amour qui ne faillit jamais — pur, passionné pendant 36 ans — un amour qui ne s'abaissa jamais jusqu'à prononcer une parole un peu vive, faire un geste d'impatience ou une action égoïste, en bonne ou en mauvaise santé, quand brillait le soleil ou que grondait la tempête, la nuit comme le jour ; si donc un pareil amour peut prouver que les temps de la chevalerie n'ont pas encore définitivement disparu de ce monde, Charles Kingsley satisfit à l'idéal le plus parfait et le plus loyal du chevalier envers la femme auréolée par cet amour dans le temps et dans l'éternité. »

Les fruits les plus beaux de la civilisation chrétienne ce sont les nobles existences qu'elle produit ; celles-ci ne sont pas rares. Au cours de la génération actuelle on put en enregistrer des centaines, et il y en a des milliers et des milliers qui sont restées ignorées du monde. Chaque lecteur doit certainement avoir connu une de ces vies de dévoûment profond, consacrée uniquement au bonheur du prochain, et certaines personnes furent assez privilégiées pour en avoir rencontré beaucoup dans leur propre entourage. Comment expliquer de pareilles existences ? D'où tirent-elles leur inspiration ? Sans nous montrer d'un scepticisme excessif, mais après avoir longuement et à maintes reprises étudié la question, nous sommes fermement convaincu que si les forces morales qui font les vies des Chinois ce qu'elles sont étaient à même de produire un seul caractère tel que celui que Mrs. Kingsley accorde à son mari, ce serait un miracle moral plus grand qu'aucun de ceux qu'enregistrèrent les fables taoïstes. Aucune institution humaine ne saurait échapper à la loi, inexorable parce que divine : « Par leurs fruits vous apprendrez à les connaître. » L'influence du Confucianisme a eu devant elle assez de temps pour réaliser ses résultats ultimes. Nous estimons que, depuis longtemps, elle a rendu tout ce dont elle était capable et qu'il n'y a plus à en attendre d'autres fruits. Elle a accompli tout ce que des forces humaines abandonnées à elles seules peuvent accomplir, et plus qu'elles n'en ont accompli dans tout autre pays soumis à d'autres conditions. Après un examen approfondi des possibilités morales de la Chine, le critique le plus bienveillant doit, à regret et tristement, s'incliner devant ce verdict : « La réponse au Confucianisme, c'est la Chine. »

En ce qui touche à une réforme de cet Empire, trois théories s'opposent, incompatibles entre elles. En premier lieu, l'on en nie la nécessité. Tel est sans doute le point de vue de certains Chinois, mais cette opinion est loin d'être unanime chez les autochtones. Pourtant de nombreux étrangers la partagent qui voient la Chine et les Chinois à travers le mirage de la distance. En second lieu, la réforme est impossible. En arrivent à cette conclusion pessimiste beaucoup de gens qui n'eurent que trop d'occasions de connaître les obstacles formidables auxquels doit se heurter toute réforme véritable et durable, avant même qu'elle puisse être tentée. A ces personnes, la réforme radicale d'un corps aussi énorme que le peuple jaune apparaît comme une tâche sans issue, aussi désespérée que de vouloir galvaniser et rendre la vie à une momie pharaonique. Quant à nous, cette seconde opinion nous semble seulement moins déraisonnable que la première, mais si tout ce qui a été dit n'en fait pas ressortir l'évidence, rien de ce que je pourrais encore ajouter n'y suffirait.

Pour ceux qui s'accordent à trouver qu'une réforme en Chine est aussi nécessaire que réalisable, il est de toute importance de déterminer par quelles interventions on pourra y arriver, et il ne faut pas s'étonner que les réponses fournies soient diverses et ne concordent pas entre elles.

Une question se posera tout d'abord. La Chine peut-elle se réformer par ses propres énergies ? Ceux de ces hommes d'État qui sont persuadés du besoin vital de la réforme soutiennent cette opinion. Un exemple de cette conception se trouve dans un Mémoire publié récemment par la *Gazette de Pékin*. L'auteur s'y plaint de la turbulence des habitants de l'une des provinces du Centre, et annonce qu'un certain nombre de personnes compétentes viennent d'être désignées pour parcourir la région et expliquer aux gens les Maximes des Édits sacrés de K'ang Hsi ; on espère pouvoir ainsi améliorer, avec le temps, le caractère indiscipliné des autochtones. Ce commentaire de maximes de morale fait au peuple (sorte d'imitation du prêche chrétien) est une mesure très prisée aujourd'hui pour amender la moralité des temps actuels; la pauvreté des résultats ne décourage pas les initiatives. En cas d'échec, et tel est généralement le cas, on essaye de nouveau sans se lasser. Pareille expérience, poursuivie avec obstination, a démontré l'inanité de ces tentatives : elles échouent toutes, quelles que soient leurs modalités, et se traduisent régulièrement par *nihil*. La preuve en a été faite depuis longtemps : il suffit de se rappeler l'allégorie si suggestive du vieillard éloquent aux jambes de pierre.

Mais si la prédication à elle seule se montre impuissante, peut-être pourrait-on espérer que l'exemple serait efficace. Nous en avons déjà discuté et nous n'y reviendrons qu'afin d'indiquer la raison pour laquelle les meilleurs exemples ne réussissent jamais à produire les résultats que l'on a en vue :

ils n'ont pas le pouvoir d'accroître l'impulsion qui les fit naître.
Ainsi, prenez le cas de Chang Chih-tung, autrefois Gouverneur du Shansi. L'on raconte qu'il déploya un zèle inlassable
à mettre fin à la pratique de l'opium chez les fonctionnaires,
et à la culture de cette plante dans les campagnes. Combien
se serait-il trouvé de ses subordonnés qui eussent consenti
à seconder ses efforts, et que pouvait-il possiblement faire
sans cette coopération ? Tout étranger en arrive fatalement
à se reconnaître impuissant dans les affaires chinoises lorsque
les intermédiaires dont le concours lui est indispensable ne
sympathisent pas avec ses plans de réforme. Mais si un
étranger est relativement impuissant, un Chinois, quel qu'il
soit, ne l'est pas moins. Tout ce à quoi l'on puisse s'attendre,
c'est que le fonctionnaire incorruptible l'emporte lorsque
tout le monde autour de lui s'apercevra de son indomptable
volonté d'aboutir, tel un chat qui débarrasse un grenier des
souris, tant qu'il est là. Mais dès que le fonctionnaire est
déplacé, avant même qu'il n'ait bouclé ses malles, les rats
reviennent à leur besogne coutumière et tout se passe comme
auparavant.

Qu'un homme d'État chinois nourrisse l'espoir de réformer
son pays par son action personnelle, c'est une ambition non
seulement honorable mais tout à fait légitime, car il ne connaît pour cela aucun autre moyen que celui que nous avons
décrit. Un fonctionnaire britannique intelligent, au courant
de « la terrible force d'inertie, de l'apathie et du fatalisme des
Orientaux — cette muette stupidité contre laquelle Schiller
assure que les dieux eux-mêmes demeurent impuissants » —
et qui sait, lui, ce qu'implique une « réforme » durable, aurait
pu prédire le résultat, sans hésiter. Se reportant à certains
abus concernant la production du cuivre dans la Chine du
Sud-Ouest, Mr. Baber remarque : « Avant qu'on puisse assurer
une exploitation rationnelle des mines, le Yunan devra être
peuplé, les Lolos traités avec justice et les routes construites ;
de plus, il faudra augmenter les facilités offertes à la navigation sur le Yang-tsé supérieur : bref, la Chine devra être
civilisée. Un millénaire entier ne suffirait pas pour assurer
une pareille tâche, à moins qu'une force venue de l'extérieur

n'en accélère le mouvement [1]. » Tenter de réformer la Chine sans le secours de « quelque force extérieure » c'est comme essayer de construire un vaisseau dans la mer : toutes les lois de l'air et des liquides conspirent pour le rendre impossible.

A l'un des coudes que forme le Peï-ho entre Tien-tsin et Pékin, l'on aperçoit tout au bord de la berge la moitié d'un temple en ruines, le reste a été emporté par les eaux. Juste au-dessous est établi un barrage très soigné, fait de bottes de roseaux maintenues par des pieux pour protéger les terres : les inondations en ont enlevé la moitié. Les dieux restent exposés aux fantaisies des éléments, le pays est toujours sous la menace des débordements du fleuve dont le courant est obstrué en temps normal par des bancs de sable : mélancolique aspect des conditions de l'Empire. « L'arbre pourri ne peut porter de fruits », affirme la sagesse populaire, il faut le couper au ras du sol et greffer sur le vieux tronc une jeune pousse. Jamais la Chine ne pourra être réformée de l'intérieur.

1. Ces paroles significatives de feu Mr. Baber ont reçu ces derniers temps une éclatante confirmation à la suite d'une note parue dans la *Gazette de Pékin* au mois d'août 1908, sous la signature de T'ang Chiung, Directeur des mines du Yunnan. Dans ce document, il est rendu compte des conditions du travail et de celles de l'extraction. Ce haut fonctionnaire reconnaît que les ouvriers pratiquent dans une large mesure l'exploitation occulte des gisements et les agents de l'Etat hésitent, par crainte des conséquences, à prendre des mesures trop énergiques pour mettre un terme à ce pillage du domaine national. Alors, on a projeté de récupérer à bas prix le minerai ainsi soustrait frauduleusement par les indigènes et de faire profiter l'exploitation officielle de ce labeur supplémentaire des mineurs par une mesure à la fois avantageuse et populaire.

L'auteur du Mémoire pense que les mines rendront ainsi d'une façon normale et qu'il n'y aura pas de raison d'admettre sur les chantiers l'intrusion d'une main-d'œuvre étrangère. Le rescrit impérial ordonne en conséquence à l'Administration des revenus publics de « prendre note ».

Dans un post-scriptum, le Directeur rend compte que 10.000 « catties » de cuivre sont ainsi récupérées mensuellement par des achats opérés chez des travailleurs illicites. On ne paie pas à ceux-ci de salaires supplémentaires, mais on leur fournit l'huile et le riz. En terminant, ce fonctionnaire déclare que « l'état des mines est hautement satisfaisant ».

On ne voit pas tous les jours un agent officiel du rang de Gouverneur informer officiellement l'Empereur que les lois de l'Etat sont constamment, et de propos délibéré, violées par un grand nombre d'individus auprès desquels la Justice n'ose pas intervenir, mais que l'Administration amadoue avec de l'huile, du riz et l'offre d'une somme d'argent suffisante pour les pousser à porter au Gouvernement, contre paiement, le fruit de leurs rapines et, qu'en conséquence, de ce « défi » à l'autorité de l'Empereur et de ses fonctionnaires, la condition des mines est « hautement satisfaisante ». Comment s'étonner que l'Administration des revenus publics ait été invitée à « prendre note ! »

Peu de temps s'est écoulé depuis que l'Europe accueillit l'idée d'introduire la Chine dans la « communauté des nations » afin de la régénérer. La méthode adoptée à cet effet n'était pas, il est vrai, de nature à faire naître l'espoir sérieux d'une prochaine régénération nationale. Et maintenant que toutes les grandes puissances entretiennent depuis plus de trente ans des représentants à Pékin, quels effets salutaires la présence de tous ces diplomates a-t-elle produit sur les maux dont souffre l'Empire ? La vérité, triste à dire et que nous devons avouer, c'est que ces relations internationales sont précisément celles où les grandes nations apparaissent le moins à leur avantage. Les Chinois sont très fins observateurs : qu'ont-ils vu dans la façon d'agir de l'un ou l'autre des États d'Occident qui leur permît de constater chez ces peuples des mobiles d'ordre plus relevé que ceux qui assurent le fonctionnement de l'Empire qu'ils ont si à cœur de réformer ? Et maintenant que la Chine devient à son tour une Grande Puissance, elle use son activité à opposer un groupe d'intérêts étrangers à un autre, sans tirer aucune leçon de gens qui sont bien plus intéressés à l'exploiter qu'à lui enseigner la morale. Si la Chine doit être réformée, ce n'est pas par la diplomatie qu'elle le sera.

Bien des gens sont persuadés qu'il ne suffit pas à la Chine de prendre place au sein de la grande famille des nations modernes, mais qu'il lui faut aussi un libre-échange commercial dégagé de toutes restrictions et une fraternité humaine mondiale, libérée de tout préjugé de race ou de couleur. L'Évangile du commerce sera pour ses besoins une puissante panacée : avoir plus de ports, plus d'importations, des tarifs moins prohibitifs et la suppression de toute taxe de transit. Peut-être est-il moins question de ces divers desiderata aujourd'hui qu'il y a vingt ou trente ans, au moment où la pénétration jaune battait son plein en Australie et aux États-Unis, avec des résultats qui ne prédisposaient guère les Blancs à se montrer favorables à une entière réciprocité des libertés commerciales avec la Chine, et à la fraternisation de toutes les races. Ne s'est-on pas plaint parfois en sourdine de la mauvaise qualité du thé et de la fabrication défectueuse des nattes, et cette insuffisance des produits chinois n'a-t-elle pas été compensée par la médiocrité de certains articles importés d'Occident ?

En tant qu'auxiliaire et véhicule de la civilisation, le commerce représente un outil d'une valeur inappréciable, mais il n'est pas par lui-même un instrument de réformes. Adam Smith, le grand apôtre de l'économie politique moderne, a défini l'homme « un animal commercial ». Deux chiens, dit-il, n'échangent pas des os ; mais à supposer qu'ils y arrivent et que, dans chaque grande ville, la population canine organise un marché pour ce genre d'échanges, quel en serait l'inévitable effet sur le caractère des chiens ? Les grandes nations marchandes de l'Antiquité n'étaient pas, au point de vue moral, les nations les meilleures, mais bien les pires. S'il n'en est pas ainsi de celles qui, de nos jours, leur ont succédé, leurs procédés commerciaux n'en sont pas la cause : il faut la chercher ailleurs. L'on a dit avec juste raison que le commerce — tout comme le christianisme — est mondial dans ses fins ; mais, tel l'arc-en-ciel, il se courbe et se penche toujours vers le pot rempli d'or.

Considérons un instant le Continent africain avec son rhum et son trafic d'esclaves, deux plaies introduites par l'amour du lucre et par les nations chrétiennes, et toutes deux flétries d'une véritable malédiction. Que pourrons-nous en conclure sinon que, pris en lui-même, le commerce n'apporte avec lui aucune influence réformatrice.

Parmi les amis de la Chine, nombreux sont les esprits éclairés qui connaissent à fond les conditions dans lesquelles se trouve cet Empire et dont les remèdes qu'ils conseillent montrent la plus grande compréhension de ce qui lui fait défaut. A leur avis, la Chine a besoin de la culture occidentale et de ce que Mr. Meadows appelait une « civilisation consolidée ». Les Chinois sont depuis des millénaires une nation cultivée ; ils possédaient, il y a bien des siècles déjà, une belle civilisation alors que nos ancêtres commençaient seulement à prendre racine dans les forêts primitives ; et en Chine, plus que partout ailleurs, cette recette a été soigneusement essayée. Mais dans une culture pareille, il ne se trouve rien qui soit d'essence réformatrice : elle est égoïste. Moi plutôt que vous ! telle est sa devise, consciente ou inconsciente. Ainsi que nous le constatons tous les jours en Chine où la culture dont nous sommes si fiers est sans cesse tournée en ridicule, aucun dédain ne surpasse le dédain intellectuel. Si la culture chinoise s'est montrée incapable d'exercer une influence civilisatrice sur les gens qui en ont été pénétrés si complètement, est-il probable que ce résultat puisse être atteint par un facteur exotique ?

Les Chinois ont incontestablement un grand besoin de science : chaque science moderne leur est nécessaire pour les ressources encore latentes de leur puissant Empire. Ils commencent à s'en apercevoir nettement et ils le verront plus nettement encore dans un proche avenir. Mais est-il certain que la connaissance de la science exercera sur l'Empire une réaction morale profitable ? De quelle manière une pareille répercussion se produira-t-elle ? Aucune science moderne n'est plus en avance que la chimie ; or, la chimie serait-elle une puissance morale susceptible de régénérer les Célestes ? N'introduirait-elle pas plutôt des possibilités nouvelles et imprévisibles de fraude et de violence dans chacun des éléments de l'existence courante ? Le caractère chinois étant ce qu'il est, n'y aurait-il pas quelque danger à diffuser à travers l'Empire, en même temps que des approvisionnements illimités de produits chimiques, la formule exacte et le procédé de fabrication des explosifs modernes ?

Par « civilisation consolidée », il faut entendre les résultats matériels du vaste développement des progrès occidentaux dans lesquels se retrouvent les multiples merveilles de la vapeur et de l'électricité. L'on dit que celles-ci sont les besoins immédiats de la Chine et que rien d'autre ne lui manque. Des chemins de fer partout, des bateaux à vapeur sur ses eaux intérieures, un service postal complet, des banques nationales, de la monnaie d'argent, des télégraphes et des téléphones comme agents de liaison et de centralisation, tels doivent être les signes apparents des jours nouveaux et heureux de la Chine.

C'était peut-être aussi l'idée qui germait dans le cerveau

de Chang-Chih-tung lorsque dans son mémoire sur les chemins de fer il affirmait qu'un réseau de voies ferrées atténuerait bien des risques inhérents aux transports fluviaux et, en particulier, « le vol pratiqué communément par les équipages ». L'accroissement de « civilisation consolidée » diminuera-t-elle également les risques moraux ? Les chemins de fer garantiront-ils l'honnêteté de leurs employés ou même de leurs administrateurs ? N'avons-nous pas vu en lisant « A Chapter of Erie » comment fut volée cette grande route entre les États, à la barbe d'actionnaires impuissants, et comment il n'y eut « personne à blâmer ». Fera-t-on quelque chose de mieux en Chine que ce qu'il a été possible de faire jusqu'à ce jour en Angleterre et aux États-Unis ? Une civilisation bien assise est-elle par elle-même une cause originelle, ou simplement la résultante d'une longue série de causes complexes, travaillant de concert dans une lente harmonie pendant de longues périodes de temps ? L'introduction de l'urne à scrutin ferait-elle des Chinois un peuple démocratique et les accommoderait-elle au gouvernement républicain ? La « civilisation consolidée » ne réalisera pas plus dans l'Empire chinois les conditions qui sont l'accompagnement en Occident de la république, à moins que les causes qui ont produit ces conditions dans l'Ouest ne soient mises en mouvement en Chine pour arriver aux mêmes résultats. Ces causes ne sont pas matérielles, mais morales.

Comment se fait-il que devant les leçons de choses que leur fournissent Hong-Kong, Shanghaï et d'autres « ports à Traité », les Chinois n'inaugurent pas des « établissements modèles » dans leurs autres villes libres de toute sujétion étrangère ? Parce qu'ils ne désirent pas ces changements et qu'ils ne les toléreraient pas s'ils étaient introduits. Comment se fait-il qu'ayant sous leurs yeux, depuis près d'un tiers de siècle, la belle leçon pratique que leur offre l'administration intègre des douanes maritimes impériales, le Gouvernement n'étende pas à d'autres services de l'État de pareilles méthodes ? Parce que, dans les conditions actuelles de la Chine, l'adoption de ces procédés entraînant des taxations appliquées par des Chinois à d'autres Chinois se heurte à des impossibilités morales insolubles. Il a fallu plus de mille ans au caractère et à la conscience britanniques pour atteindre leur actuel développement ; comment les Chinois pourraient-ils du jour au lendemain s'approprier notre étalon moral et le mettre immédiatement en œuvre comme on monte sur son affût un canon Krupp, lequel, aussitôt, est prêt à tirer.

Les forces qui développèrent la conscience et le caractère dans la race anglo-saxonne sont des faits historiques aussi bien établis que le débarquement de Jules César ou l'invasion de Guillaume le Conquérant. Ces forces pénétrèrent dans l'Ile avec le Christianisme, et elles donnent une floraison plus ou moins opulente suivant que le Christianisme pousse des racines plus ou moins profondes dans le cœur du peuple.

Écoutez un instant le grand avocat de la culture morale, Matthews Arnold : « Tout homme cultivé aime la Grèce et doit lui vouer sa reconnaissance La Grèce fut pour les nations occidentales le porte-étendard de la science et de l'art, de même qu'Israël leva la bannière de la droiture. Désormais, le monde ne peut se passer ni d'art, ni de science. Et celui qui prit en mains l'étendard de la science et de l'art se trouvait naturellement très absorbé par sa mission ; la façon de se conduire était en principe chose toute ordinaire. Et pourtant cette Grèce si brillante périt parce qu'elle ne fit pas attention à sa *conduite*, par manque de conduite, de fermeté et de caractère... Que dis-je, et la triomphante révélation, même aujourd'hui, dans ce siècle, lorsqu'il est tant besoin de plus de beauté et de plus de savoir, et que le savoir tout au moins est si hautement prisé, la révélation qui régit le monde n'est pas, même maintenant la révélation qui fut donnée à la Grèce, mais bien celle que reçut la Judée. La prééminence ne va pas à l'art et à la science, elle appartient à la droiture. »

Pour réformer la Chine, il faut atteindre jusqu'aux ressorts les plus intimes de sa conscience, il faut les purifier ; la conscience doit en quelque sorte être placée sur un trône et ne pas demeurer emprisonnée dans son palais comme le fut la longue lignée des Mikados japonais. L'un des principaux interprètes de la philosophie moderne a très heureusement mis en relief cette vérité qu'il n'existe pas d'alchimie qui permette d'obtenir une conduite en or avec des instincts de plomb. Ce dont la Chine a besoin, c'est de la droiture et, pour l'acquérir, il faut d'abord qu'elle atteigne à la connaissance de Dieu, qu'elle se fasse une nouvelle conception de l'homme et de la relation de l'homme avec Dieu Elle a besoin d'une nouvelle vie dans l'âme de chaque individu, dans la famille et dans la société. Nous arrivons ainsi à la conclusion que les besoins multiples de la Chine se résument en un seul besoin impératif. Et celui-ci ne sera complètement satisfait, et de façon durable, que par la civilisation chrétienne.

GLOSSAIRE DE TERMES TECHNIQUES

Boy : Terme qu'employent les étrangers pour désigner en Chine le domestique en chef, quel que soit son âge.

Catty : La livre chinoise, égale à 605 grammes.

Compradore : Intendant.

Feng-Shui : Littéralement, « vent-eau ». Système compliqué de superstition géomantique, par lequel est désigné l'esprit protecteur des sites et des monuments.

Kang : Fourneau en briques dont la plate-forme supérieure sert de lit.

K'otou ou *Kotow :* L'acte de se prosterner et de se frapper la tête contre le sol en signe d'hommage et d'adoration.

Li : Mesure de longueur chinoise correspondant à 578 ᵐ. 35

Squeeze : Contribution forcée extorquée par les intermédiaires entre les mains desquels passe l'argent des autres.

Tael : Dénomination européenne de la monnaie chinoise *liang* qui vaut 1000 *tsien* ou sapèques. Mesure de poids valant 37 gr. 8 : elle diffère suivant les provinces. C'est la 16ᵉ partie de la livre chinoise, catty.

Taotai : Fonctionnaire de troisième rang, intendant d'un district

Yamen : Bureau et résidence d'un fonctionnaire chinois.

TABLE DES ILLUSTRATIONS

TABLE DES MATIÈRES